마음을 다스리는
감정 수업

마음을 다스리는
감정 수업

크리스토프 앙드레 · 알렉상드르 졸리앙 · 마티유 리카르 지음 | 김수진 옮김

정민
미디어

다채로운 무지개도 모두 겹쳐놓으면 흰색이 된다.
마찬가지로 연민·마음의 통제·내면의 자유·분별력·삶의 기쁨을 긴밀히 연결하면,
저마다 뿜어내는 다양한 빛도 지혜라는 하얀빛을 만든다.
지혜는 이 특성들을 단순히 합한 것이 아니다. 그 안에서부터 생겨나는 것이다.

_마티유 리카르

들어가는 말

우리가 함께 출간한 책 《세 친구, 지혜를 찾다》와 《상처받지 않는 삶》을 모아놓고 보니, 그 분량이 무려 1,000페이지에 달한다. 이 두 책에서 우리는 삶의 태도에 관해 묻고 답했다. 우리가 추구할 만한 가치 있는 목표는 무엇인가? 어떻게 하면 삶의 불안을 달랠 수 있을까? 우리를 옭매고 있는 속박에서 벗어나려면 어떻게 해야 할까? 과연 우리는 정말 행복할 수 있는가? 타인을 어떻게 도와야 할까?

'그렇게 생각을 나누면서 맺은 많은 결실 중 진수를 뽑아내어 알파벳 순서에 따라 간결하고 쉬운 텍스트로 소개하자!'

이것이 바로 이 책의 기획 의도다.

이 선집選集은 기존의 책 두 권을 다시 살펴보고 손보아서 발췌한 내용으로 이루어져 있다. 하지만 이게 전부는 아니다. 전에는 다루지 않았으나 추가로 유용할 것 같은 새 요소들도 담았다. 이를테면 바이오필리아Biophilia. 생명애 또는 생명에 대한 사랑, 실패, 초연함, 경이감, 예수와 붓다, 지혜로운 여성, 이상, 재발, 나이 듦 등이다. 그러면서 우리는 새로운 시도를 했다. 이 책의 첫머리에서 지혜를 정의하거나 최소한 그 정의에 가까이 가는 것으로 시작하고자 했다.

마지막으로 잠깐 정확히 짚고 넘어갈 사실이 하나 있다. 당연한 말이지만 우리 셋 중 그 누구도 자신을 현자라 주장하지 않는다. 그러나 분명한 것은 우리 셋 모두 지혜로워지기 위해 노력한다는 사실이다. 그것도 최선을 다해서!

지혜란 무엇인가?

알렉상드르가 생각하는 지혜

: 잘못 디딘 발걸음을 받아들이는 여정

지혜는 DIY 가구를 조립하는 것처럼 뚝딱 손에 넣을 수 있는 게 아니다. 기쁨과 평화 그리고 위대한 건강이 이끄는 우리의 마음 깊은 곳으로 가는 길, 내면의 밑바닥으로 내려가는 여정이 바로 지혜다. 날마다 우리는 마음속 풍파에 맞서 스스로 이 근원을 향해 항해하도록 이끌린다. 내면의 나침반, 즉 13세기 페르시아 시인 루미Rūmī의 표현을 빌리자면 내면의 부름을 따르도록 초대되는 것이다. 자신도 모르게 신랄하고 못되게 반응하고 싶어질 때마다 우리는 하루에도 수없이 참을성 있게 이 부름에 다시 응해야 한다. 지혜는 지평을 연다. 그렇다. 지혜가 있으면 내면의 투영이 만들어낸 짙은 안개에 갇혀버리지 않고 삶의 순간들을 살아가는 것이 가능하다.

너무나 혼란스러울 때면 내가 진정한 지혜와 흔들림 없는 안정의 대척점에 있다고 느껴질 때가 많다. 그러나 절망과 두려움에도 내 눈에는 여전히 한 줄기 빛이, 방향이 어렴풋하게 보인다. 물론 우리가 가야 할 길은 실로 엄청난 여정이다. 속박 상태, 즉 자아에 사로잡혀 있는 상태에서 벗어나는 일이기 때문이다. 그렇기에 우리는 부단한 연습과 노력을 해야 한다.

니체는 우리에게 귀한 도구를 하나 마련해주었다. 바로 '위대한 건강'이라는 개념이다. 아무 문제 없이 반짝반짝 빛나는 그러한 '좋은 건강'이라는 이상은 많은 사람을 소외시킨다. 반면 '위대한 건강'은 상처, 상흔, 모순, 장애, 질병을 모두 끌어안는다. 위대한 건강은 경직되는 법 없이 모든 방법을 다 동원한다. 심지어 우리가 지닌 모순도 우리를 명징함에 가까워지는 길로 인도할 수 있다. 우리의 약한 부분이 무엇이건 상관없다. 우리는 한 걸음씩, 밀리미터만큼 미미할지라도 조금씩 길을 나아갈 수 있다. 잘못 내디딘 발걸음과 날마다 겪는 근심 걱정의 한가운데에서도 자신을 단련할 수 있다.

지혜를 향해 달려가는 일은 두 가지 위험 사이를 이리저리 피해 나아가는 것과 같다. 첫째, 우리에게는 '나'에 지배당할 위험이 늘 도사리고 있다. 우리 모두의 심리 깊은 곳에 '미국 우선주의America First' 대신 '나 우선주의Me First'를 외치는 '미니 트럼프'가 숨어 있는 것은 아닐까? 70억 남짓의 사람이 모여 이룬 우리 인류다. 그런데 어떻게 70억의 타인들을 개의치 않을 정도로 내 마음의 목소리가 궤도를 이탈할 수 있을까? 둘째, '다들'이라는 이름의 독재 권력이 우리를 지배할 위험도 있다. 하이데거의 방식으로 말한다면,

내가 이 작품을 읽는 이유는 '다들' 이 작품을 읽기 때문이다. '다들' 좋아하니 나도 좋아한다. '다들' 분노하듯 나도 분노한다. 요컨대 나는 나의 취향, 나의 행동, 통상적인 말, 통상적으로 이루어지는 일을 외부에서 빌려 와 내 것인 척하고 있다.

위대한 지혜를 갈망한다는 것은 무엇보다도 이 단계, 이 진행 과정, 현재에 집중하는 걸 말한다. 마치 손을 잡아끌 듯 우리를 이끌어 '나'를 내려놓게 하는 이 순간에 집중하는 것을 뜻한다. 이렇듯 '나'와 거리를 두는 동시에 남들이 하는 말에 지배되지 않는 새로운 삶의 기술을 펼치는 것이야말로 대업이자 엄청난 도전이 아닐까.

'철학Philosophy'의 어원에는 지혜에 대한 사랑이라는 의미가 담겨 있다. 철학자는 겸허한 자세로 지혜를 찾아 길을 나선다. 그는 현명한 친구들에 둘러싸여 슬픈 열정과 헛된 기대와 미련을 털어버리기로 단단히 마음먹은 뒤, 자아를 실천하고 세상과 타인과의 관계 맺기에 하루하루를 할애한다. 고대 그리스인들은 지혜에는 밀접하게 연결된 두 가지 측면, 즉 소피아Sophia 와 소프로시네Sophrosyne 가 있다고 생각했다. 지혜를 뜻하는 소피아는 관조적이고 이론적인 지혜이자 어떤 관점에서는 이지적인 탁월함을 의미한다. 실천적 지혜인 소프로시네는 특히 감정을 절제하는 방식을 가리킨다. 마음의 균형을 잡는 일은 매우 섬세한 작업일 수 있다. 그러나 이를 실행하는 데는 즐거움이 따른다. 이것은 '지혜'라는 말의 라틴어 어원에 '풍미Savour'의 뜻이 담긴 것을 보면 알 수 있다. 사피엔티아Sapientia, 즉 지혜를 함양하는 자는 거기에 몰두하면서 기쁨과 즐거움을 느낀다. 거짓 행복과 현실 왜곡에 작별을 고하는 자유의 기쁨, 세상을 편향된 눈으로 보게 하여 결국 세상을 고통스럽게 인식하도록 만드는 오해들로부터 해방되는 기쁨을 경험하는 것이다.

그러므로 니체가 말했듯 위축된 지혜, 즉 조심스러운 지혜라는 이미지를 속히 깨부수자. 사랑과 지혜가 손을 맞잡으면 우리는 자유와 기쁨을 누리며 자아에서 벗어날 수 있다. 지혜를 우울한 고행과 연결하면서 그 지혜가 우리를 무감각한 삶, 침울하고 단조로운 삶으로 이끌 것이라 주장한다면, 이는 마치 자신이 처한 상황에서 벗어나기를 고집스레 거부하며 불편한 범퍼카나 감정의 롤러코스터를 탄 채 삶을 보내는 것과 같다. 나는 지혜가 있으면 수많은 후회나 악평, 마찰 없이 범퍼카와 롤러코스터를 잘 받아들일 수 있다고 믿는다. 영적인 길에 들어서는 것은 우리의 가장 내밀한 약속을 지키는 일이다. 용감하게 마음속 깊은 곳으로 내려가서 줄곧 맡아온 역할을 내려놓고 대담하게 맨몸으로 나아가는 것이다. 이는 삶의 바다에서 물에 뜨는 법, 헤엄치는 법을 배우는 것과 같다. 여기에는 아무런 준비도 요구되지 않는다. 완벽해야 하는 것이 문제가 아니다. 삶을 헤쳐 나아가기 위해 대체 왜 완벽해야 한다는 말인가?

자기만의 방 안에 갇혀 있는 지혜, 정신의 벙커 안에서 안주하는 행복은 한순간의 가치도 없다는 사실을 명심해야 한다. 손을 내밀고 어깨를 빌려주며 모두가 함께 나아가는 것이 바로 지혜를 실천하는 길이다.

크리스토프가 생각하는 지혜
: 행복에 다가가기 위한 도구

나는 철학자가 아니다. 지혜를 보는 시각도 이상화되어 있고 동시에 단순화되어 있을 것이 틀림없다. 그럼에도 나에게 지혜는 본질적인 의미를 지닌다. 사실, 현대 철학자 대부분이 지혜에 거의 관심이 없다고 생각하니 조금은 개탄스럽다. 흔히 이들은 지혜를 일종의 환상, 더 나아가 주장이라고 간주한다. 그런데 그 누가 감히 자신을 현자라고 주장하겠는가? 지혜를 추구하는 것이 본디 환상이라고 생각하는 철학자들도 있다. '지고함을 지향하다가 타락하고 만다'는 파스칼의 유명한 말처럼 말이다. 또 일부 철학자는 지혜를 추구하는 목적이 행복이 아니라 진리에 있다고 보기도 한다. 그래서 우리는 진리로 말미암아 고통받게 되더라도 진리를 선호해야 한다고 주장한다. 어쩌면 이 모두가 올바르고 근거 있는 말일 수 있지만, 내가 느끼는 바와는 꽤 거리가 멀다.

나는 지혜가 지닌 회복의 힘을 믿는다. 지혜에는 자신의 고통을 덜고 다른 사람들도 덜 고통받게 하는 힘이 있다고 믿는다. 전반적으로 보면, 우리가 가능한 한 항상 지혜롭게 행동하도록 노력한다면 우리 자신과 마찬가지로 타인도 회복시키고 위로할 수 있을 것 같다. 일상에서 지혜는 내게 나침반이자 GPS와 같다. 물질주의적인 환경의 악영향과 이기심, 나태함으로 말미암은 악습에 빠지더라도 지혜 덕분에 너무 오랫동안 길을 잃고 헤매지 않을 수 있다. 지혜는 매일 아침 초기화된다. 따라서 우리는 이 지혜에 다가가기 위해 계속 노력해야 한다. 전날 밤 스스로 조금 더 지혜로 워졌다고 느끼며 잠이 들었더라도, 아침에 잠에서 깨면 오늘도 어 제 했던 모든 작업을 계속해야 한다거나 심지어 다시 새로 시작해 야 한다고 되뇌어야 한다. 말하자면 지혜를 유지하는 작업을 해야 하는 셈이다. 이런 내용은 고대 철학자들 혹은 고대 철학에 관심 있는 현대 철학자들에게서 찾아볼 수 있지만, 사실 현대 철학에서 는 거의 다루지 않는다.

'진리, 자유, 행복 중 무엇을 선택해야 하는가?'

이런 근본적 물음에 지혜란 본디 진리로부터 자유롭게 행복을 끌어내는 능력이라고 답할 수 있겠다. 예를 들어보자. 내 건강이 좋지 않다는 것이 진실이라고 하자. 어떻게 해야 할까? 건강이 나 쁘더라도 나는 살아 있다는 생각을 할 수 있다. 친구들도 있고 그 들과 이야기하면서 함께할 수 있기에, 진실로부터 행복을 끌어낼 수 있다고 생각할 수 있다. 철학자들은 애초에 지혜의 목적은 우 리를 행복하게 하는 것이 아니며, 행복은 부수적인 결과일 뿐이라 고 이야기한다. 나는 이 말이 무슨 의미인지 잘 안다. 그럼에도 진 리에 다가가면 환상이 해소될 뿐만 아니라 그 여정을 계속하면 우 리의 행복도 커진다고 믿는다.

마티유가 생각하는 지혜

: 분별력과 자기통제

본질적으로 지혜는 두 가지 구성 요소, 즉 세상만사를 올바로 볼 줄 아는 눈과 완벽한 내면의 자유로 이루어져 있다. 이 가운데 첫 번째는 사물을 올바로 이해하는 것을 말한다. 현실을 왜곡된 시각으로만 본다면, 가령 만물이 자율적이고 내재적인 존재성과 영속성을 지닌다고 생각한다면, 우리는 좌절과 고뇌에 직면할 수밖에 없다. 이런 혼란은 앎을 베일로 가려 우리를 지혜로부터 멀어지게 한다. 화상 입지 않기를 바라면서 불구덩이에 손을 집어넣듯, 우리를 고뇌의 원인에 계속 중독시킨다. 반면 지혜는 현실과의 일치 속에서 행복과 고통의 메커니즘을 분별하고 이해하는 것과 궤를 같이한다. 달리 말하자면, 지혜는 우리가 만들어 놓은 허상과 현실 사이의 괴리를 메워준다.

지혜의 두 번째 측면은 자기통제다. 현자는 불안하거나 혼란스럽게, 충동적이거나 일관성 없게 행동하지 않는다. 자기 자신의 주인이 되어 통제한다는 말은 자신을 구속하는 교조와 규범에 묶여 부자연스럽게 행동한다는 뜻이 아니다. 통제란 자유의 동의어다. 주인의식을 가지고 자기 배를 마음대로 운전하는 선원은 폭풍과 격랑을 뚫고 배를 무사히 목적지로 인도한다. 자기를 통제한다는 건 더는 자신의 감정에 놀아나거나 해로운 생각의 노예가 되지 않는 것을 말한다. 그토록 휘둘리는 부정적 생각들은 우리를 고뇌와 환멸로 이끈다. 즉, 우리를 결코 충족감으로 인도하지 못한다는 말이다. 자기통제는 내면의 균형을 유지하고 마음을 맑게 다스리는 것과 궤를 같이한다.

그러므로 현자는 자기 자신과 타인을 위해 장단점을 따지면서 모든 것을 고려하여 올바른 결정을 내릴 줄 아는 사람이다. 그는 편견과 선입견에 영향받지 않고 자신의 주관적 사고방식을 현실에 투영하지 않는다. 또한 우리를 이롭게 할 수 있는 것과 우리에게 장단기적으로 고통을 가중하는 것을 명석한 눈으로 섬세히 구분한다. 그 결과, 마땅히 신뢰받게 된 그는 자연스레 자신이 몸담은 공동체 안에서 존경받는다. 우리 중 많은 이가 일상의 삶에서 취약성과 불안정성으로 고통받지만, 현자는 내면의 자유 덕분에 이를 모면한다. 그는 반대되는 상황에서도 쉽사리 불안정해지지 않는다. 마치 훌륭한 용골을 지닌 돛단배가 풍향의 급변에도 전복되지 않는 것처럼 회복력을 발휘하기 때문이다.

그래서 불교 경전은 현자의 마음을 무수한 바람에도 변치 않는 산에 비유한다. 더 나아가 현자의 마음은 넓디넓다. 그렇기에 그 안에서는 평범한 삶의 근심 걱정과 우여곡절 획득이나 상실, 즐거움이나 불쾌함, 칭송이나 비판, 익명성이나 명성이 무의미한 것처럼 느껴진다.

Contents

일러두기
본문 속 역주의 로마자는 영어식 표기를 우선했다.

Accepter ───────

수용

우리는 흔히 수용과 체념을 혼동한다. 북미 대학 생들과 대화를 나누던 자리에서 있었던 일이다. 명상으로 마음을 수련하면 고통스러운 상황에 대한 인식이 바뀌어 삶의 부침에 잘 대처하는 능력이 생긴다고 설명하자, 학생들의 단호한 반응이 돌아왔다. 당장 고통 속에 있는 사람들에게 그저 순응하라고 권유하는 것은 자신의 처지에 익숙해지는 수밖에 없다는 말과 같아서 위험한 발언이라는 지적이었다. 마치 노예나 매 맞는 여성, 억울한 옥살이를 하는 사람, 그 외 억압받는 사람들한테 탄압의 종식과 정의를 요구하기보다 명상으로 자신의 운명에 만족하는 법을 배우는 게 최고라고 말하는 것과 같다는 거다. 그런데 이런 반응은 학생들이 단단히 오해했기 때문이다. 용기와 평정심을 가지고 괴로운 상황에 직면할 줄 아는 능력이 생긴다는 건 고통을 덜 수 있는 소중한 자산을 갖추는 것이지, 모든 걸 체념한다는 뜻이 아니다. 우리는 내면의 자유를 일굼으로써 이미 우리를 고통스럽게 하는 아픔에 더해 번뇌와 격앙된 감정 때문에 더욱 악화되는 괴로운 상황만큼은 피할 수 있다.

물론, 아픈 사람을 앞에 두고 "제가 드리고 싶은 조언은 자신의 고통을 받아들이라는 겁니다. 그러니 이제부터는 혼자 알아서 하시길" 하는 말만 불쑥 던질 순 없는 노릇이다. 그 대신, 힘든 상황을 끝내기 위해 우리가 할 수 있는 방법은 다 동원하겠지만, 정말 효과적인 건 스스로 이런 상황을 대하는 태도를 바꾸는 것이라고 말해야 한다. 때로는 적어도 당분간 할 수 있는 일이 전혀 없음을 받아들이는 것만으로도 도움 된다고 말해야 한다. 체념하는 경우처럼 눈앞의 시야를 가리는 대신 이렇게 받아들이면 보너스처럼 긍정적인 그 무언가를 얻는다.

캐나다의 소설가 레미 트랑블레Rémi Tremblay는 자신의 마약중독자 아들 이야기를 매우 감동적으로 풀어낸 소설《강물 앞의 빨간 의자》를 발표했다. 이 책에서 그는 자신이 희망, 기다림, 실망의 악순환에 빠진 상태에서 오랫동안 고통을 '감추기' 위해 얼마나 애썼는지 설명한다. 누구든 자녀가 고통받는 모습은 보고 싶지 않으리라. 하지만 그는 자신의 고통을 키우거나 피하지 않고, 무시하거나 섣부른 행동으로 폭주하지 않은 채 온전히 받아들이는 법을 배웠다고 한다. 이제 그는 현실과 마주하며 훨씬 더 편안히 자기 자리에서 아들의 말에 귀 기울일 수 있게 되었다. 그는 자리를 지키는 것이 사랑하는 사람의 자세라고 말한다. 이런 자세 덕분에 더 많이 아끼고, 평정심을 유지하면서 더욱 분별력 있게 올바른 행동을 취할 수 있다고 한다.

다시 말해 변하지 않거나 변하는 데 오래 걸리는 상황을 그대로 인정하고 받아들이면, 우리를 자유롭게 하는 사랑의 또 다른 면모를 누릴 가능성이 활짝 열린다.

-마티유

Acrasie ───────
자제력 부족

고대 그리스인들은 우리 마음속 깊은 곳에서 휘몰아치는 전쟁터 같은 내면의 갈등을 아주 잘 보여주는 개념을 만들어냈다. 이름하여 '자제력 부족Acrasia'이다. 이 말의 어원이 되는 'Acratos'의 의미는 '할 수 없음'이다. 이 용어는 '의지력 부족'으로도 번역될 수 있다. 사도 바오로는 자신의 마음속에 불어닥칠 수 있는 대립과 찢어질 만큼 괴로운 마음을 훌륭히 요약해서 표현했다. '모두 내가 원하는 선을 행하지 않고 원하지 않는 악을 행하기 때문이다.'

바로 이것이 마음속에서 전쟁을 치르고 있는 듯한 느낌, 도저히 추스를 수 없게 산산이 깨진 마음, 끝없는 번민을 낳는 원인이다. 무기력한 나의 의지가 앞으로 나아갈 방향을 가리키긴 하지만 충

동, 감정, 공포, 분노가 앞설 뿐이다. 이처럼 우리를 속수무책으로
만드는 자기 상실의 경험을 한 번도 겪지 않은 사람이 있을까? 우
리로서는 어쩔 수 없는 그런 상황 말이다.

　자제력 부족은 우리 삶의 많은 부분을 부패시킨다. 알코올중독,
마약중독 등 내적 고통이 일어나는 모든 곳에서 스스로 최선의 모
습을 따르기 어렵다는 것이 드러난다. 바꿀 수 없다는 무기력함이
우리 마음속 수많은 영역을 지배한다. 어떤 관계가 해롭다는 것은
잘 알지만, 그럼에도 완전히 빠져들게 된다. 자기 자신을 상실하
게 만들고 모든 노력을 수포로 돌리는 악순환의 톱니바퀴. 어떻게
하면 이 치명적인 기계에서 벗어날 수 있을까? 자신의 이상적인
삶, 신념, 높은 열망과 실제 행동 사이에 깊은 구렁이 생기는 것을
목격할 때 느끼는 죄의식은 또 어떠하랴. 바로 이런 이유로 몸과 마
음의 건강을 위해 그리고 충동의 유혹을 끊기 위해 고행과 내면의
평화를 추구해야 한다.

-알렉상드르

자제력 부족을 극복하고 싶다면?
알렉상드르의 3가지 조언

1

고군분투하고, 같은 실수를 반복하며, 일탈을 저질렀다고 너무 호들
갑 떨지 말라. 매년 1월 1일, 나는 장기적으로 도저히 지킬 수 없는
새해 다짐을 울며 겨자 먹기로 한다. 자유를 발견하려면, 먼저 우리
를 구속하는 모든 족쇄를 찾아내고 우리가 지닌 자원을 파악한 다
음 과장된 심리적 속박을 하나하나 풀어야 한다.

2

할 일은 태산인데 끝은 보이지 않는 법. 영성의 길을 가는 것은 육상
에 비유하면 단거리 스프린트보다 마라톤에 가깝다. 도중에 우리는
비틀거리거나 넘어지기도 한다. 이 머나먼 여행을 위해, 우리 기분
을 풀어주고 위안을 주는 것이 무엇인지 파악하자. 마라톤에서는
약물로 도핑하거나 마취한 선수는 오래 버티지 못한다. 지혜는 우리
마음의 양식이 되는 것을 알아보게 해준다. 이 즐거운 앎이야말로 무

조건적인 기쁨이 된다.

3

자기중심적 사고에서 벗어나라. 내면의 갈등에 전면적으로 몰두하면 반드시 벽에 부딪힌다. 신중함은 우리를 자기중심적 사고에서한 발짝 물러서게 만든다. 그 결과, 문제를 회피하지 않고서도 더는이 문제가 우리 삶의 한가운데에 자리 잡지 않게 한다. 구체적인 예를 들자면, 나는 하던 일이 잘 풀리지 않을 때면 자제력 부족과 맞서싸우는 다른 누군가에게 전화를 걸어 그를 지지하고 어깨를 토닥여주며 그의 이야기를 듣는다.

불행중독

번민에 마비되면, 놀랍게도 일상의 기쁨과 고요
로부터 아무런 감흥을 느끼지 못할 때가 종종 있다. 마치 시련을
겪는 동안 분비되어 자극을 주던 아드레날린이 고요한 일상에서
는 부족하기라도 한 것처럼 말이다. 이것은 매우 극적인 경험이
다. 운명의 시련은 버겁고 고달프지만, 적어도 맞서 싸울 때는 아
침마다 눈뜨는 이유를 알 수 있었다. 니체는 《즐거운 지식》에서
이렇게 이야기한다.

'나는 고통 중에 돛을 달라는 선장의 명령 소리를 듣는다. 대담
한 항해사인 인간은 수많은 방식으로 돛을 다루는 법을 훈련해두
어야 한다. 그렇지 않으면 금세 속수무책이 되어 바다에 휩쓸려버
리고 만다.'

하지만 폭풍이 다 지나간 다음, 평범한 일상과 루틴이 회복되면
금단 증상이 나타난다. 거의 의존성을 보이게 될뿐더러 단도직입
적으로 말하면 불행중독 증상이 생긴다. 마치 불행의 짐을 져야만
살아 있음을 느낄 수 있듯 말이다.

조금도 과장하지 않고 하는 말이지만, 우리는 감정과 모호한 관
계에 있다. 과한 감정 때문에 고통스럽거나 방향을 잃으면, 우리
는 오해에 사로잡힌다. 존재하기 위해서는 떨림이 필요하고, 명상
이 우리에게서 감정을 잘라낸다고 생각하는 사람들도 있다.

내가 철학에 매료된 이유는, 철학이 그 유명한 아타락시아

Ataraxia, 즉 영혼이 아무런 문제도 겪지 않는 마음의 평정 상태를 약속하는 것처럼 보였기 때문이다. 하지만 오늘날 나를 돌아보니, 마음을 흔드는 수많은 근심 걱정에서 벗어나는 행운은 내게 전혀 없는 것 같다. 그래도 명상 덕분에 매일매일 일종의 기적이 일어나고 있다. 번민이 몰려와도 그냥 웃어넘기고, 더는 두려움을 두려워하지 않는 경지에 이르는 경우도 많다.

이런 경지에 도달하는 데 꽤 도움 되는 훈련 비법이 하나 있다. 두려움, 번민, 슬픔 등을 경험하는 의식意識은 절대 동요하지 않는다는 사실을 명심하면 된다. 사람의 마음 안에는 아무런 타격을 받지 않고 무사한 상태로 남아 있는 부분이 존재한다. 상처를 주는 그 어떤 충격도 건드릴 수 없는 것이 바로 이 부분, 의식이다. 의식은 커다란 곰솥에 비유할 수 있다. 곰솥 안에는 온갖 것이 다 들어 있다. 기분을 좋게 해주는 당근, 상추, 병아리콩도 있고 눈물을 쏙 빼게 하는 양파도 들어 있다. 불행에 빠지면 자아는 다른 맛은 음미하지 않은 채 양파만 씹는다. 하지만 우리의 의식을 곰솥과 같다고 생각하면, 분노와 아픔에 이르지 않고 감정을 그냥 흘려보낼 수 있다. 이것들은 그저 많은 재료 중 하나에 불과하니까.

-알렉상드르

의존증 참조

Agir
행동

명상과 행동을 구분하는 것은 초보자들이 범하는 실수다. 우리는 명상가들의 경험을 통해 이 두 가지가 서로 긴밀히 연결되었음을 알 수 있다. 명상은 행동을 더욱 잘하게 도와주기도 하고, 때로는 전혀 행동하지 않게 만들기도 한다. 물론 이것이 그 무엇도 하지 않게 된다는 뜻은 아니다. 선禪에서는 전통적으로 좌선坐禪을 중요시하지만 먹고, 걷고, 정리하고, 청소하는 등 일상 속 거의 모든 행위 역시 명상의 매체가 될 수 있다. 정신과 육체가 조화를 이룬 '마음챙김Mindfulness' 상태에서 이런 행위를 수행한다면 말이다.

보통, 움직이면서 명상하려면 규칙적으로 자신의 행위를 의식하면 된다. 이때 의식한다는 것은 그 행위를 하는 현장에 정말로 있어야 한다는 뜻이다. 그러니까 걷기, 운전하기, 정리하기, 듣기, 쓰기, 읽기, 요리하기, 청소하기 등 현재 하는 일 말고는 아무것도 하지 말아야 한다.

실상 몸은 행동하는데 마음이 푸념이나 몽상, 걱정이나 계획 등 다른 곳으로 쏠리는 경우는 허다하다. 소위 '멀티태스킹여러 일을 동시에 하는 것. 가령 운전하면서 전화 통화하기, 대화하면서 문자메시지 확인하기 등등'에 관한 여러 연구 결과에 따르면, 결론은 명확히 한 가지다. 한 번에 여러 일을 하는 습관은 우리에게 더 많은 스트레스를 주고 각각의 활동 수행 능력을 떨어뜨린다는 것이다.

반면 마음챙김 상태에서 행동하면 학자들이 말하는 '몰입Flow'의 경지에 이를 수 있다. 그러면 한 가지 활동에 완전히 빠져들어 강한 통제감과 만족감을 느끼면서 자기 능력의 최대치를 발휘한다. 이러한 '몰입' 상태는 운동선수나 예술가뿐만 아니라 지식 노동자에게서도 찾아볼 수 있으며, DIY 조립을 하거나 정원 가꾸기 등 취미 활동을 하는 사람에게서도 발견할 수 있다. 마음챙김 상태에서 행동하면, 잘 사는 삶이란 지금 여기 현재를 살아야 한다는 사실을 잊지 않는 것임을 깨닫게 된다.

-크리스토프

Agressivité ─────
공격성

불교에서는 다른 사람이 내게 잘못을 범할 때 마음속으로 거기에 물들지 말라고 가르친다. 여러 번 붓다를 모욕한 남자가 있었다. 붓다가 그에게 물었다.

"누군가가 네게 선물을 주려 하지만 네가 그 선물을 거절한다면, 결국 그 선물은 누구의 것이냐?"

일순간 당황한 남자가 대답했다.

"선물을 주려고 한 사람이오!"

그러자 붓다는 다음과 같이 말을 맺었다.

"네가 내게 준 모욕을 나는 받지 않겠다. 그러니 그 모욕은 너의 것으로 남는다."

나는 배은망덕한 사람, 막돼먹은 사람, 고약한 사람을 마주할 때 호의적인 태도를 유지하면 우리에게 득이 된다고 생각한다. 우리가 평정심을 잃지 않고 예의 바르고 열린 마음으로 상대를 대하면 최상의 경우 그의 적개심에 제동을 걸 수 있다. 반면 우리 역시 대결 구도에 돌입한다면 우리가 유감스럽게 생각하는 그의 단점에 우리도 같이 빠져들고 만다. 통상, 대결은 격화되는 양상으로 시나리오가 전개된다. 가령 상대가 내게 큰 소리를 내면 나도 얼른 같은 말투로 되받아치고, 그렇게 어조가 점점 높아지면서 폭력의 구렁에 빠져버린다.

-마티유

비폭력, 폭력 참조

Altruisme ————
이타심

사람들은 간혹 이타심과 연민, 공감을 같은 것으로 본다. 그러나 이 세 단어가 가리키는 정신 상태는 모두 다르다. 그래서 우리의 행동에 미치는 영향이 다 다르고 그 결과 타인에게도 다른 영향을 준다. 본래 이타심 혹은 이타적 사랑이란 다른 사람들을 이롭게 하고자 하는 의도를 말한다. 관대한 행동을 베풀면서 그 대가로 그보다 더한 이익을 얻을 것이라 계산하고 행동한다면, 이는 이타심이 아니라 이해타산적인 행동이다. 연민은 이타심이 타인의 고통에 직면하면서 형상화된 것을 말한다. 불교에서는 특별히 이것을 '모든 중생이 고통과 고통의 원인에서 벗어나길 바라는 마음'이라고 규정한다. 이러한 이타심과 연민은 공감과는 또 다르다.

공감 참조

   이타심과 연민은 이들을 이루는 감정적 요소에만 치중할 경우 그 범위가 제한된다. 그러나 우리가 흔히 간과하지만, 이타심과 연민에는 본질적인 인지적 측면도 있다. 바로 이런 측면 덕분에 우리는 타인의 욕구가령 열악하거나 괴로운 상태를 면하고 싶은 욕망를 인식할 수 있다. 여기서 말하는 타인에는 모르는 사람들 또는 적으로 간주하는 사람들도 포함된다.

   다른 한편으로 우리는 이런 측면 덕분에 타인의 고통에 대한 이해 폭을 확장할 수 있다. 불교에서는 고통의 근본적 원인이 무지, 즉 정신적 착오에 있다고 본다. 이런 착오 때문에 우리는 왜곡된 눈으로 현실을 인식한다. 결국 충동적 욕구부터 질투, 오만, 증오 등 모든 부정적 감정을 망라하는 혼란스러운 정신 상태에 이른다. 이타심과 연민의 이러한 인지적 측면은 간과한 채 고통의 가시적 형상에만 관심 가진다면 절대로 이런 고통을 완전히 치유할 수 없다.

   이해타산적인 목적으로 다른 사람을 위해 행동한다면 이것은 진정한 이타심이 아니다. 자신의 이익을 증진할 속셈을 품고 있기 때문이다. 예컨대 재산을 상속받기를 기대하면서 나이 많은 어르신을 친절히 모시거나, 칭찬 듣기 위해 호의를 베풀거나, 자선사업가라는 명성을 얻고자 인심을 후하게 쓰는 경우가 그렇다. 이뿐만 아니라 양심의 가책을 덜기 위해 또는 스스로 자부심을 느끼기위해, 아니면 비난을 면하기 위해 누군가를 도와주기도 한다.

사심 없는 이타심은 다른 사람에게 선행을 실천하겠다는 유일한 목적만 가지고 도움을 줄 때 발휘된다. 우리가 일상생활 중에 늘 만나게 되는 호의적 행위는 어디서 나오는 걸까? 이를 설명하는 가장 간단하고도 그럴싸한 이유가 바로 진정한 이타심이다. 이를 가리켜 '선행의 평범함'이라 부를 수도 있겠다.

미국의 심리학자 대니얼 뱃슨Daniel Batson은 자신이 구상한 실험적 상황에서 실험 대상자들을 관찰하여 그들의 이타적 혹은 이기적 동기를 명확히 규명하는 데 30년을 바쳤다. 끈기 있게 체계적으로 진행한 이 연구는 '진정한 이타심이 분명 존재하며 현재의 과학 지식 수준에서 이기심을 바탕으로 해서는 그런 결과를 설명할 수 없다'는 결론에 도달했다.

나는 이런 질문을 자주 받는다.

"살생을 일삼고 피도 눈물도 없는 독재자에게서 어떻게 이타심과 연민을 느끼라는 겁니까?"

연민은 모든 형태의 고통을 치유하는 것을 목적으로 삼는다. 의사라면 어떤 미친 사람이 격하게 화내며 위험하게 군다고 그를 몽둥이로 때려눕히지 않는다. 그 대신 필요하면 그를 통제해서 치료할 방법을 찾는다. 그렇다고 자유롭게 방임하는 태도를 보이라는 말은 절대 아니다. 하지만 독재자가 증오, 잔인함, 갈망, 무관심을 끊어버림으로써 이런 광란을 낳은 사회 여건이 바뀌기를 바라는 편이 더 바람직하지 않을까?

-마티유

연민, 공감, 상호의존 참조

이타심을 키우고 싶다면?
마티유의 4가지 조언

1

무조건적인 이타심이 당신 능력 밖의 일로 보인다고 겁먹지 말라. 사실, 당신도 어렵지 않게 무조건적인 이타심을 발휘할 수 있다. '모든 중생이 행복과 행복의 원인을 발견하고 고통과 고통의 원인에서 벗어나기'를 바라는 것만으로 충분하다. 이는 당신 혼자 모든 고통을 치유할 수 있어야 한다는 뜻이 아니다. 당신의 이타심에서 아무도 제외하지만 않으면 된다.

2

당신의 힘을 넘어선 일을 하지 않는다고 스스로 자책하지 말라. 다만, 행동할 수 있는데도 시선을 피하는 것이라면 자신을 나무라야 한다.

3

여느 신체적, 정신적 능력과 마찬가지로 친절과 연민도 밑바닥에서
부터 키울 수 있다.

4

첫 시작으로 당신의 타고난 친절 능력을 가까운 주변 사람들에게
발휘한 다음, 가족과 사랑하는 이들을 넘어서 더 많은 사람에게 확
장하라.

현명한 친구

중국 선종 불교 제6조인 당나라 선승 혜능은 《육조단경》에서 '현명한 친구'라는 탁월한 표현을 사용한다. 서로 마음을 열고, 나누고, 격려하고, 기댈 어깨를 빌려주고, 손 내밀어 잡아주어야 할 때, 혼자서는 자유로워질 수 없음을 다시금 일깨워주는 표현이다. 이런 정신적 관계 또는 내적 동반자관계에는 두 가지 주요 특징이 있다. 우선, 여기에는 헉헉거리며 애쓰는 친구를 함부로 판단하거나 재단하지 않고 끝까지 함께하는 무조건적인 사랑이 요구된다. 동시에 호의와는 거리가 멀지만 이런 정신적 동반자관계는 자신의 한계를 넘어서고, 자기 틀에서 벗어나 깨우치고, 앞길에 장애가 될 수많은 결정론적 조건을 탈피하는 길로 친구를 초대한다. 아리스토텔레스가 그랬듯, 혜능도 우정이란 함께 발전하고 선을 추구하는 것으로 보았다. 그러나 안타깝게도 타인과의 관계는 세네카가 지적했듯, 더는 이득이 없으면 끝나고 마는 비즈니스관계에 그치는 경우가 많다.

-알렉상드르

Amour

사랑

사랑과 지혜는 양립 불가능한 것처럼 보인다. 사랑이라고 하면 흔히 맹목성과 집착이 떠오르지만, 이와 반대로 지혜는 명석함과 해방이 작용한 결과물이기 때문이다. 따라서 이 책에서 이야기하는 사랑이 어떤 사랑인지 확실히 짚고 넘어가야 할 필요가 있다. 여기서 말하는 사랑이란 소유욕을 드러내면서 통제하려 드는 열정적인 사랑이 아니다. 그보다는 아낌없이 주는 사랑, 관대한 사랑, 이타적인 사랑을 말한다. 이런 사랑은 타인의 행복을 기원하지, 그 대상을 감독하고 통제하려 들지 않는다. 물론, 광적인 사랑은 아름다운 이야기를 지닌 문학 작품과 영화를 탄생시키기도 한다. 그러나 일상 속 이야기는 그만큼 아름답지는 못하다. 그래서 이타적 사랑이 더 바람직한 기반이 되는 것 같다. 이런 사랑은 집착이나 욕망과도 양립할 수 있다. 더 나아가 그 안에서 열정이 지나고 다시 회복될 수 있다. 그러면서도 세상과 타인에게 마음을 여는 것을 방해하지 않는다. 그래서 애정, 우정, 호감, 친절, 연민, 다정 등 많은 모습으로 나타날 수 있다.

-크리스토프

Angoisses ——————
번민

유독 뿌리 깊은 번민에 빠져 있던 어느 날, 나는 그 두려움의 본질과 윤곽, 일관성에 대해 묵상해보라는 마티유의 권유를 받았다. 그러자 산에서 굴러떨어지며 모든 것을 휩쓸고 지나가는 바위와 달리, 숲을 집어삼키면서 가장 외진 곳까지 태워버리는 산불과 달리, 두려움과 회의는 순전히 우리 마음의 산물에 불과하다는 사실을 확인할 수 있었다. 수련이란 우리가 느끼는 심리적 경련보다 의식의 폭이 무한히 넓다는 사실을 직접 체험하고 깨닫는 것이다. 자아가 위협에 시선을 고정한다는 사실, 잘못될 수 있는 일과 우리에게 닥칠 수 있는 재난에서 눈을 떼지 못한다는 사실은 놀랍다. 우리는 이런 시선을 전환해야 한다. 살면서 문제없이 진행되는 모든 일과 자신이 사랑하는 존재들, 우리 아이들과 친구들이 있음에 감사하는 훈련을 진지하게 해야 한다. 쉼과 가벼움, 평온함을 망쳐버릴 수많은 불길한 예감에 과도하게 중요성을 부여하지 말아야 한다.

근본적으로 '우리가 사는 세계에서 비극은 언제나 멀지 않은 곳에 있다'는 생각에 익숙해지는 것이 중요하다. 우리는 하루살이의 삶처럼 덧없음으로 점철된 세상에서 단단하면서도 차분하고 유연한 기쁨을 찾고 발견하는 도전을 해야 한다. 세상을 바라보는 극도로 편협한 시각에서 하루에도 수없이 벗어나야 한다. 모든 것을 자양분 삼아 어디서든 위험을 좇는 이런 편집증에서 탈피해야 한다. 에밀 쿠에Emil Coue의 자기암시법만큼 이런 통찰을 방해하는 것은 없다. 물론, TV 속 뉴스를 보기만 해도 너무도 많은 비참함과 부당함, 질병 등을 목격할 수 있고 그렇게 희망을 잃을 수 있다.

초정밀 정신 기관인 우리 뇌는 아마도 궁지에 몰리는 일에 집중하도록 프로그래밍되어 있는 것 같다! 그래서 불안 상태를 뿌리 뽑기란 거의 불가능하다. 두려움, 배척, 마음에 들지 않을까 하는 걱정, 질병과 죽음에 대한 고정관념 등이 긴 행렬을 이루듯 머릿속에 줄지어 등장한다. 그러나 우리 내면의 장치인 뇌의 디폴트 모드는 화강암처럼 단단하지는 않은 것 같다. 이때 우리를 봉인하고 있는 것을 깨뜨리는 데는 친구의 도움이 주효한다. 내 친구 마티유는 마치 자동차 디자인 명장처럼 무한한 인내심을 가지고 나를 깨우쳐준다. 두려움의 길은 막다른 길이며 방향을 잘못 잡은 길임을 일깨운다. 내가 번민 속에서 좌충우돌하는 범퍼카 모드에 돌입하려 할 때, 마티유가 디자인한 주행 안정성 기술은 든든한 버팀목이 된다.

-알렉상드르

불안, 비두려움, 두려움 참조

Anxiété ───────
불안

심리학에서 두려움은 실체가 있는 구체적인 위

험이 현존할 때 육체와 정신이 보이는 반응 일체를 가리킨다. 이에 비해 불안은 위험 가능성, 다시 말해 다가오는 위험이나 상상 속의 위험에 보이는 반응을 뜻한다. 흔히 말하듯, 번민은 대상이 없는 두려움이다. 그러나 즉각적인 대상이 없을 뿐이지, 현실성이 없는 것이 아닌 만큼 우리의 몸과 마음은 번민의 노예가 되어버린다!

늘 불안에 떠는 사람들은 우리가 사는 세상을 떠나 이 세상의 규칙을 따르지 않는 또 다른 세계에 산다. 그러나 우리는 대부분 이런 사실을 알아채지 못한다. 이 가상의 세계에서 정보를 처리하는 방식은 완전히 다르다. 그곳에서는 위험성이 1/10억에 불과할지라도 이런 미미한 가능성에 사로잡힌다. 이는 불안을 모르는 사람들의 세계에서 작동하는 논리와 다르다.

따라서 불안을 극복하고 평정심을 되찾기 위한 최선책은 현실로 돌아오는 것이다. 걷기, 자연 감상하기, 일하기, 외출하기, 움직이기, 친구와 수다 떨기 등 때로 터무니없어 보이는 방법을 동원하면 된다. 그러면 우리는 지금 여기 존재하고 있는 것, 우리에게 맞서 싸울 자원이 있음을 상기시켜주는 것 안에서 다시 닻을 내리고 정착하게 된다. 한밤에 찾아오는 번민이 가장 격렬한 이유도 바로 이 때문이다. 밤에 혼자 있는 데다 활동이나 취미로 기분 전환도 할 수 없기 때문이다.

역설적이지만 불안에 떠는 사람들은 막상 어려움이 닥치면 그 시련에서 잘 벗어난다. 하지만 어려움을 상상하고 예측하고 기다리고 계획하느라 완전히 지쳐버린다. 왜냐하면 불안한 뇌는 많은 에너지를 써가면서 무척이나 근엄하게 가상을 현실처럼 취급하기 때문이다.

이때 도움 되는 방법이 있다. 두려움이 제자리를 지키도록 기꺼이 받아들이되, 두려움이 전부가 되지 못하게 막는 것이다. 마음챙김 명상을 할 때와 마찬가지로 두려움 외의 모든 것에 정신을 집중해야 한다. 명상이란 눈을 감고 깊은 생각에 빠지는 게 아니라 온몸을 동원하는 것이다. 명상하는 동안 우리는 자기 호흡에 주목하고, 자기 몸과 다시 연결하고, 자기 주변의 소리를 듣는다. 이렇게 다시 현실로 돌아오면 현실의 도움을 받아 극단적인 불안에서 조금씩 벗어날 수 있다.

우리 몸은 극도의 불안감 속에서 미칠 것 같아도 늘 현실계에 존재하지, 가상계에 존재하는 일은 절대 없다. 실제 만질 수 있는 현실에 일단 닻을 내리면, 한 발짝 물러나서 자기 생각을 더 잘 관찰할 수 있다. 숨을 내쉬는 것처럼 생각이 빠져나가게 할 수 있다. 그럴 때마다 정신력은 강해지고, 두려움에서 멀어지며, 두려움만이 아니라 현재 존재하는 모든 것에 점점 다시 주목하게 된다.

물론, 이 밖에도 불안과 맞서 싸우는 방법은 매우 많다. 다만, 불안에 사로잡힌 사람들이 반드시 명심해야 할 사항이 있다. 불안의 태풍이 한창일 때는 이런 방법을 사용할 수 없다는 점이다. 비행기가 추락하는데 그제야 낙하산 사용법을 배우려 한들 무슨 소용이 있겠는가. 같은 맥락이다. 원래 때마다 꾸준히 불안과 절망을 느끼는 것이 인간의 운명이라고 전제한다면, 우리에게는 일종의 실존적 훈련이 필요하다.

불안은 우리가 살면서 짊어질 수밖에 없는 심리적 짐이다. 그 뒤에는 위험이 도사리고 있다. 번민의 폭풍에 휩쓸려 가거나 마음을 안정시키기 위해 진정제나 알코올 같은 것에 의존하게 될 위험 같은 것 말이다.

-크리스토프

번민, 두려움 참조

불안에 직면했다면?
크리스토프의 3가지 조언

1

할 수 있는 한 불안에 무릎 꿇지 말라. 불안이 뒤로 물러서라 하는
가? 그렇다면 앞으로 나가보자. 그리고 무슨 일이 일어나는지 지켜
보자! 온통 불안한 생각만 떠오르는가? 그렇다면 불안을 제외한 그
밖의 것 나의 호흡, 내 몸, 나를 둘러싼 세상만 생각하도록 주의집중 범위를 정
하자!

2

제일 큰 걱정거리를 어떻게 해보는 게 너무 어렵다면, 우리 노력으
로 충분히 해볼 만한 좀 더 작은 걱정거리를 찾아보자. 그런 다음 이
걱정거리에 맞서는 훈련을 반복하자. 한 번만 연습해서는 충분치
않기 때문이다. 어떤 두려움이건 거기서 해방되는 메커니즘은 같다.
작은 두려움을 극복하기 위한 노력과 커다란 두려움을 극복하는 데
필요한 노력은 같다.

3

심리치료도 꼭 기억하자. 심리치료로 가장 좋은 결과를 얻는 경우
가 바로 불안증이다. 특히 인지행동치료와 수용전념치료, 마음챙김
을 바탕으로 한 치료법이 효과적이다.

Après coup ─────────

나중에 해야 할 일

삶은 우리에게 수많은 교훈을 주지만, 그럼에도 우리가 좋은 학생이라고 항상 말할 수는 없다. 복습하고 공부하는 것을 자주 잊어버리기 때문이다. 살면서 특별한 사건이 벌어지는 경우, 과연 우리는 나중에 시간을 들여 그 일을 곰곰이 생각해보는가? 되새김질, 즉 일어난 일을 무의미하고 수동적으로 그냥 되뇌는 것을 말하는 게 아니다. 그 일을 찬찬히 뜯어보고 성찰하는 것을 말한다. 즉, 다음에 무엇을 할지 더 훌륭한 결정을 내리기 위해 잠시 멈춰 서서 일부러 시간을 할애하여 지난날 일을 다시 떠올리고 이해하는 것을 말한다. 이것이 겪은 역경을 삶의 경험으로 바꿀 수 있는 유일한 방법이다. 그렇게 하지 않으면 역경은 그저 상처나 외상으로만 남는다.

그러나 너무나 안타깝게도 우리는 이런 시간을 거의 갖지 않는다! 게으름, 두려움, 고통받고 싶지 않다는 욕구 때문이다. 하지만 미처 의식하지 못한 채 그렇게 하는 측면도 있다. 우리 시대가 앓고 있는 병 중 하나가 바로 삶의 가속화이기 때문이다. 우리는 여가생활을 하거나 일을 할 때 경제학에서 말하는 'JIT^{Just-In-Time, 적}^{시공급}' 논리를 점점 많이 따른다. 즉, 비어 있는 시간을 최소화해서 움직이고 또 움직여서 1분 1초까지 생산적인 활동으로 채운다는 뜻이다. 하지만 우리가 조금 전에 겪었던 것, 했던 것, 말했던 것, 들었던 것을 나중에 돌아보는 일은 대단히 중요하다. 지금 우리는 어떤 상태에 있는가? 어떤 판단, 어떤 생각, 어떤 감정을 경험하고 있는가? 특히 갈등, 설전, 대립을 겪은 후에는 이렇듯 사건을 완전히 소화하는 시간을 필수적으로 마련해야 한다. 무엇보다도 금세 다른 일로 넘어가지 말고 TV 혹은 스마트폰에 정신을 팔거나 일하고 푸념하는 데만 몰두하지 말아야 한다.

요컨대 감정적 불편함을 회피하지 말라는 이야기다. 그 대신 우리에게 닥친 일을 묵상하고, 그 일로 우리가 어떤 상태에 처했는지 관찰해야 한다. 그다음, 이제는 충동적으로 행동하는 것이 아니라 상황에 잘 적응한 입장에서 무엇을 할 수 있을지 생각해보는 시간을 가져야 한다.

-크리스토프

Argent ————
돈

돈이 있다고 반드시 행복한 것은 아니다. 하지만 우리 사회에서 돈은 스트레스를 줄여주는 역할을 톡톡히 한다. 돈이 있으면 일상에서 물질적으로 고민하지 않아도 되기 때문이다. 가령 자동차나 보일러가 망가지면 돈으로 고칠 수 있고, 일에 지쳤을 때 돈으로 휴가를 떠나 재충전할 수 있다.

하지만 돈의 존재로 말미암아 우리가 미처 의식하지 못하는 동안 우리의 많은 행동이 변화된다는 사실을 알아야 한다. 이것을 주제로 한 연구는 많은데, 그중 하나를 살펴보자. 먼저, 실험에 자원한 참가자들을 두 그룹으로 나눈다. 1그룹은 돈에 대한 잠재의식을 활성화하는 기법을 받는다. 구체적으로 설명하면, 실험 대상자들에게 컴퓨터로 일련의 간단한 연습을 하게 한다. 이때 무엇을 연습하는지는 중요치 않다. 다만, 연습 중간중간마다 배경 화면에 지폐 사진이 나타나게 한다. 2그룹에서도 실험 대상자들은 같은 연습을 하는데, 이들에게는 지폐 대신 꽃이나 테이블 등 중립적인 이미지를 보여준다. 이것 말고도 또 다른 연습 사례도 있다. 한 그룹에는 종이를 여러 장 주고 크기나 종이에 적힌 숫자에 따라 분류하게 하고, 다른 그룹은 지폐를 주고 금액에 따라 분류하게 한다.

이렇게 1단계가 끝나면, 2단계에서는 두 그룹을 같은 방에 모아서 다소 난해한 문제를 풀게 한다. 이때, 도움이 필요하면 다른 참가자에게 도움을 청해도 된다고 말해둔다. 관찰 결과, 돈에 '노출'된 참가자들은 다른 사람들에게 도움을 적게 청하는 것으로 나타났다. 마찬가지로 도와달라는 부탁을 받은 경우, 조언도 적게 하고 도와주는 시간도 짧았다. 실험 후, 안락의자에 앉은 시험관이 "제 옆으로 오세요. 의자를 가까이 당겨 앉으세요. 잠깐 이야기를 나누죠"라고 하자, 돈으로 활성화된 참가자들은 대조 그룹 참가자들보다 의자를 멀리 두고 앉았다. 실험 결과, 돈을 연상시키는 이미지를 대면했다는 단순한 사실만으로도 최소한 실험 후 얼마 동안은 연대감이 약해지고 다른 사람들과 멀어진다는 것을 알 수 있다. 이런 연구 결과는 우리 삶에도 대입해볼 만하다.

-크리스토프

Ascèse
고행

미셸 푸코Michel Focault는《자기 배려》에서 고행, 즉 자기 단련의 필요성을 보여주고자 세네카를 소환한다.

'자신을 구원하려는 자는 끊임없이 자신을 돌보며 살아야 한다.'

인간은 완성된 상태로 어머니의 배에서 나지 않기 때문이다. 예로부터 마음 수양을 다양한 표현으로 지칭해왔다. '자기 자신을 위해 자기를 비우다', '자기 자신이 되다', '자기 자신으로 변모하다', '자기로 돌아가다' 등이다. 자기애에 사로잡힌 시선은 우리를 덧없는 자기성찰 속에서 방황하게 만든다. 하지만 슬픈 열정에서 해방될 방법, '자동 조정' 모드를 탈피할 방법은 분명 존재한다. 나는 자기를 비워서 자기 자신에게 내어준다는 생각, 여분과 과잉을 비우고 삶을 주어진 그대로 받아들인다는 생각이 좋다. 정말이지 뻔한 결과는 없는 법이다! 이 영역에서 열렬한 노력과 전적인 방임 사이에서 적당한 균형을 잡으려면 어떻게 해야 할까?

이런 혼란 속에서 초감 트룽파Chogyam Trungpa의 가르침을 따른다는 것은 살아 있는 사람들을 고치기 위해 기계공의 접근 방식에 따라 자신을 탓하고 비난하기를 이미 멈추었다는 뜻이다. 그렇다. 이타적인 의도 역시 그것이 제아무리 진심이라 해도 두려움, 환상, 결핍 앞에서는 무릎을 꿇을 수 있다. 어쩌면 세상 최고의 의지력으로도 자기 중심성을 해소하고 자기애를 깨뜨리기에는 충분치 않을 수 있다. 유쾌한 고행에 뛰어드는 것, 그것만으로도 이미

군소리 없이 피해를 복구하고 있음을 뜻한다. 훌륭한 자동차 디자이너처럼 찌그러진 철판을, 영혼과 마음의 스크래치를 두려움 없이 응시하고 있다는 말이다.

-알렉상드르

Aspirations ———
열망

삶에서 정말 중요한 것은 무엇일까? 우리가 마음속 깊은 곳에서 절대로 필요하다고 여기는 것은 무엇일까? 우리 내면에는 우리를 움직이는 무언가가 존재하는 것 같다. 하나의 방향이 설정되어 우리가 걷는 걸음 하나하나에 의미를 부여하는 것 같다. 산다는 일은 만나는 사람과 처한 환경에 따라 이리저리 방황하는 것으로 만족하고, 그날그날 가능한 대로 일해서 먹고사는 데 만족하는 걸 말하지 않는다. 지각 능력이 있는 생물에게는 삶을 유지하는 게 제일의 목표임은 분명하다. 전쟁, 기아, 전염병, 재난에 처했을 때처럼 세상에는 생존이 절대적으로 우선시되는 때와 장소가 있다. 그러나 우리는 즉각적으로 위협을 느끼는 경우가 아니라면, 무상無常이 세력을 넓혀 다음 날 무슨 일이 일어날지 도무지 알 수 없더라도 단순히 시간을 죽이거나 삶을 낭비하며 보내지는 않겠노라 스스로 되뇌어야 한다. 이는 아침에 눈뜨자마자 세상을 바꾸겠다고 결심해야 한다는 의미가 아니다. 다만, 우리가 살면서 가장 성취하고 싶은 일의 연속성과 방향성을 고찰하는 것이 매우 중요하다는 뜻이다. 어떤 사람들은 지속적인 '자아 구축'이라는 개념을 싫어한다. 하지만 우리는 한 달이 지나고 두 달이 지나고 그렇게 해를 거듭할수록 더 나은 존재, 더 이타적인 명민한 존재가 될 수 있다. 대뜸 100% 이타적인 사람이 되어 다른 사람들을 돕겠다는 결심을 하루아침에 할 수는 없지만, 최적의 방식을 향해 정진할 수 있는 운신의 폭은 상당히 넓게 존재한다.

개인적으로 나는 늘 자문한다.

'행복하다는 것은 무엇인가? 쾌락을 쌓는 것? 더 심오한 만족을 발견하는 것? 내 마음이 어떻게 작용하는지 깨닫는 것? 다른 사람들에게 더 잘하는 법을 배우는 것?'

이런 질문을 계속 착실히 던지는 것이 중요하다. 그러면 20년 후 최선을 다해 자신의 밭을 경작한 농부와 같은 느낌을 받게 될 것이다. 세상일이 항상 기대한 대로 돌아가지 않더라도 자신한테 이렇게 말할 수 있어야 한다.

"난 후회 없어. 내 능력 안에서 최선을 다했는걸."

-마티유

Attendre —————

기다림

어느 날, 친구 두 명과 대기실에 앉아 한참 기다

릴 일이 있었다. 그중 한 친구는 오래된 명상가였다. 우리를 데리고 온 친구가 마침내 입을 열었다.

"너무 오래 기다리게 해서 미안해."

그러자 명상가 친구가 반박했다.

"난 기다리는 게 아니야."

자신은 마음속 기대로부터 해방되었기 때문에 오랜 기다림이 짜증스럽지 않다는 뜻이었다. 이처럼 우리는 기다림이 존재하지 않는 풋풋한 현재의 순간 속에서 휴식할 줄 알아야 한다.

물론 이보다 좀 더 심각한 울림을 지닌 또 다른 형태의 기다림도 있다. 가령 병원 검진 결과를 기다리는 경우가 그렇다. 이런 기다림의 경우, 기나긴 지루함을 해소하는 것만이 능사가 아니다. 좋은 소식 또는 나쁜 소식에 구체적으로 대비도 해야 한다. 그러려면 우리 내면의 자유가 차지하는 공간을 넓혀야 한다.

―마티유

Autocompassion ──────
자기연민

많은 사람이 자기연민이라는 개념을 접하면 처음에는 불신의 눈으로 바라본다.

'이건 뭐지? 사람들을 더욱 자기중심적으로 만들어버릴 텐데?'

그러나 일단 이런 반응이 지나고 나면 실제로 자기연민 개념 안에 여러 측면이 있다는 사실을 알게 된다. 그중 하나가 자신을 존중하고 따뜻하게 대하는 것, 즉 자기 자신에 대한 친절이다.

우리 의사들은 진료실에서 환자들한테 흔히 이렇게 말한다.

"가장 친한 친구와 함께 있는 것처럼 자신을 대하세요."

우리는 실패의 쓴맛을 본 친구에게 "넌 세상에서 제일 쓸모없는 존재야!"라고 말하지 않는다. 그보다는 "자, 어떻게 된 일인지 볼까?" 하는 식으로 말한다. 우리는 자기 자신에게 끔찍한 폭력을 가하는 사람들을 자주 만난다. 자기연민에는 또 다른 중대한 의미가 담겨 있다. 고통이 인간 경험의 일부라는 사실과 내가 고통받을 때 내 옆에는 고통받고 있는 또 다른 사람이 수없이 많다는 사실을 인식하는 것이다. 물론 "네가 겪는 고통보다 더한 고통도 있어" 혹은 "너만 고통받는 거 아니야"라고 말하려는 것은 아니다. 고통을 존재하지 못하게 하려는 것도 아니다. 목표는 하나다. 결국, 이런 고통은 인간이 보편적으로 경험하는 것임을 깨닫는 거다. 실제 내가 고통받는다면, 나만 혼자 그런 것도 아니고, 내가 비정상이거나 예외라서 그런 것도 아니며, 내가 실패자라서 그런 것도 아니다. 나는 그저 다른 사람과 같은 인간미를 공유하고 있을 뿐임을 깨달아야 한다.

-크리스토프

Besoin ─────────

욕구

     어느 날, 암자에 있는데 문득 한 가지 질문이 떠올랐다.

'요정이 세 가지 물질적인 소원을 들어주겠다고 한다면 무슨 소원을 말하는 게 좋을까?'

내가 지내는 암자 크기로 봐서 범위는 매우 제한적이었다. 하이파이 세트는 물론이고 대형화면 컴퓨터조차 들일 수 없는 크기였기 때문이다. 내가 가지고 있는 물건은 몇몇 조각상을 올려둔 제단, 20권 남짓한 책, 옷 몇 벌과 몇 가지 유용한 물건이 전부다. 잠시 후, 그만 웃음이 터지고 말았다. 아무리 생각해도 여기에 더했을 때 득이 되기는커녕 방해될 물건만 떠올랐기 때문이다. 이 깨달음에서부터 하루 열 번 암송하면 엄청난 위안을 받을 그 유명한

만트라가 탄생했다. 바로 '난 아무것도 필요하지 않아! 소박함이
주는 행복 만세!'다.

-마티유
버림 참조

Bienveillance
친절

        친절에는 여러 유형이 있다. 먼저, 우리가 좋아하는 사람, 잘 아는 사람에게 베푸는 타고난 친절이 있다. 우리는 피곤하거나 기분이 좋지 않은 날에도 이런 친절이 식지 않도록 노력해야 한다. 이처럼 차분히 친절한 모습을 보이면 우리 자신에게 이로울뿐더러 사기 진작에도 도움 된다. 왜냐면 친절을 베풀면 자기 자신에게 맞춰줬던 초점을 다른 곳으로 돌리고, 일반적으로 기분 좋은 순간과 긍정적인 감정을 누릴 수 있기 때문이다.

  다음으로는, 우연히 마주쳤을 뿐 전혀 모르는 사람에게 베푸는 친절이 있다. 이런 친절을 발휘하려면 머릿속에 작은 친절 소프트웨어가 켜져 있어야 한다. 여기에는 친절을 화두로 아침 명상을 하는 것이 도움 된다.

  물론 처신, 인생철학, 문화적인 면에서 우리와 다른 사람들에게 친절하기란 조금 더 어려운 일이다. 이와 관련해서 진료실에서 만났던 한 환자와의 대화가 생각난다. 그는 자신이 무슨 일이든 하

는 사람가령 지하철에서 연주하는 음악가에게만 적선하지, 한 푼 달라고만 하면서 그냥 지나가는 사람에게는 아무것도 주지 않는다고 했다. 그리고 구걸하는 사람이 공격적일수록 적게 준다고 했다. 이렇듯 '자격 있는' 사람에게만 준다는 말은 얼핏 논리적인 것처럼 들린다. 그러나 간혹 내 안에서도 발견되는 이런 반응에는 모순적인 부분이 있다. 상대방의 욕구생존에서 출발하지 않고 우리의 욕구우리 눈에 '선'으로 보이는 것에 대한 보상에서 출발한 반응이기 때문이다. 친절은 칭찬과 아무런 관계가 없다. 어떤 경우에도 친절의 대상을 우리와 같은 논리를 따르는 사람들로만 제한해서는 안 된다.

내가 흥미롭게 생각하는 개념이 하나 있다. 바로 친절의 '의무'라는 개념이다. 예컨대 '개입의무'라는 말을 많이 하는데, 모든 사람에게는 어떤 형태가 됐건 모든 사회생활과 관련된 친절의 의무가 있지 않을까? 몇 년 전부터 '친절을 베푸는 사람' 정도로 번역될 '독성 처리인Toxic Handlers'에 관한 출판물이 나오고 있다. 이런 연구는 주로 회사 안에서 동료들에게 친절한 사람들을 대상으로 한다. 일하는 데 어려움을 느끼는 동료들에게 달려가 일과 관련된 고통을 제거해주는 사람들 말이다. 하지만 회사 말고도 모든 인간 집단 안에는 친절을 베푸는 사람들이 있을 수 있다. 이런 사람들은 천성적으로 매일 조금씩 눈에 띄지 않게 주변인들에게 위로와 도움을 주고 친절을 베푼다. 자신의 친절을 내세우지도 않고 말로 생색내지도 않는다. 이 모든 것이 그들의 행동 방식의 일부가 된다. 이는 마티유가 자주 이야기하는 '선의 일상화'와 일치한다. 이런 사람들은 대개 눈에 띄지 않고, 친절을 베푸는 사람이라고 인정받는 경우도 절대 없다.

우리 주변을 한번 둘러보면 친절을 베푸는 사람이 참 많은 것을 알 수 있다. 그런데 이들이 사라지는 경우, 이들이 '보살피던' 집단이 무너지는 모습을 보게 된다. 가족 안에서 친절을 베풀던 사람이 사망하는 경우가 그렇다. 갑자기 가족 내 연대감이 산산이 깨지면서 모두 다투게 된다. 내 할아버지의 죽음이 그랬다. 나는 할아버지를 많이 따랐고 할아버지의 가치관을 많이 물려받았다. 할아버지가 돌아가시자 내 가족은 인간관계와 감정적인 차원에서 일종의 환경적 재앙을 맞았다. 금세 갈등이 나타나더니 그칠 줄 모르고 이어지게 된 것이다. 나는 예전에 근무한 요양원에서도 같은 경험을 했다. 안내대에서 일하던 비서가 은퇴하자 그녀의 빈자리가 확연히 느껴졌다. 그녀는 요양원에서 가장 많은 친절을 베풀던 사람이었기 때문이다. 그녀는 사람들이 와서 불평을 털어놓으면 불에 기름을 붓는 대신 모난 곳을 둥글게 만들려고 애쓰는 타입이었다.

마지막으로, 친절을 실천하기 힘든 상황이 있다. 십중팔구 의도적으로 사람들을 이용하고 공격하는 이들을 대할 때가 그렇다. 그럴 때면 우리 스스로 적대적인 태도를 지니지 않도록 열심히 노력해야 한다. 그런 다음, 순진하지 않으면서도 신중하게 친절을 베풀도록 한다. 그러면 대개는 이런 상황을 원만하게 만들 수 있다.

―크리스토프

친절을 함양하고 싶다면?
크리스토프의 3가지 조언

1

친절은 콘크리트 포장길 사이를 비집고 나와 싹을 틔운 작은 풀과
같다. 우리가 보기에는 들어설 자리가 없는 듯하지만, 결국 이겨내
고 따뜻한 분위기를 만드는 게 바로 그것들이다.

2

친절과 자신의 가치판단을 분리하는 일은 매우 중요하다. 모든 인
간은 친절을 베푸는 대상이 될 자격이 있다. 친절은 보상이 아니라
그들의 인간미를 인정하는 것이기 때문이다. 가능한 한 친절해지자.
우리와 다른 사람들, 우리가 판단하기에 악한 사람들에게도 말이다.
친절은 그들에게 인간미와 죄의식을 일깨울 수밖에 없기 때문이다.

3

날마다 누군가를 만날 때마다 최선을 다해 친절한 시선과 몸짓, 말

을 아끼지 말자. 가능한 한 늘 '친절을 베푸는 사람'이 되자. 나무가
산소를 만들 때, 인간이 친절을 만들어낼 때, 지구와 인류는 더 건강
해진다.

무조건적 친절

　　무조건적 친절이란 우리 마음에서 그 누구도 배제하지 않는 것을 말한다. 처음에는 친절을 베푸는 범위를 넓혀가는 것으로 시작해서 마지막에는 그 경계가 사라져 모든 존재를 포함하는 공간이 된다. 물론, 다른 800만 종의 동물을 포함한 지구상 모든 존재의 행복을 실현할 수는 없다. 이런 생각은 멋지긴 하나 우리 능력을 넘어선 일이기 때문이다. 반면 우리의 '주의 영역' 안에 있는 모든 존재는 이런 무조건적 친절의 대상이 될 수 있다.

철학자 일부는 무조건적 친절이 천사나 할 수 있는 비현실적인, 아니 실현 불가능한 태도라고 생각한다. 특히 조너선 하이트 Johnathan Haidt 교수가 그렇다. 그는 자신과 가까운 사람들에게 친절한 것이 의미 있는 일이지, 모든 존재를 친절의 대상에 포함하려는 것은 무의미한 일이라고 주장한다. 하지만 우리가 친절을 베푸는 범위를 모든 사람으로 확대한다고 해서 가까운 사람들을 덜 좋아하게 되는 것은 아니다. 오히려 그들을 더 많이 사랑함으로써 친절이라는 자질은 더 훌륭하게 발전한다. 태양이 모든 존재 위로 빛을 비추지 않고 일부에게만 비추기로 마음먹는다면, 그 몇몇 빛줄기의 빛이 바래져서 빛을 받는 일부 존재도 따뜻함을 덜 느끼게 될 것이다. 소수의 사람만 좋아하는 이는 편파적이고 편협한 친절만 지닌다. 살다 보면 상황에 따라 어떤 사람들은 우리의 친절이라는 태양과 가까워지기도 한다. 그러면 태양에 물리적으로 가까워졌을 때와 마찬가지로, 이들은 당연히 더 많은 빛과 열을 받게 된다. 그러나 이런 일은 배제를 대가로 해서 일어나는 것이 절대 아니다. 친절은 우리 사회가 앓고 있는 병, 즉 편파성, 파벌, 독단, 차별을 배격한다. 요컨대 무조건적 친절에는 비현실적인 구석이 전혀 없다. 그러니 마음속 깊은 곳으로부터 소망하면 된다.

'모두가 예외 없이 행복을 발견하고 고통에서 해방되기를.'

-마티유

무조건적 친절을 실천하고 싶다면?
마티유의 4가지 조언

 1.

친절의 범위를 끊임없이 확대해서 최대한 많은 존재를 포함할 수
있도록 노력하자.

2.

어떤 존재도 우리 마음에서 배제되지 않는 날이 오기를 기원하자.

3.

무조건적 친절은 달성 불가능한 것이 아님을 인식하자. 모든 존재
에게는 고통을 피하고 행복에 이르려는 욕망이 있다. 이들의 열망
이 이루어지기를 바라는 것만으로도 친절의 범위는 이들 전체로 확
장된다.

4.

우리의 말과 행동을 통해 이런 무조건적 친절을 조금씩 더 발휘하자.

Biophilie
바이오필리아

생물학자 에드워드 O. 윌슨Edward O. Wilson 교수에 따르면, 바이오필리아란 '자연을 사랑하고 보호하려는 인간의 본능적 성향'을 가리킨다. 우리 대부분은 대개 아무런 의식 없이 이런 감정을 본능적으로 느낀다. 우리는 자연에 끌리고 그곳에서 마음을 달래며 기쁨을 느낀다. 자연은 육체적, 정신적으로 좋은 건강을 유지하는 데 알맞은 곳이다. 자연경관은 경이감을 불러일으키기도 한다. 즐길수록 무뎌지고 무미해지는 수많은 평범한 감동 혹은 즐거움과는 달리, 우리는 자연경관을 보며 포만감을 느끼지 않는다. 이렇듯 자연환경을 존중하는 길로 우리를 인도하는 바이오필리아는 우리에게 주어진 선천적 지혜다.

우리의 생물학적 구조 속에 깊이 각인된 이 자연 친화력은 매우 흥미로운 연구 대상이다. 다양한 사람에게 다양한 풍경 사진을 보여주는 실험을 했더니, 작은 구릉 숲과 못이 곳곳에 보이는 광활한 사바나 사진이 가장 큰 사랑을 받았다고 한다. 놀라운 점은 이런 선호 성향이 응답자의 지리적 출신 지역과 상관없이 여러 문화에 걸쳐 나타난 일반적 모습이라는 사실이다. 심지어 사바나 풍경을 한 번도 본 적 없는 에스키모인들도 같은 반응을 보였을 정도다! 분명 그 이유는 우리 인류의 조상이 사하라 이남 지역에서 출현했기 때문이리라. 그들에게는 앞이 훤히 보이는 전망과 은신할 나무들이 있는 약간 높은 장소야말로 사냥감과 무서운 포식자를 지켜보기 좋은 이상적 장소였을 것이다. 초록빛 모습을 보면 풍요로움이, 샘물을 보면 생존에 유리한 조건이 떠오른다. 따라서 이런 풍경을 보면 우리 대부분은 마음속으로 평화로움, 안도감, 만족감을 느낀다.

한편 자연과의 접촉 증대가 아동의 인지, 정서 발달에 지대한 영향을 미치는 것으로 알려져 있다. 자연을 가까이 관찰하고, 생물계의 상호의존 작용을 직접 확인하고, 식물과 동물이 어떻게 생존하고 단결하고 협력 또는 경쟁하는지, 복잡한 요소가 많은 까다로운 도전을 어떻게 해결하는지 깨닫는 과정은 인생살이의 수많은 문제를 해결하는 데 도움을 주는 소중한 학습 과정이 된다. 미국 캘리포니아에서 진행된 한 연구에 따르면, 야외 수업을 받은 학생들의 학습 결과가 더 좋은 것으로 나타났다. 즉 문제해결력, 비판적 사고력, 결단력이 높아졌다고 한다. 자연환경 속에서 시간을 보내면 아이들의 창의력은 자극된다. 그러니 유년기에 자연과 단절되면 자연의 혜택으로부터도 단절되는 셈이다.

이 밖에도 우려스러운 연구 결과가 있다. 아이가 도시에서 자라면 성인이 되었을 때 정신분열증을 일으킬 가능성이 두 배로 높아지고, 우울증과 만성 불안증 같은 기타 정신질환 위험도 증가한다고 한다. 이런 아이들의 뇌는 특정 영역에서 회색질 두께가 감소한 것으로 나타났다.

성인의 경우, 자연에 노출되면 반추 장애가 줄어들고 부정적 자기 초점화도 감소한다. 이런 증상들은 여러 정신질환, 그중에서도 우울증의 전조 증상으로 알려진 것들이다. 이 같은 여러 연구 결과는 녹지 공간이 정신 건강에 좋다는 사실을 명확히 보여준다. 그러므로 반복해서 자연환경과 접촉하고, 도시 내 녹지를 늘리거나 보호하며, 인간과 더 가까운 건축을 디자인하는 것이 중요하다. 그리고 어떤 삶을 선택할 것인지 우리 스스로 질문을 던지는 것이 그어느 때보다 중요하다.

-마티유

경이감, 자연 참조

케어베어처럼 선한 세상을 믿는 순진한 사람들

명상이란 인간관계에 기생하는 일체의 원망, 자책, 투영을 발견하는 작업이다. 이런 의미에서 마음 수련이란 인간관계의 윤활유가 되고 개인과 개인 사이에 돋아난 가시를 하나씩 뽑아내는 작업이라 하겠다. 자기 내면으로 뛰어든다는 것은 지체하지 않고 자신을 내어주기 위해 대담하게 맨몸으로 덤비는 것, 갑옷을 벗어던지는 것, 걸치고 있던 옷을 다 벗어버리는 것과 같다. 또한 보존해야 할 한 뙈기 크기의 나, 즉 나에게 속한 영역은 없다는 사실을 발견하는 일이기도 하다. 사실, 연민이라는 힘의 밑바탕에는 엄청난 통찰력과 현실주의가 깔려 있다. 그럼에도 연민을 '선한 세상을 믿는 순진한 사람들'과 연결하는 이유는 대체 무엇일까? 우리는 모두 인류라는 대가족에 속한다. 내면과 외면,

너와 나 사이에 뻣뻣한 가로막이를 세울지는 각자의 자유에 달려
있다.

-알렉상드르

Bonheur ————
행복

행복은 지혜의 목적이 아니라 결과다. 호기심, 뒤
로 물러서기, 친절, 세상과 인간과 삶에 대한 사랑 등등. 이 모든 것
이 행복해지는 데 도움 되지 않는다면 어떨까? 이것은 잠이 그렇듯,
모든 감정이 그렇듯, 행복한 상태도 돌연히 등장하기 때문이다. 행
복은 소환할 수도, 선언할 수도 없다. 그저 촉진할 수 있을 뿐이다.
행복이 찾아오는 데 필요한 조건을 다 찾아 모으면 행복이 올 가능
성이 커진다. 그래도 찾아오지 않는다면? 뭐, 그래도 큰 문제는 아니
다. 지혜는 행복의 직접적 원천이 아니더라도 충분히 흥미롭기 때문
이다.때때로 낙담이 주는 가르침과 통찰력으로 인도하는 지혜를 염두에 두고 하는 말이다.

-크리스토프

기쁨, 낙천주의 참조

Bonté

선량함

참되게 살 수 있는 유일한 방법은 선하게 사는 것이다. 선량함은 우리 마음속 깊은 내면의 상태가 악의, 교만, 질투 같은 정신적 독소와 혼란으로부터 자유로울 때 조화를 이룬다. 이와 대조적으로 악의는 우리를 이런 자신과의 일치에서 멀어지게 하고 다른 사람들에 대한 우리 인식을 왜곡하는 경향이 있다.

─마티유

Bouddha

붓다

붓다는 신도 아니요, 예언자도 아니요, 성인도 아니다. 단지 깨달음을 얻은 사람이다. 그의 가르침, 즉 불법佛法은 스스로 깨달음에 이르는 길을 안내하는 지도이자 매뉴얼이다. 붓다가 말했다.

"내가 너희에게 길을 보여주었으니, 그 길을 가는 것은 너희의 몫이다."

그의 가르침은 고통의 원인을 밝혀내어 치료하는 것이 목적이다. 그런데 누구나 쉽게 알아볼 수 있는 명백한 고통만이 문제가 아니다. 만물의 무상無常과 관련된 변화의 고통과 사방에 잠재된 고통이 더 중요하다. 이런 잠재적 고통은 원한, 억제할 수 없는 욕망, 분별력 부족, 오만, 질투 등 뿌리 깊은 원인을 근절하지 않는 한 오래도록 남는다.

이 같은 중대한 여러 원인 외에도 우리 고통의 첫째 원인은 만물의 참된 본질에 대한 우리의 무지함에 있다. 한결같이 우리는 현실을 왜곡하는 데 전념한다. 현실은 고유하게 존재하지 않고 상호 의존하는 무상한 것이건만, 우리는 이것이 변하지 않고 본래부터 독자적으로 존재한다고 간주한다.

불교에서는 궁극적 또는 절대적 진리와 상대적 또는 관례적 진리를 구별한다. 궁극적 진리는 지성을 넘어서서 주체와 객체, 현상과 공허, 지혜와 연민을 하나로 합하는 것이다. 상대적 진리는 필연적 인과율이 지배하는 현상 세계의 진리다.

불교는 불교에 관심 있는 사람이라면 누구에게나 열려 있지만, 열성적으로 입교를 권하지는 않는다. 붓다도 이렇게 말하지 않았던가?

"단순히 나를 존경한다고 해서 내 가르침을 받아들여서는 안 된다. 황금의 순도를 확인하기 위해 망치로 두드리고 돌에 문지르고 녹여보는 것처럼 내 가르침도 철저히 살펴야 한다."

－마티유

Changement —————————————
변화

　　　　많은 사람이 진정한 변화는 불가능하다고 생각한다. 이는 어려운 것과 불가능한 것을 혼동하고 있기 때문이다. 과연 '세 살 버릇 여든 간다'는 속담처럼 본성은 쫓아내도 금세 돌아올까? 말을 조련할 때 시간을 들여 걷는 법을 찬찬히 가르치면 다시 달리려고만 하지는 않는다. 본성도 마찬가지다! 특히나 쫓아내지 않고 길들이려 노력하면 된다. 사람의 기질은 필연적인 것이 아니다. 그러므로 '난 원래 그래', '이게 내 본성인걸' 같은 생각은 잘못된 것이다.

　　그렇다고 자신의 의지를 과대평가해서는 안 된다. '하고자 하면 할 수 있다'라고 생각하는 사람은 당연히 발전을 원한다. 그러나 이렇게 결심하고 동기를 가지는 것만으로도 충분하다는 생각 때문에 실패하고 만다. 우리는 근심거리가 생기거나 감정이 복받치거나 복잡한 상황에 놓일 때마다 매 순간 의지 총동원령을 선포할 수는 없다. 그래서 우리에게는 일의 진행을 촉진하는 무의식적 자동 현상, 즉 '좋은 반사작용'이 필요하다. 여차하면 이런 반사작용을 따르지 않기로 하더라도 말이다. 이것이 바로 마음 수련이 추구하는 목표인 것 같다.

신체 훈련을 하면 억지로 또는 쥐어짜지 않아도 더 오래 달릴 수 있다. 마음 수련도 마찬가지다. 그 덕분에 우리는 노력에 정신을 팔거나 어려움에 집중하지 않고 더 차분하게, 그래서 더 자유롭게 일상생활을 꾸려갈 수 있다. 우리 내면의 자유가 온전히 행사되려면 자동 현상, 즉 좋은 반사작용이 필요하다.

마음 수련은 단순히 변화 의지의 지배만 받는 게 아닐뿐더러 성찰만으로 되는 것은 더더욱 아니다. 자신의 한계와 목표를 성찰하는 것만으로는 부족하다. 그래서 나는 마음 수련이 마음챙김 명상과 밀접하게 관련되어 있다고 생각한다. 명상하면 할수록 무언가 ^{의도, 해결책 등}를 성찰하는 것과 개방적이고 유동적인 의식 공간 안에서 무언가에 노출되는 것의 차이를 점점 더 뚜렷이 깨닫기 때문이다. 이러한 의식 공간은 마음챙김 상태에 도달했을 때 생긴다. 마음챙김 명상으로 획득된 매우 특이한 뇌 작용 때문에 우리는 더더욱 수용적이고 유순하며 개방적인 태도를 지닌다. 나는 이게 사람이 변화하는 하나의 과정이며, 이 과정이 의지와 성찰로 얻어진 변화 과정을 보완하여 완전하게 만든다고 생각한다.

-크리스토프

Chaos ————————
혼돈

《차라투스트라는 이렇게 말했다》에서 니체는 춤추는 별을 낳으려면 자신의 내면에 혼돈을 품어야 한다고 말한다. 사실, 혼돈에 대한 소회를 이야기하자면 적어도 나는 충분히 실컷 맛봤다고 말할 수 있다. 내가 안고 있는 기본적인 기술적 문제신체적 장애로 말미암아, 나는 불안을 밑바탕에 깔고 있는 정신 상태를 짊어지고 살아야 한다. 게다가 최근 강한 중독에 빠질 만큼 어떤 청년에게 반한 일로 말미암아 꽤 마음의 동요를 겪었다. 역설적이지만 이 예기치 못한 사건 때문에 나는 늘 달고 다니는 장애에 따른 어려움보다 어쩌면 더 많이 애를 먹은 것 같다. 수치심, 거부에 대한 두려움, 자제력 부족 등 모든 것이 이미 사방에서 물이 새어들고 있는 배에 짐을 싣는 격이었다. 여기서 근본적인 물음이 떠오른다. 이런 혼란 한가운데서 배가 그대로 침몰하지 않게 잡아주는 것은 무엇일까? 쓰라린 시련 중에 우리는 어디서 계속해 나아갈 힘을 얻는가? 그리고 역설적으로 일단 포기한 다음 가던 길을 계속 가거나 기수를 유지하기 위해 자신을 내려놓는 힘은 어디서 발견하는 걸까?

우선 무엇보다 거절과 판단, 세상의 손가락질이 두려울 때 나를 항상 붙잡아준 손들이 있었다. 내 아내와 아이들, 현명한 내 친구들은 삶의 선량함을 증명하는 증인들이었다. 내가 깊은 수렁에 빠져서 갈 길을 잃을 때도 마찬가지였다. 혼돈과 고뇌의 한가운데 있을 때야말로 지혜를 공부하고 자유를 구축하고 정진하는 자에게 찾아오는 수확물을 아주 조금씩 추수하는 것이 중요하다. 내면의 평화를 위한 노력은 결국 모든 감성을 억제하고 지하 독방에 갇힌 약한 종달새처럼 이미 죽은 영혼이 된다고 믿는다면 얼마나 슬픈 오해인가.

초감 트룽파가 지적했듯 우리가 겪는 수많은 고통은 내려놓지 못하는 마음, 세상을 있는 그대로 보기를 거부하는 마음, 매 순간 새롭게 변하는 수많은 신경증으로부터 생긴다. 언제나 우리에게는 혼란에서 벗어나 단단한 땅에 도달할 희망, 그 지표가 필요하다. 그러나 우리 주변의 모든 것이 동요할 때 궁극적으로는 일상에서 자기 힘으로 춤을 배우고, 마음속 깊은 곳에서 생명이 확산하는 경험을 하는 것이 중요하다.

-알렉상드르

통제 참조

혼돈 속에서 춤추는 법을 배우고 싶다면?

알렉상드르의 3가지 조언

1

휴식하라

시련과 역경에 맞서 싸우는 데 익숙해진 사람은 아마 파란 하늘을 음미하고 해변에 누워 빈둥거리는 일이 쉽지 않을 테다. 쉼은 무엇을 상징하는가? 일종의 죽음, 좀비와 같은 삶인가? 거듭나게 하고, 원천적인 힘을 얻게 하고, 마음속 깊은 곳에서 나를 다시 창조하는 것은 무엇인가?

2

고행 속에 있는 즐거움을 발견하라

고대 철학자들은 정진하는 사람을 운동선수에 비유했다. 달리기 싫어하는 마라톤 선수에게 경주는 고역일 것이라 짐작된다. 양치하고, 명상하고, 손 씻고, 더 나아가 중독과 맞서 싸우는 일이 소박한 기쁨을 주는가?

3
내면의 나침반을 꺼내라

내게는 번민과 반추를 되풀이하지 않고도 삶을 살아갈 수 있음을 종종 상기시켜주는 친구가 있다. 사실 이런 끝없는 혼란을 겪어도 내게 진전을 요구하는 상황은 조금도 바뀌지 않는다. 그 후 나는 공황 상태에 처할 때마다 실행에 옮기려 노력하는 한 가지가 있다. 바로 내면의 나침반을 꺼내 드는 것이다. 이것은 과잉노력이 나타날 기미가 보일 때 이를 알려주는 일종의 긴장 측정기다. 그 덕분에 나는 절대로 함정에 빠지지 않는다. 이 내면의 나침반은 도중에 기운이 고갈되지 않고 조금 더 가볍게 여행할 수 있도록 해주는 유익한 도구다.

Chögyam Trungpa
초감 트룽파

　　과연 어떤 철학이 세상을 보는 창에 맞서겠는
가? 일상에서 근심 걱정을 겪으며 사는 우리에게 사상가나 현자
가 정말로 도움 되는 걸까? 내 마음속 근심의 크기가 보통 수준을
넘어서던 어느 날 저녁, 나는 초감 트룽파 선집 한 권을 아주 조심
스럽게 창가에 놓아두었다. 갑작스레 이 두꺼운 책을 다 읽겠다는
마음이 동한 이유는 이 책을 읽으면 절망과 공허, 종말 사이로 이
천재적인 스승의 모습이 드러날 것이라는 생각이 들었기 때문이
다. 그는 치유된다는 생각으로부터 치유법을 가르친 탁월한 치유
자다. 어떤 사람들은 그를 독창적인 인물로 보지만, 그의 수행 방
법이 간혹 엉뚱하고 관례와 동떨어지는 일도 있어서 그를 미치광
이로 여기는 사람들 또한 있다. 어찌 되었건 불교가 서양문명에
전파된 데는 그 누구보다 그의 역할이 컸다. 1940년 티베트에서
출생한 초감 트룽파는 자아를 확장하고 자신을 보호하며 편안히
살기 위해 내적 탐색을 장악하려는 마음을 '영적 물질주의'라 명
명하면서 이를 맹렬히 비판한다. 그는 '근본적 건강'에 이르는 길
을 명쾌하게 보여준다. 그에 따르면, 우리는 죄인도 아니요 비뚤
어지거나 머리가 돌지도 않았을뿐더러 모두 마음속에 붓다의 본
성인 충만함을 지니고 있다.
　그의 놀라운 안내에 따라 우리는 일사천리로 환상을 버리고, 기
대를 몰아내고, 안전을 추구하고 싶은 마음을 지워버릴 수 있다.

《주체의 중심》에서 이 위대한 현자는 가장 큰 구원을 가져다주는 도구를 제시한다.

'이 단계에서는 희망 없음이 절망의 동의어가 아니다. 희망 없음은 그저 다른 기대를 만들어내느라 전념하지 않는다는 의미일 뿐이다.'

매 순간 나는 죽고 다시 태어난다. 따라서 고정된 에고란 없다. 그런데도 녹슬지 않고 변하지 않는 실체적인 '나'라는 신화를 키우기 위해 얼마나 많은 에너지가 낭비되고 있는가! 두려움이 없는 비非두려움의 경지에 조금씩 들어서려면 두 가지 종류의 믿음이 존재한다는 것을 깨달아야 한다.

첫 번째는 우리가 어디에선가 구명조끼를, 우리를 받아들일 준비가 된 구명튜브를 기다리고 있음을 믿는 것이다. 이보다 더 심오한 두 번째 믿음은 우리가 이미 물 위에 떠 있다는 것, 삶이라는 광활한 바다를 표류하기 위해 어떤 도구도 필요치 않다는 것을 깨달을 때 열린다.

마티유 덕분에 나는 초감 트룽파의 제자들을 만나는 행운을 얻었다. 그중 한 명에게 비디아다라Vidyadhara가 개척한 길을 한두 마디로 요약해달라고 했다. 비디아다라는 트룽파를 일컫는 또 다른 이름이다. 그러자 명료하고 효과적이며 확실한 대답이 돌아왔다.

"자기 자신을 두려워하지 마십시오. 늘 자신보다 다른 사람들에게 먼저 양보하십시오."

여기에 자학적인 구석은 전혀 없다. 되레 철저히 그 반대다. '나'의 지배에서 벗어나 살아 있는 사람들을 고쳐주는 행복한 기계

공, 즉 이기심의 노예 상태에서 해방된 보살이 되어야 한다는 뜻
이다.

-알렉상드르

근엄한 정신, 마음의 기계공, 깨달음의 사회 참조

Choix
선택

결론적으로, 내면의 전향이라는 것은 그리 거창
한 게 아니다. 이것은 180도 급격한 방향 전환이 아닌, 하루하루
작은 행동을 하고 미미한 선택을 하는 것을 말한다. 나는 일상에
서 '땅콩 증후군' 때문에 고통받는 경우가 많다. 땅콩 한 알을 일단
삼키면 계속 먹게 되어 한 봉지가 남아나질 않는다. 콧노래를 부
르며 여유롭게 이런 중독 행위를 피해 가려면 처음부터 땅콩을 건
드리지 않으면 된다. 악순환 속에 깊이 가라앉지 않고, 위험과 유
혹이 닥쳤을 때 길을 잃지 않도록 적당한 경계심을 키우려면 어떻
게 해야 할까? 우리를 자유롭게 해주는 건 대단한 결심보다는 이
런 미미한 선택, 그리고 낡은 습관의 고삐를 풀지 않으려는 주의
력인 것 같다. 우리는 언덕을 다시 오르고, 악순환에서 벗어나고,
관성력을 줄이고, 체념하지 않으려 노력해야 한다. '내려놓기'와
'포기하기'에 도움 되는 것은 행동이기 때문이다. 나는 기차를 놓
치면, 철도 회사나 다른 대상에 화를 내느라 30분을 허비하지 않

는다. 그 대신 진정한 문제, 마음 단련과 더불어 삶의 유동성을 받아들이려 노력한다. 절대 아무것도 해결하지 못하는 마음의 라디오 방송, 즉 신경의 감언이설을 서둘러 중단시키고 다음 열차를 탈 방법을 찾는 것이다.

-알렉상드르

Cohérence ────

일관성

어떻게 하면 우리 자신의 열망과 일치하는 삶을 살 수 있을까? 말로는 이렇게 하면서 행동은 저렇게 해도 될까? 마치 자기가 말하는 갖가지 요구 사항은 다른 사람들에게만 적용될 뿐 자기 자신에게는 해당하지 않는 것처럼 말이다. 어떤 가치를 지키겠다고 공개적으로 약속하는 사람들은 그토록 큰 소리로 공언하는 모든 것을 과연 행동과 마음으로 따르는 걸까? 우리는 언행이 일치하지 않는 사람들을 볼 때마다 마음이 불편하다. 가령 어떤 국회의원이 탈세를 비방하며 엄정한 행정을 촉구하면서 막상 자신은 세금을 내지 않는 걸 보면 확실히 모순이라고 느낀다. 이는 마녀사냥하면서 모든 공직자에게 완벽한 모습을 요구해야 한다는 뜻이 아니다. 다만, 최소한 대외적인 말과 태도가 개인적 행동과 일관되어야 한다는 말이다. 그렇지 못하다면 자신의 결함을 인정하거나 혹은 입 다물고 훈계를 그만해야 한다. 그리고 이

두 가지 경우 모두 자신을 다시 돌아보아야 한다!

그런데 도대체 왜 일관성이 우리 눈에 이토록 가치가 있어 보이는 걸까? 내 머릿속에 가장 먼저 떠오른 생각의 실마리는 스승과 선생의 차이다. 선생은 어느 정도의 지식을 가르치면서도 자기 자신은 완벽함과 다소 거리가 멀어도 된다. 반면 스승에게는 모범적인 언행이 기대된다. 내 생각에는 하나의 개체가 지니는 여러 요소가 균형을 이룰 때 일관성 있다고 말할 만하지 싶다. 가령 추론의 일관성, 인물의 일관성, 실존적 태도의 일관성처럼 말이다.

충실성이란 자기가 한 약속을 변함없이 지키는 항구성의 또 다른 모습이다. 이는 우리를 자신의 이상에서 멀어지게 만들 모든 유혹과 편법, 비겁한 행동, 단념에 굴하지 않는 것을 말한다. 실제 소리에 충실한 하이파이 사운드를 재생하기에 '하이파이'라 불리는 음향기기처럼 나는 우리 모두 '하이파이형 인간', 즉 자신의 이상에 부합하는 삶을 살 수 있는 사람이 되길 원한다고 생각한다. 물론, 일관성이나 이상에 대한 충실성만이 아니라 좋은 이상을 선택하는 것도 중요하다.

나는 이 주제에 대해서는 조금 다른 문제점을 지적하고 싶다. 내 주변에는 자신이 추구하는 가치와 매우 일관된 모습으로 사는 친구들이 있다. 이들은 정치적으로나 종교적으로 혹은 그 외의 분야에서 자기가 한 약속에 충실하다. 나 역시 그런 모습을 전적으로 존경한다. 그러나 이들은 너무 강경해서 때때로 자신의 신념을 폭력적인 방식으로 주장한다. 어렴풋이 느끼기에 이들은 일관성 때문에 꼼짝없이 경직된 상태로 원래 입장에 갇혀 있는 것 같다. 가치를 지키는 충실성은 우리를 최선의 길로 인도하는 빛이 되지만, 과연 어디까지 그런 역할을 할 수 있을까? 그러다 우리가 변화하고 마음을 여는 데 걸림돌로 작용하게 되는 순간은 언제일까? 따라서 우리는 어떤 약속을 할지 잘 선택해야 하고, 자신이 추구할 목표를 정할 때 실수하지 말아야 한다.

나의 경우, 회의나 만찬 혹은 파티에 초대받는 일이 많은데 바로 이때가 나 스스로 정한 일관성을 실습하기 좋은 기회다. 다른 사람들을 즐겁게 할 수 있으면 나도 즐겁겠지만, 나는 속으로는 초대에 응하고 싶지 않다. 피곤하기 때문이기도 하고, 이런 초대는 내가 실존적으로 가장 우선시하는 문제가 아니기 때문이기도 하다. 내가 추구하는 가치에 충실하려면 나한테 도움을 청하는 사람들에게 상처를 주지 말아야 할뿐더러 나 자신에게도 상처를 주지 말아야 한다. 그렇다면 이걸 어떻게 말해야 할까? 가장 간단한 방법은 거짓말이다. 실제로 나도 자주 사용했던 방법이다.

"이런, 죄송합니다. 선약이 있네요."

그러다가 점점 이렇게 대답하게 되었다. "죄송해요, 좀 쉬어야겠어요." 혹은 "시간 여유가 있으면 기꺼이 가겠지만, 안 되겠네요." 하고 말이다. 글로 답하는 경우는 대개 이런 식으로 쓴다.

'저는 제가 책에서 이야기하는 내용과 일관되게 살고 싶습니다. 저는 사람들에게 누구나 자기 자신을 돌보고, 존중하고, 자기 마음의 소리에 귀를 기울이라고 말합니다. 그렇다면 저도 그렇게 해야 합니다. 그래서 여러분의 초대에 응할 수 없답니다. 여러분을 많이 좋아합니다. 아주 좋은 자리에 초대해주셔서 정말 감사합니

다. 하지만 참석하지 못하겠습니다.'

간혹 컨디션이 아주 좋을 때면 쥘 르나르Jules Renard를 본받으려 한다. 그가 일기장에 쓴 글 중에는 이런 구절이 있다.

'정 자유로운 인간이라면 핑계 대지 않고 저녁 초대를 거절할 수 있어야 한다.'

그래서 나는 굳이 이유를 설명하지 않고 간단히 이렇게 대답한다. "초대해주셔서 매우 감사합니다만, 저는 참석하지 못한답니다."

-크리스토프

일관성 있는 삶을 살고 싶다면?
크리스토프의 3가지 조언

1

'하이파이형 인간'이 되도록 노력하자. 그리고 최선을 다해 일상 행동을 자신의 이상에 맞추자.

이 말은 항상 완벽해야 한다는 것이 아니라, 자신의 이상에 가까워지도록 늘 노력해야 한다는 뜻이다.

2

내가 실천하려고 애쓰는 중요한 습관 하나는 어떻게든 험담하지 않는 것이다. 그럼에도 하게 된다면 상대 앞에서 할 수 있는 말만 하도록 노력한다.

3

일관성을 유지해야 한다는 부담감과 자기가 설정한 이상에 지배되지 말아야 한다. 자신에게 엄하기만 할 것이 아니라 친절해야 하며 자신의 실수와 결함에도 관용을 보여야 한다.

스스로 자신은 발전하기 위해 노력하는 사람이라고 여겨야지, 목표를 달성한 모범 사례로 생각해서는 안 된다.

Colère
분노

부정적 감정이 많을수록 우리는 정신적으로 현실을 과도하게 날조한다. 이 점에 대해서는 긍정심리학과 인지치료, 불교가 같은 입장이다. 인지치료의 창시자인 아론 벡Aaron Beck은 달라이 라마Dalai-lama와 만난 자리에서 사람이 화가 많이 나면 지각 작용의 80%가 현실에 과도하게 작용한다고 설명했다. 어떤 사람 그 자체가 매력 혹은 비호감을 발하면 우리는 모두 그 사람에게 호감 또는 거부감을 느끼게 마련인데, 화가 나면 그렇게 되지 않는다는 말이다. 일단 욕망이나 분노에 사로잡혀버리면 이런 명백한 이치도 적용되지 않는다. 왜냐면 감정심리학자 폴 에크만Paul Ekman 교수의 말처럼 '저항기'에 있기 때문이다. 이 시기에 접어들면 지금 혐오하는 사람에게도 장점이 있다거나 혹은 미치도록 욕망하는 사람에게도 결점이 있다는 사실을 깨닫는 데 방해받는다.

분노를 비롯한 부정적 감정들에는 또 다른 특징이 있다. 이는 달라이 라마가 자주 강조하는 점이기도 한데, 부정적 감정들은 굳이 애써서 발전시킬 필요가 없다는 사실이다. 우리는 전혀 훈련하지 않아도 엄청나게 분노할 수 있다. 내 스승 중 한 분인 직메 키엔체 린포체Jigme Khyentse Rinpotche가 말씀했듯이 말이다.

"쉬이 언짢아지거나 질투를 느끼려고 마음을 단련할 필요는 없다. 우리에게는 화를 북돋는 가속장치도, 자기애를 키우는 증폭

장치도 필요 없다."

반면 아무리 참을성 있고 친절함을 타고났더라도, 더 참을성 있고 친절한 사람이 되려면 어느 정도 노력이 필요하다.

그렇다면 화를 이기고 싶은 마음은 덧없는 것일까? 그냥 알아서 사그라들도록 놔두는 편이 더 간단하지 않을까? 경험을 통해 알게 된 사실은, 부정적인 감정을 자유로이 흘러가게 놔둬 버릇하면, 제때 치료하지 않은 감염병처럼 되고 만다는 것이다. 즉, 시간이 지날수록 점점 강해지고 마음속에 깊이 뿌리내리게 된다. 그래서 나중에 이런 부정적 감정이 차곡차곡 쌓여 임계치에 달하면 우리는 다시 그런 감정에 무릎을 꿇게 된다. 게다가 문제는 이런 임계치가 계속 낮아진다는 데 있다. 더 빨리 화가 나고 더 쉽게 불안해지는 등의 일이 벌어진다. 그렇다고 이런 감정들을 물리쳐야 한다는 뜻은 아니다. 그렇게 해서는 일시적 해결책은 되겠지만 내면의 평화에 도달할 가능성은 거의 없다. 왜냐하면 둘 중 하나이기 때문이다. 첫째, 부정적인 감정이 우리 마음에 내재하는 경우다. 이 경우 이런 감정을 제거하려 들면 결국 자신의 일부를 이루는 것과 싸우게 되어 실패에 이를 수밖에 없다. 둘째, 부정적 감정이 우리 마음속에 존재하는 이유가 일시적인 원인과 조건 때문인 경우다. 이 경우 이런 감정에서 해방되는 것이 가능하다.

마지막으로 덧붙이고 싶은 말이 있다. 학살과 같은 불의를 볼 때 느끼는 정당한 분노와 저항감, 다른 사람들을 도와주고 싶은 강렬한 욕망을 불러일으키는 이런 감정도 화로 나타날 수 있다.

―마티유

이타심이 타인의 고통에 직면했을 때 형상화된 것이 바로 연민이다. 불교에서는 연민을 특별히 '모든 중생이 고통과 고통의 원인으로부터 자유로워지기를 바라는 마음'으로 정의한다. 의사가 전염병을 종식하고 싶어 하듯 우리는 고통의 원인을 치유하길 바란다. 극단주의 운동을 뿌리내리게 한 사회적 토양을 없애려면 여러 방법이 있겠지만, 세상의 불평등을 고치고 젊은 이들에게 더 나은 교육의 기회를 제공하고 여성의 지위를 향상하는 것 등도 여기에 포함된다. 이미 누군가의 마음이 증오의 불길에 휩싸였다면, 성난 정신병자를 대하는 의사와 같은 태도로 그를 대하는 것이 바로 연민이다. 우선, 그가 해를 끼치지 않게 막아야 한다. 그런데 정신병자의 정신을 갉아먹는 병과 싸우는 의사가 몽둥이로 환자의 뇌를 묵사발 내지 않으면서 치료하듯, 우리 자신도 폭력과 증오에 빠지지 않으면서 문제 해결에 이르는 모든 방법을 생각해야 한다. 증오에 증오로 응수한다면 문제는 절대 해결되지 않는다. 달라이 라마의 주치의 중 한 명인 텐진 초드락Tenzin Chodrak 박사는 중국 강제수용소에서 25년을 보낸 인물이다. 그는 수용소 고문관에게 아무런 호감도 없었지만, 기어이 증오에는 무릎 꿇지 않았다. 고문받은 후 거의 항상 연민의 감정을 회복하는 데 성공했다고 한다. 그는 고문관들이 세뇌당한 것이라서 자신의 증오보다 연민을 받을 자격이 있다고 생각했다. 이런 생각이 그를 구했다. 무엇보다 그는 삶의 의미가 되는 연민을 잃는 걸 가장 두려워했다.

불교에는 첫눈에 보면 역설적으로 보이지만 매우 강력한 힘을 지닌 수행 방법이 있다. 먼저, 괴로울 때 나 혼자만 괴롭지 않다는 깨달음으로 시작한다. 심지어 우리보다 더 고통받는 사람들도 있다. 그래서 이런 생각을 한다.

'나의 고통에 분노하고 반항하는 대신 사랑과 연민으로 다른 사람들의 고통도 껴안으면 어떨까?'

흔히 우리는 자신에게 이미 문제가 충분히 많은 탓에 타인의 고통으로 짐을 더 무겁게 할 필요가 없다고 생각한다. 그러나 결과는 이와 정반대다. 다른 사람들의 고통을 떠안고 변화시켜서 연민의 힘으로 이것을 해소하면, 우리의 고뇌가 커지는 걸 막을 뿐만 아니라 고뇌의 무게도 더 가벼워진다. 그렇다면 이런 수행을 실천하려면 어떻게 해야 할까? 우선, 자신에게 소중한 사람 중 고통받고 있는 누군가를 향한 깊은 사랑의 감정을 느끼는 것으로 시작한다. 그런 다음 그에게 축복을 전한 뒤, 숨을 들이마시고 내쉬는 방법으로 그의 고통을 우리가 짊어진다. 숨을 내쉴 때는 그에게 공기를 보내는 것과 동시에 우리의 기쁨과 행복, 우리의 모든 장점을 청량하고 빛나는 흰색 넥타^{감로수}의 형태로 내뿜는다. 그러면서 생명이 위태롭다면 생명이 연장된다고, 가난하다면 필요한 것을 모두 얻는다고, 아프다면 건강을 회복한다고, 불행하다면 기쁨과 행복을 발견한다고 생각한다. 그런 다음, 이런 수행 방법을 고통받는 중생 모두에게 점차 확대한다. 다시 숨을 들이마시는 순간에는 부정적 감정을 포함해서 이 중생의 모든 육체적, 정신적 아픔을 먹구름의 모습으로 내가 떠안는다고 상상한다. 이 먹구름은 코를 통해 우리 안으로 들어와 한 덩어리의 빛으로 형상화된 우리 마음속에 흔적을 남기지 않고 녹아 없어진다. 이 수련법은 정식 명상 시간이건 다른 활동을 하는 동안이건 언제든 실천할 수 있다.

이 수련법이 희생을 감수하는 수행이 아닌 이유는, 고통이 연민에 의해 변모되기 때문이다. 나는 마지막 숨을 거두기 전까지 이 수행법에 전념했던 고승을 알고 있다. 그가 입적하기 몇 시간 전에 직메 키엔체 린포체에게 쓴 편지에는 이렇게 적혀 있다.

'저는 모든 중생이 고통으로부터 자유로워지도록 그들의 고통을 기쁘게 안고 죽습니다. 그리고 제 안에 있는 모든 좋은 것과 제가 살면서 행할 수 있었던 모든 선을 그들에게 보냅니다.'

-마티유

이타심, 자기연민, 무조건적 친절 참조

Confiance ————
신뢰

나는 세 살부터 스무 살이 될 때까지 이별의 시련과 함께 몇몇 트라우마를 겪었다. 한번은 열두 살 때 조용히 앉아서 맛있는 초콜릿 과자를 먹다가 부스러기를 스웨터에 흘리고 말았다. 그때 옆을 지나던 한 여자 선생님이 내게 이렇게 쏘아붙

였다.

"돼지는 씻겨야지!"

그러고는 내 옷을 전부 벗기더니 모두가 보는 앞에서 복도를 지나 욕실까지 나를 끌고 갔다. 바로 그날, 무언가가 깨져버렸다. 이런 취급을 당한 후 나 자신을 더러운 짐, 더럽고 쓸데없는 그런 돼지로 생각하지 않기가 어려웠다. 지금 나는 우리 현명한 마티유의 말처럼 신뢰의 배움터에 입학하도록 초대받았다. 이 배움터는 당연히 서로 밀접하게 연관된 3대 요소로 이루어져 있다.

첫 번째는 자신감, 자존감이다. 초석이 되는 이 내면의 자유는 말하자면 우리에게는 일상의 부침을 헤쳐갈 능력, 기쁨과 평화에 도달하고 사랑할 능력과 그에 필요한 자질이 있음을 마음 깊이 느끼는 것을 말한다.

두 번째는 타인에 대한 신뢰다. '타인은 지옥'이라는 사르트르의 말이 반드시 이론의 여지 없는 진리일까? 타인을 믿는 것은 세상 물정을 몰라서가 아니다. 이런 신뢰는 각자의 마음속에 상처와 트라우마, 방어기제 아래로 연민과 사랑, 붓다의 본성이 숨어 있다는 사실을 아마도 열린 마음으로 받아들인다는 의미다. 모든 명백한 반증에도 '인간은 근본적으로 선하고 관대하며 이타적이다'라는 신념을 온전히 지키는 것이 중요하다. 딱하게도 일상적으로 악하고 부당하고 폭력적인 광경을 접한다 하여 필연적으로 불신과 비관주의, 절망을 낳는 것은 아니다. 오히려 반대로 이런 광경을 보면 우리는 몸과 마음을 다해 더욱 공정하고 연대감 있는 사회를 위해 노력하게 된다.

세 번째는 삶과 세상에 대한 신뢰다. 마음속에 기쁨을 간직하고, 예측하지 못한 상황과 불확실성의 한가운데에서 현재와 미래에 충실하려면, 대담하고 가벼워야 하며 무척 유연하고 자유로워야 한다. 그래야 어김없이 가장 어두운 시나리오를 중시하는 일이 생기지 않는다.

나는 이론상으로는 그럭저럭 잘 안다. 하지만 실제로 물속에 뛰어들 때처럼, 당연히 이론을 실천으로 옮기는 것이 어렵다. 가족과 친구들의 도움이 없었다면 나는 나만의 환각과 망상, 과거에서 물려받은 두려움, 최초로 느꼈던 불안정감에 대한 뿌리 깊은 기억에 빠져서 헤어나지 못했을 것이다. 공황에 휩싸이는 순간, 현실을 어둡게 만드는 한 무더기의 선입견에 맞서 상냥하면서도 단호하게 반박할 방법을 자기 자신 안에서 찾으려면 어떻게 해야 할까? 모든 것을 완전히 시커멓게 칠하는 이런 내면의 목소리에 굴하지 않을 방법을 찾으려면 어떻게 해야 할까? 짐작하건대 그 출발점은 자신의 '신뢰 부족'을 '신뢰'하는 데 있는 것 같다. 그렇게 출발하여 오늘의 자원을 가지고 나아가면서, 어떤 연약함도 진보를 막지 못한다는 확신을 잃지 말아야 한다. 그러다 상황이 어려워지는 경우가 있다. 불확실성이 견딜 수 없을 것 같을 때, 자아가 견고하고 확실한 것과 항구적인 것, 철근 콘크리트처럼 단단히 보장된 것, 존재하지 않는 확신을 요구할 때가 그렇다. 이런 헛된 추구는 우리를 지치게 하고 절대로 평온한 상태로 놔두지 않는다.

―알렉상드르

Contrôle
통제

　　　　영적 삶에서 이루어야 하는 대업 중 하나는 우선 우리가 통제력을 잃을 수 있다는 사실을 받아들이는 것이다. 내 경우, 코헬렛이 큰 도움이 된다. 이 구약을 읽으면 평화를 발견해야 하는 곳은 바로 희망 없는 혼란 속이라는 깨달음을 얻을 수 있기 때문이다. 나는 이 성경에서 반복적으로 강조되는 유명한 후렴구를 좋아한다.

'허무로다, 허무, 모든 것이 허무요, 바람을 붙잡는 일이다.'

나는 이 구절을 읽으면 많은 환상에서 치유되고, 내가 내 인생의 흐름을 좌지우지한다고 믿고 싶은 유혹에서 벗어난다. 언젠가는 모두 무너지게 마련이며 모든 것이 무상無常한 법이다.

나는 모든 것이 무너지기 쉽다는 사실을 깨달으면서 일종의 해방감을 느낀다. 마침내 기쁜 마음으로 안정과 확고부동함을 포기하고 무상의 바다에서 헤엄치는 법을 배울 수 있기 때문이다. 내가 어떠한 희생을 치르더라도 영원히 정착할 육지를 찾으려 든다면 가혹하지만 실망하게 될 것이다. 붓다의 가장 고귀한 진리의 가르침은 모든 것이 고통이요 무상임을 우리에게 상기시킨다. 나는 티베트 학자도 산스크리트 학자도 아니지만, 용게이 밍규르 린포체Yongry Mingyour Rinpotche가 《지혜의 행복》에서 지적하듯, 붓다의 진단을 '모든 것이 삐걱거린다'는 말로 표현할 수 있겠다. 또한 우리가 무엇을 하든, 아무리 우리가 내적으로 완벽한 상태에 있더라도 제대로 진행되지 않는 일은 늘 있게 마련이다. 그러므로 베르나르 캄팡Bernard Campan 이 말했듯, 유쾌히 삐걱거리게 놔두는 것이 가장 중요하다. 명상 수행은 이 세상을 빠져나오는 것이 아니라, 이런 삐걱거림 속에서 평화를 이루며 공생하는 법을 터득하는 것이다.

-알렉상드르

Corps ————
몸

나는 의사로서 내 직업의 중심을 이루는 몸과 특별한 관계에 있다. 의대 1학년은 이론 위주의 시간이었다. 생화학, 해부학은 배웠지만 진짜 몸을 접하지는 않았다. 나는 2학년 때 해부실에 들어가서야 비로소 진정한 의대생이 되었다. 아연 도금된 해부대 위에는 포르말린 속에 보존된 시신이 놓여 있었다. 그 얼굴을 보고 나는 한때 살고 사랑하던, 한 명의 사람이던 그 몸으로 연습한다는 것에 깊은 감명을 받았다. 우리에게는 4인 1조로 시신 1구가 주어졌다. 1학년에서 2학년으로 올라가는 진급시험 이후, 이때가 피도 눈물도 없는 두 번째 '생존시험'이었다. 꽤 많은 학생이 실신하고 의대를 떠나 법학과로 옮겼는데, 동기 중 수석이던 친구도 그랬다! 대단히 역설적인 일이지만, 시신보다 삶에 관한 생각을 더 많이 하게 만드는 것은 없다. 당시에는 미처 깨닫지 못했지만, 이 시신들을 가까이서 다루고 해부하면서 바로 그 순간에 내가 의사가 되었다고 나는 생각한다. 전문 노하우를 배우게된 것을 넘어, 나는 삶과 죽음에 대한 수많은 성찰을 마음속에 담게 되었다.

의학에서는 몸과 만나는 일이 거칠게 이루어지는 경우가 많다. 3학년 실습생 시절 내가 담당했던 첫 환자가 기억난다. 그때 내가 소속된 과와 강렬했던 가을 햇빛, 입원실, 그의 표정이 머리에 떠오른다. 35세 흡연자이던 그는 흡연으로 말미암은 중증 동맥염인 버거씨병 때문에 얼마 전 다리를 절단한 상태였다. 나는, 우리가 사는 사회는 이 모든 현실을 기꺼이 숨긴다는 사실을 알게 되었다. 전통사회에서 아이들은 고통받는 몸과 시신을 더 많이 본다. 반면 서양 어린이들은 무척 보호받는다.

내가 공부하던 시절에는 유기체론이 대세였다. 신체는 막연하게 상호작용하는 기관들이 합쳐진 것으로 여겨졌다. 의학을 '전공 순환기내과, 피부과, 신장내과 등'으로 나누는 원칙은 사람을 전체적으로 다루는 의학보다는 고립된 기관들을 다루는 의학을 완벽하게 구현한 것이다. 이러한 접근 방법은 커다란 진보를 가져올 수 있었지만 동시에 한계도 보여준다. 오늘날에는 이런 생각을 바꾸어 신체를 하나의 섬세하고도 복잡하며 똑똑한 개체로 본다. 그래서 몸속 모든 기관은 상호영향을 주고받고, 서로 대화하며, 자가회복 능력과 때때로 자가치유 능력을 지니고 있어서 우리는 이를 존중해야 한다고 본다.

이와 비슷한 식으로, 내가 정신의학과 공부를 시작했을 때 그 정신의학과에서는 몸에 전혀 관심을 두지 않았다. 환자들을 소파에 눕혀놓은 정신으로만 간주했다. 그 당시 지배적 이론이던 정신분석학은 개념과 말에 바탕을 둔 지적 학문이었다. 훗날, 독학으로 감정에 관한 공부를 하면서 대학교에서는 감정에 대해 거의 아무것도 가르쳐주지 않았다 나는 몸과 마음 양쪽에 뿌리내리고 있는 감정이 바로 몸과 마음을 잇는 연결고리임을 알게 되었다.

이제는 심리학 분야에서 일하는 사람이라면 누구나 달리 생각한다. 예전에는 몸을 단순히 여러 기관을 모아놓은 것으로 생각해서 그 소리에 방해받지 않으려고 무조건 침묵하게 만들어야 했다면, 지금은 몸을 우리 마음으로 들어가는 입구로 생각한다. 그래서 몸이라는 이 복잡하고도 똑똑한 개체를 명상, 영양 공급, 운동 등 다양한 접근법으로 돌보아야 한다고 본다.

이렇듯 몸을 돌볼 때는 몸을 무시하고 부인하는 것과 몸에 집착하는 것 사이에서 균형을 잡아야 한다. 나도 많은 서양 젊은이처럼 내 몸을 상대적으로 무시했다. 한번은 스키를 타다가 정강이뼈 골절을 입었던 적이 있다. 그런데 할 일이 너무 많아서 단순한 염좌라고 확신하고 일주일 동안 골절 상태로 걸어 다녔다. 하지만 너무 아파서 결국 우리 과 바로 옆 방사선과를 찾았다. 그곳의 동료는 엑스레이 사진을 들여다보면서 멋진 골절 사진에 감탄하더니, 나를 돌아보며 어떻게 그 상태로 일주일간 걸을 수 있었냐고 물었다.

"너 전공이 뭐지?"

내가 정신의학과라고 대답하자 그의 얼굴에는 당황스러우면서도 안도하는 표정이 떠올랐다.

'아, 정신의학과! 그래서 그랬구나.'

이제는 경험도, 나이도 쌓이면서 나는 내 몸을 더 조심하고 존중하려 노력한다. 너무 몸에 전념해야 하는 상황이 되지 않도록 말이다.

-크리스토프

자기 몸과 함께 잘 살아가고자 한다면?

크리스토프의 2가지 조언

1

자연을 존중하듯 우리 몸을 존중하자. 자연이 우리만의 것이 아니 듯, 우리 몸도 우리가 독점하는 것이 아니다. 우리는 지구를 빌려 쓰고 있듯 우리 몸을 빌려 쓰고 있다. 우리가 사라져도 자연은 살아남 는 것처럼 우리 몸도 계속 이어져 내려간다. 나는 니체가 남긴 이 구절을 좋아한다.

'몸을 무시하는 사람들에게 한마디 하겠다. 그들의 의견이나 견해를 바꾸라는 요구는 하지 않겠다. 다만, 그들 자신의 몸을 버리라는 말을 하고 싶다. 그러면 그들은 할 말이 없어질 것이다.'

2

자기 몸을 돌본다는 말은 몸에, 몸의 외향과 탁월함에 집착한다는 뜻이 아니다. 휴식, 긴장 풀기, 쾌락, 양식, 운동 등 자기 몸에 필요한 것을 딱 필요한 만큼만 제공한다는 의미다. 이렇게 돌보면서 몸에 평화가 오면 몸은 스스로 알아서 어려운 상황을 극복한다.

Cow-boy ————

카우보이

명상에 입문하고 복음서를 탐독하며 3년간 지내던 한국에서 막 돌아왔을 때의 일이다. 내 등골을 오싹하게 만든 어떤 낯선 사람과 마주치게 되었다. 그때 나는 정신적으로 꽤 강한 난기류를 헤쳐가고 있어서 예민한 새싹처럼 매우 약한 상태였다. 로잔에 있는 한 레스토랑 화장실에서 볼일을 보고 있는데 한 남자가 들어왔다. 전형적으로 술집에서 볼 수 있는 장면이다. 그가 내 눈을 똑바로 응시하더니 말을 걸었다.

"졸리앙, 당신은 사내도 아냐! 우린 전쟁 같은 세상에 살고 있어! 친절, 온정, 케어베어 따윈 지긋지긋하다고!"

나는 그 자리에서 호소력 강한 반박의 칼을 꺼내 들 기운이 없었다. 가령 관대함은 절대 만만한 것이 아니다, 오히려 감탄할 만한 대단한 용기가 있어야 관대할 수 있다, 관대함은 이기심과 난폭함과 복수에 대한 갈증을 부드럽게 공중분해할 수 있는 다이너마이트와 같다는 메시지를 제대로 전달할 수 없었다. 타란티노 감독 스타일로 대꾸했어야 했는지도 모른다.

"자식, 좋아? 말 다 했어? 그럼 딴 얘기할까?"

비非이기주의, 헌신, 일체의 싸움 중단을 도모하면서 대체 왜 항의로 대응한다는 말인가?

오늘날, 반항은 이타심과 온화함 그리고 관대함과 바로 같은 편에 있지 않은가? 세상이 험하니 우리도 험해져야 할까? 상심에 빠진 사람들, 보안관이나 카우보이처럼 자기주장과 힘을 외치는 사람들에게 뭐라고 답해야 할까? 도대체 왜 비非투쟁을 비겁함과 연결 짓는 걸까? 갑옷 아래로 피하고 싶은 마음 뒤에는 '당신은 사내도 아냐!' 같은 호전적인 태도를 대단히 두려워하는 마음이 숨어 있는 것 아닐까?

극도로 불안해지고 동요된 나는 엄청난 상처를 받았다는 느낌을 안고 비틀거리며 화장실을 나왔다. 연대를 실천하고, 타인을 같은 노예선에 탄 동료로 생각하는 게 당연한 일이 되지 못했다. 그날 밤, 나는 엄청난 외로움을 느꼈다.

-알렉상드르

Critiques
비판

지혜를 배우는 일은 항상 마음 편하거나 외롭기만 한 것이 아니다. 현자의 이미지, 즉 어떤 삶을 사는 것이 좋을지 명상하며 외진 곳에 홀로 있는 모습은 대개 틀에 박힌 이미지일 뿐이다. 우리를 방해하는 것과 우리 마음속에서 다른 사람들을 방해하는 것을 받아들이는 일 역시 우리를 지혜롭게 만든다. 호기심을 가지고 차분하게 비판을 받아들이는 일은 지혜를 응용하는 연습이 된다. 비판에 근거가 있으면 무엇을 바꾸어야 할지를 배울 수 있다. 그렇지 않다면 비판을 통해 다른 사람들이 우리를 어떻

게 보는지 또는 다른 사람들은 마음속에 무슨 생각을 품고 있는지
를 배울 수 있다.

-크리스토프

Culpabilité ————
죄책감

법리적 유죄가 아닌 심리학적 의미에서 죄책감
이란 이런저런 식으로 행동하지 말았어야 한다는 느낌, 따라서 잘
못을 저질렀다는 느낌을 말한다. 간혹 죄의식은 현실과 동떨어지
는 경우가 있다. 예를 들어 어떤 사람들은 사소한 일로도 아주 쉽
게 죄책감을 느끼지만, 같은 상황에서도 무슨 일이 되었건 죄책감
을 거의 느끼지 않는 사람들도 있다!

심리적 죄책감과는 달리, 후회의 감정에는 잘못의 도덕적 측면
이 포함되지 않는다. 우리는 저지른 실수를 단순히 후회할 뿐 덜
감정적이고 더 이성적인 시선으로 자신이 한 일과 그 결과를 바라
본다. 그래서 "죄책감을 느낀다"라고 하지만 "후회감을 느낀다"라
고 하지는 않고 단순히 "후회가 든다"라고 한다. 이런 표현의 차이
를 통해 죄책감을 지배하는 측면을 잘 알 수 있다.

죄책감과 후회에는 심리적 기능이 있다. 우리가 저지른 실수를
평범한 일이 되게 만들지 않고, 우리에게 압박을 주어 실수를 깊
이 생각하고 기억 속에 새겨서 다시 반복하지 않으려는 마음이 들

게 한다. 따라서 죄책감은 유용한 것이다. 문제 되는 것은 죄책감이 지나치거나 잘못 어긋나는 경우다. 그런데 어떤 면에서는 좋은 신호이기도 하다. 죄책감을 느끼는 사람들은 대개 공감력이 있고 타인에게 신경을 쓰며 올바르게 행동하려 마음 쓰는 사람들이기 때문이다.

-크리스토프

죄책감에 맞서려면?
크리스토프의 3가지 조언

1

실수실수했다와 잘못도덕규범을 어겼다을 혼동하지 말라. 실수했다고 인식하면 후회하게 되는데, 이는 발전에 도움 된다. 반면 잘못했다고 느끼면 죄책감 때문에 심히 괴로워지는데, 이는 발전보다는 수치심에 갇히게 된다.

2

죄책감에 직면하면? 받아들이도록 한다. 한때 '성찰'이라고 했던 작업을 실행해서 미래를 위한 교훈을 얻도록 한다앞으로는 어떻게 다르게 해야 할까?. 가능할 때마다 고치고 사과한다.

3

죄책감이 크다면 혼자서 맞서려 들지 않는 것 역시 중요하다. 가까운 사람들에게 지금 느끼는 죄책감에 관해 이야기하고, 그들이 무

엇을 느끼는지, 어쩌면 유사한 상황을 겪었던 그들의 경험에 귀를
기울인다.

달라이 라마

　　　달라이 라마를 소개할 때 흔히 현대의 현자라고 부른다. 당연히 나도 그렇게 생각한다. 그는 친절, 호기심, 신중함, 속단하지 않으려는 조심성, 사실 앞에 겸손한 자세를 지니고 있다. 그리고 유머 감각도 빼놓을 수 없다. 나는 뻣뻣하거나 너무 근엄한 현자보다는 웃음을 좋아하는 현자에게 더 신뢰가 간다. 웃음을 사랑하는 건 삶을 사랑하는 것이다. 지혜가 삶을 사랑하도록 도와주지 않는다면, 지혜를 위해 노력하는 것이 대체 무슨 소용이란 말인가?

-크리스토프

Décroissance appliquée

줄임의 실천

아이들과 지내다 보면 때때로 미니 마음 수련에 몰두하게 되는 경우가 있다. 우리는 대형할인매장에 들어서면서 나갈 때는 빈손으로 나간다는 목표에 도전한다. 소크라테스는 시장을 둘러보면서 없어도 잘 살 수 있는 물건이 얼마나 많은지 확인하며 즐거워했다지 않은가. 백화점에 들어서는 순간, 경고음처럼 즉시 나를 멈춰 세우는 작은 목소리가 들린다. 나는 '행복은 소유에 있다'고 믿게 만드는 이런 열기에 넘어가지 않으려 저항한다. 유혹을 피할 방법은 수없이 많다.

-알렉상드르

Dépendance

의존증

의존증이 있다는 것은 자신의 의지에도 욕망하거나 더는 좋아하지 않는 것을 계속 욕망한다는 뜻이다. 몇 년 전, 나는 신경과학자 켄트 베리지Kent Berridge 교수가 발견한 사실에 매우 큰 충격을 받았다. 베리지 교수는 여러 차례 만날 기회가 있었는데, 특히 마인드 앤 라이프Mind and Life 연구소에서 주최한 회의 때 많은 이야기를 나눌 수 있었다. 우리는 5일간 욕망과 욕구,

중독에 대해 의견을 교환했다. 베리지 교수의 연구에 따르면, 좋아하는 것과 욕망하는 것을 관장하는 뇌 속 신경망은 다르다고 한다. 우리가 쾌락을 주는 것눈길을 산책한 후 즐기는 뜨거운 물 샤워나 맛있는 요리 먹기 등을 좋아할 때 활성화되는 신경망은 이것을 욕망할 때 활성화되는 신경망과 같지 않다는 말이다. 그런데 주로 감각적 차원의 쾌락은 매우 휘발성이 강하다. 쉽게 무관심이나 환멸, 심지어 혐오로 바뀔 수 있다. 가령 크림 케이크는 맛있지만 다섯 개쯤 먹으면 느끼해지면서 구역질이 난다. 반면 유쾌한 경험을 반복하면 이런 경험을 욕망하게 만드는 뇌신경망이 강화된다. 그래서 마약 투약이건 즐거움을 주는 어떤 형태의 감각이건, 우리는 더 이상 쾌락을 느끼지 못하더라도 이 경험을 계속 욕망하게 된다. 욕망이 잔류하거나 끊임없이 다시 생겨서 그 대상에 극도로 민감하게 반응할 때, 의존성이 있다고 본다. 결국 우리는 조금도 쾌락을 주지 않을뿐더러 환멸감을 느끼게 할 무언가에 대한 열망을 자제하지 못하는 슬픈 상황에 놓인다.

켄트 베리지 교수는 극단적 상황을 소개했다. 쥐를 대상으로 한 실험이었다. 사해 바닷물만큼 짠 소금물을 줄 때마다 욕망과 관련된 뇌 영역을 반복적으로 활성화하면, 금세 조건화특정한 자극을 되풀이해서 그 자극에 대한 반응이 일어나도록 하는 학습가 이루어진다. 그렇게 욕망 영역을 활성화하면 그 즉시 쥐는 설탕물 쪽 레버는 버리고 매우 짠 소금물 쪽 레버를 연다. 원래 조건화를 하기 전에는 소금물 레버는 철저히 회피했었는데도 말이다. 이것을 보면 상황이 어느 정도로 나쁜지 알 수 있다. 의존적인 상태에 놓여 있는 사람에게 "알코올중독, 마약중독, 성중독을 역겨운 것으로 생각하면 된다"고 말하는 것으로는 충분치 않기 때문이다. 많은 경우, 그 사람은 이미 자신이 의존하는 대상에 대해 환멸을 느끼고 있을 것이다. 좋아하는 것과 원하는 것 사이에 이런 괴리가 있다는 사실을 깨달으면, 파국을 초래하는 의존성을 극복하고 우리의 개입 방식을 선택할 도구를 얻게 된다. 마음 수련은 신경가소성 우리 뇌가 새로운 영향을 받아 변화하는 능력을 통해 뉴런 간 연결을 개조할 수 있는 것으로 알려졌다. 따라서 우리는 해가 되는 것을 끝없이 욕망하게 만드는 성향과 관련된 뇌신경망을 조금씩 약화하기 위해, 생각하고 감정을 느낄 때마다 거기서 벗어나야 한다.

물론, 이것은 정말로 도전적인 과제다. 실제 경험에 신경과학적 지식을 보강한 결과, 의지로 노력하고 이런 노력을 충분히 오랫동안 유지해야 하는 것 외에도 추가적으로 여러 장애물이 있다는 사실을 알게 되었다. 첫째, 의존성을 보이는 실험 대상자의 경우 의지와 관련된 뇌 영역을 활성화하기가 더 어려운 것으로 드러났다! 이들은 자신에게 너무도 필요한 의지력 방면에서 장애가 있는 셈이다. 둘째, 중독은 안정적인 방식으로 뇌를 변화시켜서 중독적 행동을 촉발하는 자극에 더 쉽게 반응하도록 만든다. 이렇게 뇌가 민감해지면 우리는 독성 물질 소비를 촉발하는 요인이나 비디오게임 전원을 켜는 데 더 쉽게, 더 강하게 반응한다. 더욱 유감스러운 사실은 명상 수행이든 피아노 교습이든 어떤 훈련을 할 때도 신경가소성, 즉 특정 뇌 영역 속 뉴런 집합체의 변화는 주로 한군데에서 일어난다는 것이다. 그곳은 바로 해마인데, 우리가 저글링이나 명상을 배울 때 혹은 운동할 때 활성화되는 부분이다. 그런데 안타깝게도 의존증이 있는 사람은 해마의 기능이 억제되어 있어서 의지력과 변화 능력이 약하다. 따라서 이들 앞에는 욕망 강화, 중독적 자극에 대한 과다반응, 의지력 약화, 변화를 활성화하는 뇌 영역 기능 억제라고 하는 네 개의 장애물이 가로막고 있는 셈이다. 이런 상황을 성공적으로 극복하려면, 이런 내용을 모두 잘 숙지하고 있는 것이 좋다. 그러면서 남아 있는 의지력을 최대한 동원하여 하루하루 인내심을 가지고 강화해 나아가야 한다.

-마티유

의존증에 맞서려면?
마티유의 3가지 조언

1

의존을 촉발하는 요인 회피: 저항할 수 없는 욕망을 불러일으키는 요인들에 스스로 노출되어 욕망의 방아쇠를 당기지 않도록 하라. 물질이든 이미지이든 중독으로 이어지는 모든 것을 시야 밖으로 내보내야 한다. 그렇게 할 수 없다면 거리를 두고 모든 것을 멀리하며, 자연으로 가 친구들과 산책하면서 다시 강해지고 회복력을 얻을 시간을 가져라.

2

고비의 순간: 연구 결과에 따르면, 고비가 오는 순간은 자극에 직면하는 때라고 한다. 흰색 가루나 술병이 실제로 보이거나 머릿속 이미지로 떠오르는 때가 그렇다. 이 과정이 작동하도록 그냥 놔두면 그 위력이 너무 커져서 제동을 걸기 힘들 지경이 된다. '좋아, 조금만 하고 그만둬야지' 하는 생각은 언감생심이다. 이럴 때는 자극과

대면하는 시간 간격을 '벌리면서' 명상 수행하는 것이 운신의 폭을 더 넓히는 데 도움 될 수 있다. 욕망의 대상에 대한 머릿속 이미지 때문에 생겨난 생각들을 직접 응시한 뒤, 우리 마음이 현재의 순간 안에서 쉴 수 있게 놔둠으로써, 이런 생각들의 강도가 약해져 스스로 사라질 시간을 주는 것이다. 수면 위에 손가락으로 그린 그림이 저절로 사라지는 것처럼 말이다. 우리를 엄습하는 생각들이 떠오르는 과정을 충분히 오랫동안 정지시킨다면, 이런 생각들이 연쇄적으로 일어나면서 통제 불능 상태가 되는 것을 모면할 수 있다.

3

마음챙김을 하는 동안 충동 관찰: 위대한 불교 현자 나가르주나용수 보살는 "몸을 긁을 수 있다면 좋지만, 더는 가려움을 느끼지 않는다면 더욱 좋은 법!"이라고 했다. 이를 위해서는 가려움이 저절로 희미해져서 우리가 다시 자유를 느낄 때까지 주의 깊은 현존의 눈으

로 충분히 오랫동안 가려움을 바라보는 시간을 가지는 것이 권고된
다. 어떤 사람들은 피가 날 때까지 긁기도 한다. 이렇게 긁는 행동을
멈추면 당연히 한동안은 가려움을 참기가 힘들지만, 결국 가려움은
사라져버린다. 이와 마찬가지로 의존증의 경우에도 영혼의 힘을 충
분히 동원해서 이런 찌르는 듯한 충동이 스스로 가라앉게 해야 한
다. 모닥불에 땔감 넣기를 멈추고 불이 꺼지길 기다리는 것처럼 말
이다. 이는 당연한 만물의 이치다.

Dépouillement

버림

서구사회의 사고방식은 저장과 축적을 바탕으로 작동하기 때문에 버림과는 역행한다. 우리는 재화와 지식, 심지어 SNS에서처럼 관계까지 저장한다. 그것도 간혹 합리적인 정도를 넘어 실제 용도 이상으로 쌓아둔다. 나는 책을 읽다 우연히 접한 한 문장에 깊은 인상을 받았다.

'현자 왈, 그가 너보다 더 많이 가지고 있는 것이 무엇인지 스스로 묻지 말라. 그보다는 그가 더 적게 가진 것이 무엇인지를 찾아보아라.'

내 직업상 모든 환자에게 마음이 동하지만, '저장 강박증'을 지닌 환자들에게 특히 마음이 쓰인다. OCD 강박 장애, obsessive compulsive disorder가 있는 이 환자들은 그 무엇도 버리지 않고 철저히 모든 것 신문, 박스, 빈 병, 다 쓴 두루마리 휴지 심, 낡은 옷 등을 보관한다. 이런 경우를 '디오게네스 증후군'이라고 부르기도 한다. 저장 강박증 환자들이 큰 저택에 사는 경우, 정원이 녹슨 깡통 저장소로 변해버리기 때문에 이웃의 항의를 받는다. 그러나 이들이 작은 아파트에 산다고 사정이 낫지는 않다. 나는 행동치료를 하기도 해서 간혹 환자들을 돕기 위해 집으로 찾아간다. 가서 보면 천장까지 쌓아 올린 신문 더미와 신발 상자 때문에 집이 미로처럼 돼 있는 것을 발견한다. 큰 고통을 겪고 있는 이런 저장 강박증 환자들을 보면 번번이 이런 질문이 떠오른다.

'이 환자들은 극단적인 경우지만, 너는 어때? 빠져나올 수 없는 이런 악순환에 너도 이미 발을 들여놓지 않았니?'

나 역시 버리는 일에서 좋은 모범생이 아니기 때문이다! 나는 버리는 것을 싫어한다. 여기에는 핑계이자 정당한 이유가 있다. 내 부모님이 대단한 '저장광'이었기 때문이다. 두 분은 '혹시 몰라서', '이 끈은 안 버릴 거야. 언제 필요할지 모르니까', '이 오래된 신문은 자동차 밑에 기름이 새면 필요하게 될 거야' 하는 생각을 신봉하셨다. 나는 이 모든 생각이 쌓아둔 물건들의 유용성을 넘어 두 분의 머리와 삶에 방해가 되었다고 늘 생각했다. 하지만 나 역시 내가 좋아하는 것들에 대해서는 이와 조금 비슷하게 반응한다. 가령 책을 처분하는 것을 심하게 못 한다. 오래된 선물도 그것이 누군가가 준 선물이라는 이유로 버리기가 거의 불가능하다. 내 딸들이 그린 그림이나 가지고 놀았던 낡은 장난감을 버리는 일은 꿈에도 생각할 수 없다.그래서 내 아내는 이런 물건을 버리려면 나 몰래 버려야 한다는 것을 잘 안다.

일반적으로, 우리에게 감정적 의미가 있는 물건을 덜어내는 일은 고통스럽다. 아버지가 돌아가셨을 때, 집을 정리하는 어머니를 도와드렸던 일이 기억난다. 나는 물론이고 어머니에게는 훨씬 더 까다롭고 힘든 일이었다. 어머니의 삶 가운데 중요한 큰 부분을 버리는 일처럼 느껴졌기 때문이다. 우리는 왜 이토록 우리의 추억에 집착하는 걸까? 물론, 추억은 우리에게 개인적인 일관된 감각 SOC, sense of coherence과 자신이 누구인지, 어디서 왔는지 조금 더 잘 아는 것 같은 느낌을 준다. 하지만 잘 생각해보면 추억은 영양가가 있기보다는 거추장스럽다. 어느 순간이 되면 쌓아두는 것이 더는 우리에게 도움 되지 않는다.

주변에 있는 다른 형태의 집착들을 보면 이런 어려움이 나만의 문제는 아니라는 생각이 든다. 예를 들어 사진을 찍는 데 집착하는 경우가 그렇다. 가족 모임이나 여행을 가면 이미지를 포착하느라 막상 행사에 참석하지 않는 사진광들을 점점 많이 보게 된다. 그런데 그렇게 사진을 찍은 다음에는 어떻게 될까? 사진은 고스란히 컴퓨터에 저장되어 그곳에서 썩는다. 선별된 사진만 보관한 종이 앨범보다 컴퓨터 속 사진은 덜 들여다보게 되기 때문이다.

SNS에서 가능한 한 많은 사람과 친구관계를 맺으려는 집착 때문에 실시간으로 문자 혹은 사진을 보내는 행동 역시 우리 삶을 이루는 것 중 그 무엇도 버리거나 잃고 싶지 않아 하는 성향, 즉 저장 강박증에서 오는 거다. 우리 시대는 앞선 시대들과는 분명 큰 차이가 있다. 예전에는 물건이나 사람과 관계 맺는 일이 훨씬 드물었지만, 그 대신 그 관계는 더 돈독했다. 지금 우리는 극도로 유독성 있고 절대적으로 해로운 사회에서 살고 있다. 우리에게 구매와 소유, 저장을 조장한 뒤 어느 정도 시간이 지나면 버리라고 압박하는 사회이기 때문이다. 그런데 이렇게 압박하는 이유도 우리의 행복을 위해서가 아니라, 그저 앞선 것이 유행이 지났거나 구식이라서 다른 물건을 또 살 자리를 만들어야 하기 때문이다. 이는 더 없이 악랄한 행위다. 왜냐하면 이 소비사회는 공간이란 무한한 것이 아니니 적어도 물질적으로 줄이고 싶은 욕구가 반드시 생긴다는 사실을 파악했는데도, 이를 악용해서 비우고 싶은 욕구를 기존에 소유한 것을 새로 대체하는 욕구로 바꾸어버렸기 때문이다.

나는 심리치료 분야에서도 결핍을 보상하는 방식에 무게중심이 쏠려 있다고 느낀다. '활력이 부족한 우울증 환자에게는 어떻게 하면 활력을 더 줄 수 있을까?', '사회성이 부족한 내성적인 사람에게는 어떻게 하면 사회성을 더 길러줄까?', '감정 조절 능력이 부족한, 극도로 감정적인 사람은 어떻게 하면 그 능력을 더 키울 수 있을까?', '마약중독자에게 자기통제력을 더 많이 가지도록 가르치려면 어떻게 해야 할까?' 등과 같은 식이다.

명상 수행을 통해 나는 사람들이 더 적은 걸 지향하도록 장려하는 것도 가능하다는 사실에 눈뜨게 되었다. 더 적게 반추하고, 더 적게 생각하며, 더 적게 집착하고, 더 적게 통제하고 싶도록 말이다. 매우 참신한 이런 시각은 내가 정신의학과 의사로서 일할 때나 개인적 삶을 살 때나 모두 아주 유익하다는 사실을 확인했다.

-크리스토프

욕구, 줄임의 실천 참조

버림을 실천하고 싶다면?
크리스토프의 3가지 조언

1

물질적 비움: '나는 아무것도 필요하지 않다'는 마티유의 만트라를 추천한다. 혹여 이것이 너무 버겁다면 '전부 필요하지는 않다'도 좋다. 장을 볼 때 물건 구입 전에 스스로 물어보길 바란다. 정말로 내게 필요한 것인가? 이걸로 내가 오늘 행복해질까? 내일은? 한 달 뒤, 일 년 뒤에는?

2

활동적 비움: 우리는 너무 많은 것을 하고 우리 아이들에게도 너무 많은 활동을 시킨다. 그 모든 취미 활동이 다 필요할까? 더 잘 살기 위해 그런 활동을 더 적게 하면 어떻게 될까? 아무것도 하지 않고, 관조하고, 호흡하기 위한 시간을 마련해둔다면 어떨까?

3

정신적 비움: 미래에 대한 두려움, 나의 사회적 이미지에 대한 두려움, 나의 안전에 대한 두려움 등 모든 두려움을 비우도록 한다.

Dépression ──────
우울증

　　슬픔은 스스로 싸워 이길 수 있지만, 우울증은 치료받아야 한다. 우울증은 삶을 사는 능력, 즉 삶을 사랑하고 삶의 역경을 극복하는 능력이 무너져내린 것이다. 우울증이 엄습하면 삶은 죽어야만 끝나는 고난의 연속으로밖에 보이지 않는다. 그래서 '다 멈추기'를 바라는 마음이 생긴다. 멈추는 것이 우울증이건 삶이건 말이다. 우리가 특히 해서는 안 되는 일은 우울증이 있는 사람을 함부로 판단하는 것이다. 그들은 약하지도, 이기적이지도, 투덜이도 아니다. 다만 아플 뿐이다. 눈에 보이지 않으나 파괴적인 병으로 고통받고 있을 뿐이다. 그러므로 그들을 도와야 한다. 간혹 가까운 사람으로서 우리가 도울 유일한 방법은 비록 그들이 아무 소용 없으리라는 확신 때문에 원치 않을지라도 등을 떠밀어 치료받도록 하는 것이다. 우울증은 치료 가능한 병이다. 약과 심리치료, 기타 많은 기술을 통해 점점 더 잘 치료되고 있다. 그렇게 치유된 다음에는 재발을 예방하는 노력을 해야 한다. 우울증은 언제든 기꺼이 다시 찾아오는 경향이 있기 때문이다. 우울증 재발을 막기 위한 좋은 방법은 행복해지기 위해 노력하는 것이다. 매일 우리 머리 위로 긍정적 감정의 고기압이 생성되게 하라. 그러면 실제 기상 상황에서 고기압이 저기압을 밀어내듯, 긍정적 감정의 고기압도 우울증을 동반한 저기압을 멀리 밀쳐낼 것이다.

-크리스토프

Désespoir ────────

절망

절망에 빠진 사람 앞에서 과연 무슨 말을 해야 할까? 치료하는 입장에서 나 또한 이런 처지에 있는 환자들을 마주하면 비참한 심정이 되고, 혹여 이들에게 도움 되지 못할까 봐 두렵다. 그래서 나 자신에게 말하듯 이런 메시지를 그들에게 전달하려고 애쓴다.

"이건 꼭 비정상적인 상태는 아닙니다. 당신은 의기소침해질 권리가 있습니다. 절망에 빠질 권리도 있습니다. 어쩌면 당신은 실수나 어리석은 짓을 한 것도 아닐지 모릅니다. 오늘 당신을 절망에 빠뜨린 일이 어쩌면 내일 사라지지 않을까요? 지금은 이 말을 못 믿겠지만 그럼에도 함부로 판단하거나 내치지 마세요. 이 말을 자꾸 되뇌면서 호흡하는 시간을 갖도록 해보세요. '견뎌내야 해, 너 자신을 해치지 마!' 하고요. 모든 인간은 이런저런 이유로 의기소침해질 수 있어요. 절대 당신 탓이 아니에요. 그건 단지 인간의 운명을 이루는 한 요소에 불과해요. 최선을 다해 무언가를 하세요. 당신을 위한 작은 일도 좋고 타인을 위한 일도 좋아요. 그 일이 당신 상황과 아무런 관련이 없어도 좋아요.

당신 내면을 황폐하게 만드는 문제에만 집중하지 않도록 해요. 당신이 의기소침해지거나 절망감을 느낀다면, 그건 아마 상황이 정말로 의기소침할 만하거나 절망적이어서 당장은 간단한 해결책이 없기 때문일 거예요. 해결책이 있다면 분명히 나타날 테고,

없다면 다른 일들이 생길 거예요. 어떤 경우가 됐건, 눈앞의 문제를 필요 이상으로 걱정하지 마세요. 당신 마음속 한 귀퉁이에만 틀어박혀 있지도 마세요. 집 밖으로 나가고, 움직이고, 정리 정돈을 하고, 달려보세요. 혼자만 있지 말고 누군가와 이야기를 나눠보세요. 꼭 당신 문제에 관해 이야기할 필요는 없어요. 당신을 좋아하는 사람, 당신 생각을 바꿀 수 있는 사람, 당신에게 조언과 위로를 줄 수 있는 사람과 교류하세요.

그런 다음, 이렇게 의기소침하거나 절망적인 시기를 벗어나면 그냥 넘어가지 않는 것이 중요해요. 무슨 일이 있었던 것인지 되돌아보고, 앉아서 글로 써보고, 곰곰이 생각해보는 시간을 가지세요. 지금은 그 절망에서 벗어나 어디쯤 와 있는지도 잘 관찰해보세요. 왜 지금은 절망이 없는지, 어떻게 해서 사라졌는지 그 이유를 파악해보세요. 아마 절망이 슬픔으로 바뀌었을 뿐일 거예요. 이제 당신은 더는 절망적이라고 느끼지 않아도 돼요. 그렇다면 왜 전에는 절망의 구렁에 빠졌던 걸까요? 그때의 당신 상태는 어땠나요? 절망에서 벗어나기 위해 어떤 단계들을 밟았나요? 결국 당신이 살아남은 그 '별일 아닌 일'로 말미암은 절망, 또는 거의 별일 아닌 일 때문에 생긴 절망의 순간들을 기억하세요. 그리고 절망의 '심미가'라고도 불리는 에밀 시오랑Emil Cioran의 말 '우리는 모두 어릿광대다. 우리는 각자의 문제를 딛고 살아남는다'를 명심하세요."

-크리스토프

126

Deuil ────────

사랑하는 이의 죽음

자택 수영장에서 아들이 익사하는 사고를 겪은 한 여성을 홍콩에서 만난 적 있다. 사고 직후, 그녀는 지체할 것 없이 둘 중 하나를 선택해야 한다는 생각이 들었다고 한다. 자식을 잃는 것보다 더한 고통은 없으니, 아이의 죽음으로 그녀의 남은 삶을 무너뜨릴 것인가? 아니면 아들에 대한 영원한 사랑을 그대로 간직하면서도 깊은 만족감을 줄 건설적인 삶을 살기로 결심할 것인가? 이것은 마치 눈앞에 두 갈래 길이 펼쳐져 있는 것과 같았다고 한다. 하나는 위로할 수 없는 슬픔으로 가득한 길이었고, 다른 하나는 사랑으로 충만한 길이었다. 그녀는 두 번째 길을 선택했다. 이 대목에서 《한낮의 우울》 속 앤드류 솔로몬Andrew Solomon 의 증언도 떠오른다. 죽음을 앞둔 그의 어머니가 그에게 했다는 경고의 말씀이다.

'슬픔으로 네 삶이 황폐해지게 놔두는 것이 나를 기리는 일이라고 생각하지 말렴.'

-마티유

Discernement ────────────

분별력

　　　　어떤 인도 친구가 들려준 이야기다. 한 어부가 호숫가 나무 그늘에 앉아 그의 아이들과 놀아주고 있었다. 그때 도시에 사는 한 남자가 와서 그 광경을 응시하더니 말을 걸기 시작했다.

"안녕하세요? 선생은 무슨 일을 하시는 분입니까?"

"전 어부랍니다. 제 배는 저기 호수 둔치에 있습니다. 오전 내내 물고기를 잡았지요."

"오후에는 왜 물고기를 잡지 않으십니까?"

"이틀간 우리 가족이 먹을 만큼 잡았으니까요."

"하지만 온종일 잡으면 나머지 물고기는 팔 수 있을 텐데요."

"그럼 뭐가 좋지요?"

"그러면 일꾼을 쓸 돈이 생겨서 고기를 더 많이 잡을 수 있게 되고 수입도 늘어나겠지요."

"그 돈으로 뭘 합니까?"

"글쎄요, 배를 한 척 더 사서 돈을 더 벌 수 있네요!"

"그러고 난 다음에는요?"

"일을 그만하고 편하게 지내면서 아이들과 놀아줄 수 있겠지요."

"그게 바로 지금 제가 하고 있는 것이랍니다!"

지혜, 마음 수련, 그리고 분별력은 고통의 원인을 파악하고 그 원인의 속박에서 벗어나도록 이끌어주는 핵심 가치들이다. 많은 사람이 행복해지길 바란다. 그리고 그러려면 돈, 권력, 명성이 있어야 한다고 생각한다. 그러다가 어느 날, 그 모든 조건을 갖춘 사람 중에는 우울증을 앓거나 마약에 중독되거나 자살한 사람도 있음을 알게 된다. 그러면서 '이상해. 나라면 그렇게 다 가졌다면 당연히 행복할 텐데' 하고 생각한다. 그들이 수고스럽더라도 잠시만 곰곰이 생각했더라면, 그런 잘못된 길로 가서는 내면의 깊은 만족감을 전혀 얻을 수 없음을 깨달았을 것이다. 하지만 그들은 결국 분별력이 부족했음을 드러냈다. 우정, 평온, 내면의 평화, 감정의 균형 같은 지속적인 충족감을 줄 수 있는 가치들을 등지고 말았다.

—마티유

분별력을 키우고 싶다면?
마티유의 3가지 조언

1

차분히 진지하게 생각한 뒤 최적의 행동 방식, 즉 행복을 장려하는
정신 상태와 외적 조건이 무엇인지 파악하라. 그리고 우리의 행복
과 다른 이들의 행복을 무너뜨리는 사람들이 누구인지 알아낸다.

2

최선을 다해 현실의 본질을 분석하여, 본디 현실은 무상한 것이며
우리가 사물과 사람에게 부여하는 특징은 대부분 우리 마음이 투영
된 결과라는 사실을 깨닫는다.

3

우리의 생각과 감정을 다스리는 법을 배워라. 우리 마음속에 벌 받
는 것 같은 괴로움이 똬리를 틀면 그런 정신 상태를 '해방하는' 법을
배워라. 다시 말해 아무 흔적도 남기지 않은 채 하늘을 지나가는 새

처럼 괴로움에 휩싸인 정신 상태가 그냥 지나가게 놔두는 법을 배운다.

Discorde ─────────
불협화음

어떤 사회관계에서건 불화 그리고 불협화음은 일어날 수 있다. 인간관계가 제대로 기능하는지는 화합이 유지되느냐가 아니라 고칠 능력이 있느냐로 알 수 있다. 물론 화합이 계속 유지된다면 참 다행이다! 하지만 우리는 토론은 물론 서로 다른 의견으로 대립할 줄 알아야 한다. 마음이 식은 부부와 그렇지 않은 부부, 우정이 식은 친구와 그렇지 않은 친구 사이에서도 이런 차이가 나타난다. 마음이 식지 않은 커플들은 스스로 고치고 치유한다. 그래서 화해하는 능력이나 간혹 용서하는 능력이 매우 중요하다. 이것은 원칙의 문제로만 그치는 것이 아니라 생존의 문제이기 때문이다 평화가 전쟁보다 가치 있기에! 불협화음과 때로는 갈등도 허용할 수 있는 능력, 그런 다음 관계를 회복할 수 있는 능력이 없으면 우리 삶은 척박해진다. 대립은 때로는 맛이 쓰기도 하나 우리 마음속에서 스스로 만들어낼 수 없는 '영양분 논거와 관점'이 아주 풍부한 음식과 같다.

그다음으로 중요한 것이 바로 부부 사이건 친구 사이건 꾸준히 정성을 기울여 관계를 돌보는 것이다. 셰익스피어는 '우정의 징표를 등한시하는 사람은 결국 우정의 감정을 잃는다'고 했다. 불화도 방지해주고 불화가 너무 확대되지 않도록 범위를 제한해주는 역할을 하는 것이 바로 타인과의 관계에 기울이는 정성이다. 상대가 멀리 있으면 그 사람의 소식을 궁금해하고, 가까이 있으면 꾸준히 진심으로 그에게 관심을 보이면서 말이다.

-크리스토프

까다로운 관계 참조

Distraction ─────
주의 분산

우리 뇌에는 명상은커녕 주의를 분산하려는 습성이 있다. 기본적으로 평온함은 뇌의 취향과 맞지 않는다. 뇌는 판단하고, 비난하고, 비교하고, 근심하고, 과거로 도피하고, 앞질러 생각하도록 프로그래밍되어 있다. 한마디로 허튼짓을 하고 망상에 빠지게 마련이라는 말이다. 용게이 밍규르 린포체가 설파한 독특한 수행법은 하루에 열 번 멈춰 서서 관찰하는 것이다.

"아, 이런! 나는 철저히 명상을 안 하고 있군."

다시 말해 '난 완전히 주의가 분산되었어'라고 깨달으라는 뜻이다. 자신의 주의가 분산되었음을 깨달을 때가 바로 마음속에 정신이 현존하는 순간이다. 자, 그러면 자유는 이미 시작된 것이다! 우리 마음을 이루는 요소들은 밤낮으로 모든 일에 관심을 가지고 중시하게 만든다. 하지만 나는 세상에서 가장 평화롭고 고요한 상태가 되면 이 거대한 잡동사니 같은 감정과 경솔한 판단을 거의 비웃는 듯한 눈으로 바라볼 수 있게 된다.

'아, 이런! 내가 삶을 이렇게 이해하고 있었네!'

'오늘 하루를 다 망쳐놓은 주인공이 바로 이놈의 엉뚱한 생각이
었군.'

마음 수련이란 자기도취에 조금도 빠지지 않고 무한한 해석 능
력을 지닌 우리 뇌를 자세히 살펴보려는 작업이다.

-알렉상드르

명상 참조

Douleur
통증

통증은 고통의 생물학적, 유기적 혹은 실존적 측
면이다. 이가 썩으면 생물학적 변화가 생겨 찌르는 듯한 통증이
생긴다. 통증은 때로 어떤 사건이 발생하면서 나타나기도 한다.
자녀나 친구, 가까운 사람을 잃는 경우가 그렇다. 결국 통증은 우
리가 현실에 상처받을 때 현실이 된다. 그렇다면 고통은 어떨까?
고통은 통증이 우리 마음과 우리 세계관에 미치는 영향을 보여준
다. 이명을 예로 들어보자. 귀에서 윙윙거리는 소리나 휘파람 소
리가 들리는 이 증상은실제로 이보다 훨씬 심한 장애가 많다 상대적으로 미
미한 통증에 해당하지만 커다란 고통을 낳을 수도 있다. 이 작은
교란으로 말미암아 강박증이 생기고 온 정신이 여기에 쏠리게 되
어 간혹 심리적 도움을 받아야 할 수도 있기 때문이다. 나의 말 몇
마디로 환자들의 통증을 사라지게 할 수는 없다사랑하는 사람을 잃은 경

우처럼 때에 따라서는 약이 필요하기도 하고 시간이 필요하기도 하다. 하지만 나는 그들이 자신의 고통을 이해하고 심리치료나 명상 같은 접근법으로 그 고통을 덜 느끼게 도와줄 수 있다.

-크리스토프

치유와 내려놓기, 고통 참조

Échec

실패

　　누구나 그렇듯, 나도 실패보다는 성공이 좋다. 성공이 더 기분 좋고 만족스러울뿐더러 가치 있기 때문이다. 그러나 곰곰이 생각해보면, 실패했을 때 더 많이 성찰하고 다시 검토하게 되어 결국 발전할 수 있었다. 요컨대 내게는 두 영역 모두 필요했던 것 같다. 성공의 기쁨이 주는 에너지와 자신감, 그리고 실패의 불편함으로 얻게 된 신중함과 연습 말이다.

-크리스토프

Écologie
생태학

생태학을 뜻하는 'ecology'의 어원을 뜯어보면 'eco'는 그리스어 'oikos'에서 온 말이다. 오이코스oikos 는 그리스어로 '집, 주거지'를 가리킨다. 따라서 생태학ecology 이란 즐겁게 공생하는 기술이라 할 수 있다. 우리는 모두 이 아름다운 푸른 지구에 세 들어 사는 공동임차인이다. 이런 마당에 서로 물고 뜯으며 다른 사람을 경쟁자로 생각할 이유가 있을까? 결속력을 다지며 같은 배를 탄 동료가 되어 다 같이 모험을 떠나려면 어떻게 해야 할까?

생태학적 도전은 순전히 추상적인 틀 안에서는 이루어질 수 없다. 여기에는 궁극적으로 우리의 일상을 만드는 수많은 구체적인 질문이 포함되기 때문이다. 우리는 자연과 어떤 관계를 유지하고 있는가? 혹시 우리는 자연을 나무와 동물을 소비하고 다 쓴 뒤 버리는 상점이나 무인 판매대, 도구 상자처럼 취급하고 있지는 않은가? 대체 왜 세상을 거대한 슈퍼마켓으로 여기는가? 우리가 초래할 재난은 나 몰라라 한 채 우리 배만 채워야 하는 걸까? 지혜를 발견하는 일은 아마도 이 세상을 사는 법을 새롭게 보고, 세상을 통해 만나게 된 사람들과 맺은 관계를 돌아보는 일인 것 같다.

자연은 우리가 세상의 중심이 아니라는 다행스러운 사실을 우리에게 끊임없이 상기시킨다. 틀림없이 세상에는 우리보다 위대한 존재가 있다. 지존한 자연의 힘은 꽤 친절하게도 우리를 '나 우선주의'에서 빠져나오게 해준다. 우리 안에 잠들어 있으면서 우리의 '전능감'을 좌절시킬 소비자의 모습에서 우리를 벗어나게 해준다. 산 정상에 올라 동반자와 함께 나무 밑동 아래 서 있다 보면, 개인의 편협하고 연약한 경계선보다 무한히 광활한 우주의 위대함을 어찌 실감하지 않을 수 있을까? 생태학은 우리에게 호소한다. 전향하라, 내면적으로 성장하라, 정신의 독방에서 벗어나 세상에 헌신하라!

콘크리트 한가운데에서 자연과의 접촉을 유지하고, 어디서든 강하디강한 삶의 기적을 존중하려면 어떻게 해야 할까? 지구라는 이 거대한 집에서 모두가 공생하려면 자기 자신과 타인, 그리고 모두와의 관계를 쇄신하고 마음을 여는 것이 시급하다. 무관심이 우리를 엄습할 기회를 엿본다면, 서둘러 문과 창문을 열어 공기를 순화하고 절대로 곰팡내가 배지 않도록 해야 한다.

어느 날, 뉴욕 지하철에서 그저 흔한 일이 되어버릴 수 있는 비극적 참사가 벌어졌다. 어떤 남성이 거의 모든 사람의 무관심 아래에서 주먹질을 당한 사건이다. 이 불쌍한 사람을 돕기 위해 손가락 하나 까딱한 사람이 없었다. 굳이 복고주의에 빠지지 않더라도, 오늘날과 같은 초연결 사회에서 우리가 본래 맺고 있는 타인과의 관계가 나빠져 힘을 잃어간다는 사실을 어찌 개탄하지 않을 수 있을까? 나는 가끔 인터넷으로 영어 수업을 듣는다. 그 결과, 희한하게도 나와 같은 층에 사는 이웃보다 멀리 보스턴에 사는 영어 선생님을 더 잘 알게 되었다.

여기에서 중대한 생태학적 도전 과제가 등장한다. 바로 모두 다 함께 살며 그 누구도 소외시키지 말아야 한다는 것이다. 지구라는 우리 집을 어떻게 돌볼 것이며 우리와 함께 사는 생명체를 어떻게 보살펴야 할까? 굳이 불길한 예언을 하지 않더라도, 함께하는 삶을 좀먹는 오염 행위들은 다시 돌아봐야 하지 않을까? 이제 우리는 좋은 이웃관계를 끊임없이 장려하기 위해 모든 방법을 동원할 수 있다. 그리스의 철학자 플로티노스는 '영혼은 영혼이 응시하는 바로 그것이 된다'고 생각했다. 그렇다면 우리는 아침부터 밤까지 어디에 시선을 두어야 할까? 우리의 시선은 무엇을 자양분으로 삼아야 할까? 악랄함, 경쟁, 광란의 질주, 생존 경쟁 같은 광경을 온전히 그대로 두어야 할까? 자연으로 돌아가서 도전에 응한다는 건 이런 탐욕을 잠시 멈추고, 늦추고, 정지시키는 것! 요컨대 '나'에서 '우리'로 옮겨 가는 것을 뜻하지 않을까?

-알렉상드르

환경, 공원, 자연 참조

Écoute

경청

경청이란 눈앞에 있는 사람이 하는 말에 모든 주의와 의식을 집중하는 것, 즉 타인에게 현전現前하는 것이라 정의할 수 있다. 이것은 주기도 하고 받기도 하는 복합적인 태도이자 나를 앞세우기보다 타인에게 먼저 양보하는 겸손한 행동 방식이다. 자기도취가 심한 사람들은 잘 경청하지 못한다. 우리는 불안에 떨거나 행복감에 젖어 있을 때, 또는 너무 많은 자기중심적인 걱정에 사로잡혀 있을 때 탁월한 경청 능력을 발휘하지 못한다. 간혹 그런 척하는 경우도 있지만 말이다!

경청은 세 가지 기본 메커니즘으로 이루어져 있다. 타인의 말 존중하기, 마음 내려놓기, 기꺼이 감동하는 능력이 그것이다.

타인의 말을 존중하려면, 우선 다른 사람이 하는 말을 듣는 동안 그 말을 판단하지 말아야 한다. 그런데 이것은 매우 어려운 일이다! 우리에게는 무의식적으로 판단을 내리려는 성향이 있기 때문이다. 우리는 높이 평가하거나 높이 평가하지 않거나, 동의하거나 동의하지 않거나, 옳다고 혹은 틀렸다고 생각하거나, 똑똑하다고 또는 어리석다고 여긴다. 이런 판단이 우리 머릿속에 떠오르지 못하게 원천 봉쇄하는 것은 어렵다. 하지만 이를 알아차릴 때마다 조심하고, 함부로 판단하지 않으려 노력할 수는 있다. 그러면 최선을 다해 다시 진정한 경청 모드로 돌아갈 수 있다. 경청을 가능케 하는 또 다른 장치인 내려놓기를 내게 가르쳐준 사람은 다름 아닌 내 환자들이었다. 많이 내성적이거나 심하게 불안해하는 사람들은 대화하는 동안 자신이 상대와 수준이 맞지 않을까 봐 무척 두려워한다. 그런 나머지, 자신이 대답할 내용을 준비하느라 막상 상대의 말은 제대로 경청하지 못한다. 진정한 경청이라면, 대답을 준비하느라 주의를 분산하지 말고 마음을 내려놓은 채 오로지 귀 기울여 들어야 한다. 물론, 이렇게 하면 '위험부담'이 조금 있는 듯한 느낌이 드는 것도 사실이다. 하지만 대답을 준비할 생각을 완전히 접으면 그만큼 깊이 있고 적절한 대답을 할 수 있다. 이처럼 마음을 내려놓는 태도는 진심으로 진정성 있게 경청하기 위한 조건이기도 하다. 이렇게 진심으로 경청하는 동안 우리는 아무런 판단이나 통제, 지배욕 그리고 결국 아무런 의도 없이 기꺼이 감명받는다.

　나는 내향적인 성격 덕분에 늘 별다른 노력이나 재주 없이도 말하는 것보다 듣는 것을 더 좋아한다. 그럼에도 시간을 들여서 연습하면 어느 정도는 경청 능력을 향상할 수 있음을 깨달았다. 특히 명상 수행을 통해 나는 대답을 준비하지 않으면서 상대와 함께하는 법, 전적으로 마음을 내려놓는 법, 상대의 말을 열린 마음으로 쉽게 받아들이는 법을 배울 수 있었다. 이는 환자를 치료하는 직업상 항상 쉬운 일만은 아니다. 연구 결과에 따르면, 의사들은 평균적으로 환자의 말을 20초나 30초만 듣고 끼어든다고 한다. 이들은 증상을 찾고, 환자들의 질문에 대한 답을 신속히 찾고, 대화의 주도권을 잡는 경향이 있다. 내 동료들 중 경험 많고 나이 지긋한 몇몇 일반의의 말을 들어보면, 환자를 볼 때 저지르는 실수는 모두 경청하는 과정에서 나온다고 한다. 환자들이 하고 싶은 말을 충분히 다 하게 하지 않았거나, 환자들에게 충분한 질문을 하지 않았거나, 의사로서 생각하는 방향으로 환자들을 너무 일찍 유도했기 때문이다. 우리는 진단 후 처방하고 조언하는 것이 치료라고 생각한다. 환자의 말을 경청하기보다 약을 제공하고 조언해주는 것이 치료라고 생각한다. 부모가 자녀를 대하는 경우도 이와 조금 비슷하다. 우리는 자녀에게 충고하고, 자녀를 교육하고, 위로하고, 회복시키려 한다. 그러면서 자녀의 말을 충분히 경청하지 않고, 자녀의 말이 중요한 순간에 그들에게 말할 기회를 주지 않는 경향이 있다.

-크리스토프

더 잘 경청하고 싶다면?
크리스토프의 3가지 조언

1

우리는 말할 때보다 들을 때 더 많이 발전한다. 말을 하면 생각을 명확히 정리하게 되므로 말은 우리를 변화시킨다. 반면 경청은 우리와 다른 세계를 열어주기 때문에 말보다 더욱 강력하다.

2

듣는 게 주는 것이라는 사실을 늘 기억하라. 이때 우리는 대답만 주는 것이 아니라 현전도 준다.

3

더욱 잘 경청하려면, 부분적으로 자기 마음속에서 비워야 하는 것들이 있다. 바로 두려움_{무슨 말을 할지 모를 수 있다는 두려움, 대답해줄 말이 없을 수 있다는 두려움}, 확신, 싫증이다.

교육

교육의 효과는 때로 지연되어 나타난다. 우리는 아이들에게 이런저런 가치친절. 끈기. 정직 등를 가르치려 노력하지만, 그 결과는 즉각 나타나지 않는 것처럼 보일 수 있다. 가르쳐도 아이들은 여전히 티격태격하고, 힘들면 포기해버리고, 자기한테 유리하면 거짓말을 한다. 그래서 우리는 가르쳐도 별 소용없다거나 우리가 잘못 가르쳤다고 생각한다. 물론, 그럴 가능성도 없지 않으므로 잘 성찰해보아야 할 일이다. 그러나 아이들은 성장해서 우리와 멀어질수록 우리에게 흐뭇한 놀라움을 많이 안기는 경우가 대부분이다. 그제야 그동안 배웠던 자질들을 발휘하고 익혔던 가치들을 삶 속에서 실천하기 때문이다. 이런 모습은 우리가 곁에 있었을 때는 보이지 않던 모습이다. 어쩌면 그때는 그저 충분히 성숙하지 못했기 때문인지도 모른다. 바로 지연효과 때문이다! 그러므로 즉각적인 효과가 없더라도 이런 교육적 노력은 자녀가 어릴 때 해야 한다.

그런데 자녀교육은 부모인 우리에게도 하나의 기회가 된다. 즉 다른 사람을 교육하는 일은 자기 자신을 교육하는 것과 같다는 뜻이다! 이는 교육이 우리의 행동 방식과도 관련되어 있기 때문이다. 우리는 물론 아이들에게 어떻게 하라고 말로 해서 그들을 변화시키기도 하지만 우리가 몸소 보여줌으로써, 즉 모범을 보임으로써 변화시키기도 한다. 아이들이 우리 쪽을 보고 있지 않다 생각하고 있을 때가 특히 그렇다! 때마침 우리가 인위적으로나 피상적으로 모범을 보일 생각이 없을 때도 그렇다! 이런 순간에는 우리의 있는 모습 그대로를 아이들한테 전달하게 된다. 그러므로 우리가 아이들에게 교육하고 싶은 가치와 최대한 가깝게 살려고 노력해야 한다. 그리고 이런 노력은 일상적으로 해야 한다.

마지막으로, 반드시 알아두어야 할 또 다른 중요 사항이 있다. 외부로부터 강요되는 사회규범은 그것이 뇌 구조, 즉 우리의 감정적 반응으로 흔히 드러나는 우리 내면의 기존 가치들에 부합할 때만 작동하는 것으로 보인다. 그래서 어린아이에게 이타심이나 박애를 가르치기 쉬운 이유는 아이의 뇌가 이런 가치를 받아들일 준비가 이미 되어 있기 때문이다. 하지만 사전 준비가 되어 있다고 강제성이 있다는 뜻은 아니다. 교육하지 않는다면 혹은 반대로 교육한다면 이타심과 박애 같은 타고난 성향들이 내면에서 잠든 상태로 있거나 심지어 계속 활성화되지 않을 수도 있다.

-크리스토프

이타심, 바이오필리아 참조

Efforts ————
노력

노력을 실행하려면 훌륭한 동기와 목표가 필요한 것은 물론, 분별력을 가지고 목표를 점검해야 한다. 우리는 부,

권력, 명성을 얻겠다는 야심을 품다가 20년 뒤 크게 실망하기도 한다. 그런 것들로는 최소한의 충만감도 느끼지 못하기 때문이다. 사실, 깊이 생각하지 않고 뛰어들면 별로 노력할 가치가 없는 목표의 노예가 되어버릴 위험이 있다. 불교에서는 '결과가 동기에 달려 있다'라고 가르친다. 그렇다면 스스로 다음과 같은 질문을 해야 한다. 내가 이런 노력을 하는 이유는 완전히 이기적으로 나 혼자만을 위해서인가? 아니면 나와 함께 다른 사람들을 위해서이기도 한가? 그도 아니면 다른 사람을 위해서인가? 아니면 다른 사람들을 희생시키면서 이런 노력을 하는 것인가? 이 모든 노력이 과연 그만한 가치가 있는가? 과연 나는 노력의 결과로 깊은 만족감을 얻게 될까? 내가 타인을 이롭게 한다면 이것은 단 몇몇 사람만을 위한 것인가, 아니면 최대한 많은 사람을 위한 것인가? 단기적인 일인가, 아니면 장기적인 일인가? 이렇듯 의도는 열정의 방향과 크기를 결정한다.

일단 노력을 시작하면 긴장과 이완 사이에 균형을 잡는 것이 중요하다. 붓다는 그의 제자 중 노력의 양을 잘 조절하지 못했던 제자의 이야기를 들려준다.

"어떨 때는 완전히 동기를 잃고 긴장이 풀려서 아무 생각도 떠오르지 않습니다. 또 어떨 때는 너무 긴장해서 결국 명상을 하지 못하기도 합니다."

인도 현악기 시타르의 일종인 비나 연주자였던 한 제자가 이렇게 한탄하자, 붓다가 그에게 물었다.

"네 악기로 가장 아름다운 소리를 연주하려면 어떻게 해야 하겠느냐?"

제자가 대답했다.

"모든 현이 너무 팽팽하지도 너무 느슨하지도 않게 합니다."

그러자 붓다가 이렇게 결론지었다.

"명상도 그와 같다."

이완은 정신을 탁하게 만들 수 있고, 과한 노력은 정신을 피곤하게 하고 동요시킨다. 이 두 가지는 모두 역효과를 내는 것으로 확인되었다.

현대 심리학에서는 '몰입' 상태에 들어가려면 정확히 중간지점에 있어야 한다고 말한다. 심리학자 미하이 칙센트미하이Mihaly Csikszentmihalyi가 규정한 개념인 몰입은 행동에 깊이 빠져드는 상태를 말한다. 이 상태에 이르면 행동, 움직임, 생각이 물 흐르듯 연이어 일어난다. 그러면 시간 가는 줄 모르고 피로도 잊고 자아에 대한 인식 또한 흐려진다. 몰입 상태에 들어가려면 하는 일이 너무 어렵지도, 너무 쉽지도 않아야 한다. 너무 어려우면 긴장하게 되고 너무 쉬우면 지겨워지기 때문이다. 물 흐르는 듯한 몰입은 현재의 순간을 진정 가치 있게 하는 매우 만족스러운 경험으로 느껴진다. 우리는 외적 활동의 지원을 받지 않아도 몰입에 돌입할 수 있다. 가령 마음의 본질, 깨달음을 얻은 현존을 응시하는 것도 몰입과 유사한 심오하고도 풍요로운 경험이다. 이때도 나를 지우는 것이 절대적이다. 이는 내면의 평화를 얻고 다른 사람들에게 마음을 여는 원천이다. 나는 팔순 나이의 칙센트미하이를 여러 번 만날 기회가 있었는데, 그에게서는 사려 깊은 타고난 친절함이 뿜어져 나온다. 자신이 가르치는 바를 몸소 실천하는 그의 모습은 고무적으로 보인다.

그러므로 우리를 최대한 발전시킬 수 있도록 노력과 휴식 사이의 적절한 균형을 찾아야 한다. 예술가들 혹은 장인들은 '과잉노력'이나 걷잡을 수 없는 흥분 상태가 작품을 망칠 위험이 있음을 잘 안다. '인내는 성공을 낳지만, 서두르면 일을 그르치는 법'이라는 속담처럼 말이다. 한번은 네팔에 있는 우리 승원에서 45일간 하안거를 마친 후 시골로 소풍 갔던 적이 있다. 그때 어린 스님들이 달리기 경주를 준비했다. 나는 그 스님들보다 서른 살이나 나이가 많았다. 그래서 드디어 내가 이름을 떨칠 시간이 왔구나 싶었다. 나는 첫 10미터를 쏜살같이 내달리며 "앗싸!" 하고 외쳤다. 하지만 당연하게도 모두가 날 따라잡고 앞서나갔다. 결국, 난 꼴찌로 들어왔다!

-마티유

'노력'이라는 행위를 잘 관리하고 싶다면?

마티유의 4가지 조언

1

꾸준하고 끈기 있게 노력하라. 한 방울 한 방울이 모여 마침내 커다란 항아리가 채워진다.

2

자기 자신과 친절한 관계를 유지하라. 자신의 한계에 격분하거나 가능한 것 이상으로 하지 않았다고 자신을 책망하지 말라. 시도한 결과가 실패라 하더라도 용기를 잃지 말라.

3

정신의 잠재적 변화 가능성을 과소평가하지 말라. 수많은 대안을 열린 마음으로 대하고, 필요한 경우 유연하게 방향을 바꾸며, 실패할 경우 마음속 가장 깊은 곳에서 평정심을 찾아라. 누구도 우리에게서 내면의 평화를 누리는 자유를 앗아가지 못한다.

4

이타적 사랑을 가꿔라. 이타적 사랑은 우리 자신이 겪는 삶의 우여
곡절을 다른 눈으로 조망하게 해준다.

유쾌한 노력

능력을 꽃피우고, 성장하고, 위대한 건강과 지혜에 도달하려면 왜 반드시 고생해야만 할까? 노력의 필요성을 강조한다고 해서 반드시 이 삭막한 'no pain, no gain 고통 없는 발전은 없다' 정신을 예찬한다는 의미는 아니다. 이 구호는 완전히 처참한 결과를 가져올 수 있기 때문이다. 나는 마침내 스피노자를 통해 자유를 누리게 된 후, 스피노자의《윤리학》끝 구절을 늘 인용한다.

'정서감정를 억제하는 인간의 힘은 오성에만 있다. 인간은 자신의 감정을 억제하기 때문에 그 누구도 참행복의 기쁨을 느끼지 못한다. 이와 반대로 욕망을 억제하는 능력은 바로 참행복에서 나온다.'

덧붙여 스피노자는 이 길이 드문 만큼 까다로우며 그래서 끈기가 필요하다고 한다. 세네카는 처치법과 치료법을 수시로 바꾸어버리면 회복할 수 있는 사람은 아무도 없을 것이라고 경고한다. 그렇다면 우리가 행하는 고행을 떠받쳐주는 기둥들은 무엇인가? 연습하면서도 크게 웃을 수 있으려면 어떻게 해야 할까?

-알렉상드르

고행 참조

노력에 기쁨 한 술 첨가하고 싶다면?

알렉상드르의 4가지 조언

1

뛰어난 치유자 붓다는 '적당한 노력'에 대해 이야기한다. 노력하다 지쳐버리지 않으려면 시작하기 전에 스스로 질문을 던지는 것이 좋다. 무엇이 나를 실천하게 하는가? 나를 나아가게 하는 힘은 어디서 나오는가? 내 노력이 헛되지 않도록 나는 어떻게 애쓰는가?

2

고행 속에서 맘껏 즐겨라. 우리가 거짓된 열정의 수렁으로 내몰리는 분명한 이유는 자기를 위하거나 진정으로 즐길 줄 모르기 때문이다. 비말라키르티는 《유마경 상상을 초월한 자유에 관한 경전》에서 수행자의 즐거움을 칭송한다. 그렇다. 우리는 덕에 몰두하고, 탐나는 것들로부터 마음을 멀리하고, 원한을 잊고, 부정적인 감정을 없애는 가운데서 즐거움을 느낄 수 있다. 자, 우리 모두 이런 쾌락으로 빠져들자. 마음껏!

3

서둘러 순순히 휴식을 취하라. 실제로 노력하고, 오래 버티고, 삶이라는 마라톤을 뛰려면 상상을 초월하는 용기로 멈추어 쉴 줄도 알아야 한다. 결국 기진맥진하지 않도록 대담하게 비투쟁을 단행해야한다. 고행을 시작하기 전에 우리를 지극히 자유롭게 하는 질문을 던져보자. 진정으로 우리를 편안하게 해주는 것은 무엇인가? 우리의 긴장을 풀려면 어떻게 해야 하는가?

4

현명한 친구들 곁을 떠나지 말라. 삶의 길은 온통 전쟁터 같아서 우리를 쓰러뜨리고 탈진하게 만들며 생기를 앗아 간다. 우리는 지독하게 낙담한 탓에 혼자 힘만으로는 그 구렁에서 빠져나오지 못한다. 자신이 벌이는 싸움에 대해 다른 사람과 공유하고, 자꾸만 반복하는 잘못을 그에게 털어놓고, 완전히 투명하게 마음을 열고, 도구

상자를 함께 채우도록 한다. 이렇게 하면 절망을 날려버리고 자신에게 들이대는 엄격한 잣대를 없애는 강력한 해독제가 된다.

자아와 자아 해체

　　　나는 불교 수행 안에서의 자아 해체에 관해 이
야기할 기회가 많았다. 그럴 때마다 사람들은 이 접근 방식을 불
편해하며 이런 질문들을 한다.

"삶이 제대로 잘 기능하려면 자아가 강해야 하는 것 아닌가요?"

"많은 사람이 자아가 부서지고 약해져서 생긴 심리적 동요로 고
통스러워하지 않나요?"

그러나 강한 자아보다는 내면의 힘에 관해 이야기하는 편이 더
좋다. 이 내면의 힘은 자아의 속박에서 해방되는 것과 궤를 같이
한다. 우리 마음에 독이 되는 모든 것의 일차적 근원이 바로 자아
의 굴레다. 미국에서는 부모와 교사가 아이들에게 아침부터 밤까
지 '너는 특별해!'라는 말을 반복적으로 한다. 그런데 심리학자 로
이 바우마이스터Roy Baumeister 교수가 상당히 많은 연구를 종합해
본 뒤 내린 결론은 뜻밖이다. 학교, 부모, 치료사가 아이들의 자존
감을 높이기 위해 투자한 모든 노력과 비용이 미미한 효용밖에 없
다는 것이다.

"이 많은 세월 동안 연구한 결과로 이런 권고를 하게 되어 유감
입니다만, 자존감은 그만 잊어버리고 자기통제에 집중하십시오."

물론 그렇다고 해서 반대편 극단으로 치닫는 것은 안 되지만, 자
아라는 작위적인 개체에 집착하는 것이 안정적인 자신감을 얻는
길은 아니다.

우리는 '나'를 세상에 하나밖에 없는 독립적이고 지속적인 개체로 여긴다. 이런 개념은 삶이 제대로 기능하는 데는 유용할지 모르지만, 과연 현실에 정말 부합하는 것일까? 나는 내 어린 시절 사진을 보며 생각한다.

'자전거 타고 있는 이 꼬마가 나야.'

그 시절 이후로 나는 온갖 경험을 했고 내 몸도 나이 들었지만, '그래도 여전히 나야'라고 생각한다. 이런 현상이 일어나는 과정에는 여러 정신적 메커니즘이 동시에 발생한다. 즉, '나'에 대한 인식, '인격'에 대한 인식, '자아'에 대한 인식이 동시에 일어난다. '나'는 현재를 산다. 아침에 일어났을 때 '내가 존재하는구나'라고 생각한 뒤 '춥군' 또는 '배고파'라고 생각하는 것이 바로 '나'다. '나'는 우리의 현재 상태를 경험하는 것과 관련된다. 인격이라는 개념은 우리 개인의 역사를 반영한다. 우리 삶 전체로 확장된 하나의 연속체인 인격에는 육체적, 정신적, 사회적 측면이 모두 통합되어 있다. 그 시간적 연속성 덕분에 우리는 과거에 속하는 우리 자신의 표상과 미래와 관련된 표상을 연결할 수 있다. 이제 남은 것은 자아다. 무의식적으로 우리는 자아가 우리 존재의 핵심이라고 여긴다. 유년기부터 죽을 때까지 우리를 특징하는 분리할 수 없고 변하지 않는 가장 중요한 본질이라고 생각하는 것이다. 자아는 '내 몸', '내 의식', '내 이름'의 주인이다. 본디 우리 의식은 항구적으로 변화하는 역동적인 파도임에도, 우리는 강물의 흐름을 타고 떠내려가는 배와 같은 별개의 개체를 상상하지 않을 수 없다.

일단 '나'와 '인격'에 대한 인식이 자아라는 훨씬 더 강한 정체감

안에서 명확해지면, 우리는 이 자아를 보호하고 만족시키고자 한다. 그래서 자아를 위협하는 것에는 반감을 드러내고, 자아를 즐겁게 하고 위로하는 것에는 끌린다. 이런 두 가지 반응으로부터 충돌된 갖가지 감정분노, 욕망, 선망, 질투 등이 탄생한다.

이런 자아를 조금만 살펴보면 이것이 어느 정도까지 우리 자신의 정신이 만들어낸 속임수에 불과한지 알 수 있다. 예를 들어 자아의 위치를 확인해보자. "네가 날 때렸어"라고 말하지, "네가 내 몸을 때렸지만 괜찮아. 그건 내가 아니니까"라고 하지는 않는다. 내 몸과 자아를 잘 연결하고 있기 때문이다. 반면 내 의식은 타격받을 수 있는 것이 아니다. 그런데 "네가 내 마음을 아프게 했어"라고 할 때는 내 자아를 내 감정, 내 의식에 연결한다. 더욱이 '내' 감정, '내' 의식, '내' 이름, '내' 몸이라고 할 때는 자아가 그 모든 것의 주인으로 부상한다. 우리는 고유한 존재를 부여받은 하나의 개체가 마치 어릿광대처럼 어떻게 상호 양립 불가능한 이 모든 정체성을 지닐 수 있는지 잘 이해하지 못한다. 따라서 자아는 어떤 역동적 과정에 붙이는 하나의 정신적 꼬리표이자 개념에 불과할 수 있다. 확실히 자아는 우리에게 유용하다. 변하는 상황 전체를 연결하고 우리의 감정과 생각, 환경에 대한 인식 등을 하나의 일관된 총체로 통합할 수 있게 해주기 때문이다. 그러나 자아는 결국 우리 마음속에서 어떤 한 상상의 개체 생명을 유지해주는 연속적인 정신 활동의 산물이다.

-마티유

자아와 자존감

자아는 오늘날 심리학 용어에 속하지 않는다. 요즘은 자아보다는 '자존감'이라는 용어가 쓰인다. 자존감이란 자신을 바라보고 판단하고 비추어보고 대하는 방식 전체를 정의하는 말이다. 내 개인적 의견을 말하자면, 자아를 자신에 대한 집착, 자신의 이미지에 대한 집착이라고 기꺼이 묘사하겠다. 그러면서 자아의 병리와 그 결과가 미치는 모든 영향에 관해 이야기하고자 한다. 수많은 연구 결과, 자존감은 모든 사회관계에 의해 깊은 영향을 받는 것으로 알려졌다. 사실, 우리가 자신에게 부여하는 가치는 다른 사람들에게 평가받을 때의 느낌에 따라 거의 전적이라고는 하지 않더라도 매우 강하게 결정된다는 것이 많은 연구자의 생각이다. 달리 말하면, 자기 자신을 보는 시선의 질을 좌우하는 것은 다른 사람들의 시선이라는 뜻이다. 자신을 보는 시선에는 타인의 눈으로 자신을 보는 방식이 반영되어 있기 때문이다.

큰 고통을 동반하는 자존감의 병리에는 크게 두 가지가 있다. 먼저, 자신에 대한 과잉 집착이다. 자기도취적 성향이 있는 사람들에게서 볼 수 있는 것으로, 본질상 같은 결과를 즉각 초래한다. 즉자신에게 많이 집착할수록 다른 사람들의 감탄을 더욱더 받고 싶어 하고, 자신이 다른 사람들보다 우월하니 우월한 권리를 받을 자격이 있다는 생각을 더 많이 한다. 여기에서부터 자기도취적인 사람들의 특징적인 행동이 나온다. 예컨대 이들은 자신의 아이디어가 남보다 혁신적이라고 생각하며, 남들보다 운전을 잘한다고 생각해서 더 빠른 속도로 운전하고, 자신의 시간이 더 소중하기 때문에 대기 줄을 선 사람들을 모두 앞지르고, 남의 이익보다 자신의 이익에만 전념하는 등의 행동을 한다. 한편 자기 강박, 자신에 대한 과잉 집착이 또 다른 형태로 나타나기도 한다. 자존감이 부족한 사람들에게 나타나는 것으로, 이번에는 부정적인 집착이다. 흔히 '콤플렉스가 있는 사람'이라고 불리는 이런 사람들은 타인의 시선과 판단에 집착한다는 점에서는 나르시시스트와 같다. 다만, 이들은 다른 사람들의 감탄이나 복종적 행동을 추구하지 않고 다른 사람들의 판단과 비판이 어떤지 눈치를 살핀다. 배척당하거나 충분한 사랑을 받지 못할까 봐 두려워하기 때문이다.

자존감에 관한 연구는 1960년대부터 시작되었다. 그 후로 60년의 세월이 흐르면서 큰 진전을 이루어 자존감을 단련하는 목표와 이상이 자신을 망각하는 것임을 알게 되었다. 자존감이 제대로 작동하는 것처럼 보이는 사람들을 관찰해보면, 그들의 자아가 전혀 과장되게 드러나지 않는다는 것을 알 수 있다. 그들은 남들이 자신을 어떻게 생각하는지 필요 이상으로 궁금해하지 않고, 끊임없이 자신에 관한 의문을 가지는 일 없이 행동과 관계에 뛰어든다. 미국에서는 '조용한 자아Quiet Ego'에 관해 이야기한다. 이것은 '사람들이 날 어떻게 생각할까? 내가 사람들의 눈높이에 맞을까?'와 같은 강박에서 벗어난 고요하고 조용한 상태의 자아를 말한다. 이런 목표를 달성하려면 어떻게 해야 할까? 콤플렉스가 있는 사람은 자신에게 충분한 장점이 없다고 생각한다. 이런 사람에게 자기 자신 말고 다른 생각을 하라고 하면 거의 그렇게 하지 못한다. 하지만 일단 치유되고 나면 그렇게 인식할 수 있다. 내게 이 문제에 관해 이야기했던 한 여성 환자의 말이 떠오른다.

"뛰어나다고 느껴지는 사람들과 같이 있을 때 제 상태가 별 볼일 없으면, 생쥐라도 되어서 사람들 눈에 띄지 않게 사라져버리고 싶어져요. 이런 마음이 들면 치료 시간에 했던 단련법을 생각하면서 속으로 말합니다. '널 그렇게 작은 존재로 만들지 마. 넌 그다지 큰 존재가 아니야!' 다시 말하면 걱정하지 마, 사람들은 너한테 그렇게 관심 없어, 사람들은 너만 계속 쳐다보지도 너만 계속 평가하지도 않아. 네가 소리 지르며 테이블 위로 올라가지 않는 한 넌 다른 사람들의 강박의 대상이 되는 일 없이 그들과 함께 지낼 수 있어."

이 주제에 관해서는 수많은 연구가 진행되었다. 그중 가장 인상적인 연구 중 하나에 따르면, 역설적이지만 어떤 사람의 경우 다른 사람들과의 유대감과 소속감을 키우는 것이 자존감에 유리하게 작용한 것으로 나타났다. 이렇게 함으로써 그가 자신을 과소평가하지 않게 되었을 뿐만 아니라 안정감을 얻고 마음의 평온을 찾았다고 한다. 반대로, 지배욕은 마음을 불안하게 만들었고 위협적이었으며 지치게 했다. 이것은 자존감 수준이 낮은 환자들이 많이 저지르는 실수다. 그들은 다른 사람들의 인정을 받으려면 그들로부터 감탄을 받아야만 한다고 느끼기 때문이다. 가령 교양이 부족하다는 콤플렉스가 있는 사람이라면 교양이 있는 것처럼 보이려 노력할 것이다. 이것은 지난 세대의 자존감 치료법으로 사용되던 방식이다. 그때는 환자들의 가치를 다시 높게 회복시키려 애썼고, 환자들에게 긍정적으로 자신을 보라고 장려했다. 수줍어하고 콤플렉스가 있는 많은 환자의 경우, 더는 지배당하지 않으려면 자신이 지배력을 가져야 한다고 느꼈다. 반면 오늘날에는 수직적인 관계가 아니라 수평적인 관계를 권장한다. 예전의 지배력을 이용했던 방식은 감정적으로 치러야 하는 대가가 큰 탓에 이제는 사용하지 않는다. 가령 타인의 복종과 인정을 받고 타인을 지배해야 한다는 강박을 지닌 자기도취적인 사람들은 스트레스와 불안, 긴장, 짜증 수치가 높은 극도로 불안정한 이들이다. 반대로 자존감이 결핍된 사람들도 마찬가지다.

결론적으로 두 가지 사항을 지적하고자 한다. 첫째, 자아는 렌터카처럼 필요악적인 존재다. 이곳에서 저곳으로 이동하려면 운송수단이 필요한 것처럼 삶을 헤쳐가려면 우리에게는 자아가 필요하다. 수도원 밖으로 나가지 않은 채, 자신의 자아를 내려놓는 일이 더 간단하다고 생각하는 도사나 명상가가 아니라면 말이다. 삶이라는 길 위에는 다른 차량보다 오염물질을 더 많이 배출하는 차량이 있다. 연료를 많이 소비하는 덩치 큰 4륜 구동차는 사람들의 시선을 끌고 싶어 하고 길을 양보받고 싶어 한다. 이와 반대편에는 공기를 오염시키지도 않고 소음도 내지 않는 작은 자전거가 있다. 나는 우리가 자아를 떼어내버리거나 창문 밖으로 던져버릴 수는 없다고 생각한다. 하지만 우리의 자아가 다른 사람들에게는 오염원이 되지 않고 우리에게는 너무 비싼 대가에너지, 관리, 보수 등의 측면에서를 치르지 않게 할 수는 있다고 생각한다. 두 번째로 지적할 사항은 무시하는 방법으로 자아를 떼어낼 수 있으리라 기대해선 안 된다는 것이다. 자존감 부족으로 고통스러워하는 환자들의 경우, 해결책은 자신을 계속 무시하는 것이 아니다. 흔히 이들은 자기 자신에 대한 강박관념에 사로잡혀 있으면서도 동시에 자기 자신에게 화가 나 있다. 여기서 다시 한번 떼어내버리는 것과 집착을 갖지 않는 것의 차이를 짚고 넘어가고 싶다. 중요한 건 강박적인 방식으로 자아를 떼어내버리는 게 아니라, 자아에 집착하지 않는 방향으로 노력해야 한다는 것이다. 폴 발레리Paul Valery가 남긴 유명한 문구처럼 말이다.

'나는 나 자신을 미워했고 나 자신을 좋아했다. 그렇게 우리는 함께 늙어갔다.'

-크리스토프

Ego, le dézinguer
자아, 자아 죽이기

우리는 실제로 무슨 뜻인지 잘 알지도 못하면서 걸핏하면 '자아' 혹은 '나'라는 말을 한다. 솔직히 말해 나라면 이런 말들을 정의하기가 무척 힘들 것 같다. 내가 보기에 자아란 욕망, 두려움, 감정, 집착으로 말미암아 가장 큰 고통을 안겨주는 표상들로 이루어진 일종의 환상 덩어리인 것 같다. 겉모습에 해당하는 이런 환상의 '나'와 절대로 사물화되지 않는 마음속 깊은 곳, 우리의 내면은 뚜렷이 구별해야 한다. 그러나 자아라는 개념은 여전히 내 머릿속에서 희미한 상태로 남아 있다. 그렇다면 어떻게 해야 이런 상태에서 벗어날 수 있을까? 나는 크리스토프 덕분에 깨달음을 얻고 그 미묘한 차이를 알게 되었다. 그동안 나는 자존감을 찬양하는 모습을 오랫동안 의심의 눈초리로 보아왔다. 자칫 인격 숭배로 변질하는 것은 아닌지 걱정스러웠다. 그러나 크리스토프가 알려주듯 잘 조직된 인격이 없으면, 건강한 자신감이 없으면 우리는 여지없이 노예 상태에 빠져버린다.

이 대목에서 나는 《인간 불평등 기원론》 속 루소의 예리한 분석을 상기하고 싶다. 그는 자기사랑과 자기편애를 구별했다. 자기사랑은 각 개인이 자신을 돌보고 위험을 피하게 만든다. 자기편애는 근본적으로 사회적인 열정이다. 우리는 이런 자기편애가 가져오는 악영향이 무엇인지 잘 알고 있다. 남들이 하는 말에 광적으로 신경 쓰게 되고, 겉모습에 대한 갈증을 느끼고, 지배욕과 권력욕에 휩싸이는 것이다. 사실, 자기편애는 비교에서부터 생겨난다. 마치 우리 스스로 자신에 관한 생각을 만들어 마음속에 품고서 이 생각에 집착하여 가장 큰 고통을 만들어내는 것과 같다. 이것은 근본적으로 자기사랑과는 아무런 관련이 없다. 원초적인 애정이자 일종의 보호 본능과 같은 자기사랑 덕분에 우리는 자신의 삶을 돌보고 많은 경우 발전한다. 안타깝게도 자기편애라는 폭발적인 감정은 추락하는 비행기처럼 떨어져 이기심으로 악화하는 경우가 많다. 이렇듯 루소는 자기 자신을 무시하는 안쓰러운 행동을 하지 않으면서도 '나 우선주의'라고 하는 우상숭배에 빠지지 않을 효과적인 방법을 내게 가르쳐준다.

인도의 위대한 현자 라마나 마하르시^{Ramana Maharshi}도 길을 열어
준다. 그는 우리가 사방으로 움직이는 이런 '나'에서 벗어나 기쁨
과 평화가 우선하는 마음속 깊은 곳에 도달하도록 도와준다. 구체
적으로 그의 가르침을 흉내 내자면, '나는 누구인가?'를 자문하면
된다. 이런 질문들은 강박으로 변질하지 않고 우리를 자유롭게 해
준다. 나는 내 몸인가, 아니면 내 생각이 나인가? 내 자동차가 나
인가? 나는 내가 가진 종교적 신념인가, 아니면 정치적 견해가 나
인가?

혼란스러운 감정을 자아에 대한 집착의 신호로 해석하는 것 역
시 우리를 자유롭게 하는 방법이다. 도대체 왜 나는 고통을 무릅
쓰면서까지 한 가지 생각에 매달리는 걸까? 때때로 나는 왜 내 잘
못을 인정하기보다 차라리 죽을 각오를 하는 걸까? 나는 영적 삶
의 영역에서조차 나르시시즘과는 정반대되는 방향으로 생각한다.

'내게 자아가 없다는 걸 보여주겠소, 두고 보면 알 것이오.'

이런 위험에 직면했을 때는 자신을 무시하는 것 말고 훨씬 더 바
람직한 일을 해야 한다. 금쪽같은 스피노자의 좌우명에 귀를 기울
여보면 어떨까?

'비웃지도, 울지도, 증오하지도 말라. 다만 깨우쳐라.'

우리를 자아 안에서 꼼짝하지 못하게 만드는 메커니즘이 무엇
인지 추적하고 우리가 어떤 노예 상태에 있는지 정확히 파악하는
일은 의무이기보다 즐거운 도전이다. 하루를 시작할 때 일기예보
를 확인하듯, 내면의 일기예보를 보며 간단히 내면의 상태를 점검

하는 것으로 하루를 열면 어떨까?

'저런, 오늘은 작은 내가 심하게 동요하네. 내 상태가 썩 좋진 않군. 너무 예민한데! 그렇다면 오늘 하루 사람들과 원만하게 지내려면 마음을 좀 가라앉히고 고분고분해야겠군.'

우리가 기쁨을 느끼면 자아는 기쁨의 그림자 뒤로 모습을 숨긴다. 더는 아무것도 증명할 필요가 없다. 질책으로 우리를 괴롭히는 것이 아무 소용 없는 이유다. 질책하면 오히려 작은 나를 악화시키는 경향이 생긴다. 따라서 우리는 굴욕이 아니라 헌신과 기쁨, 나눔을 통해 자유로워져야 한다. 매일 반복하는 간단한 수련이 우리를 그 길로 인도해줄 것이다.

고행은 나보다는 우리를 중시하는 것으로 시작할 수 있다. 나는 한국어로는 '내 집'이라 하지 않고 '우리 집'이라 한다는 사실을 알게 되었다. 우리가 다른 사람들과 분리되어 떨어져 있다고 느끼면 결국 우리의 불행을 키우게 된다. 아침에 일어나면서 자신의 작은 '나'가 스스로 상처 주지 않는 하루가 되도록 하겠다는 목표만 세운다면, 우리는 사방에서 장애물을 만날 것이다. 어째서 우리는 자기중심주의적 관점으로 보는 오류에서 벗어나지 않는 것일까?

어느 날, 딸 아이가 놀이터에서 놀고 있었다. 갑자기 고통에 찬 아이 비명이 울려 퍼졌다. 나는 얼른 밖을 내다보았는데, 울고 있는 아이는 내 아이가 아니었다.

'휴, 우리 딸이 아니네!'

참 이상한 일이다. 그곳에는 꼬마가 스무 명이나 있었지만, 내가 정말로 관심을 가진 아이는 단 한 명이었다. 지구상에는 몇 명이

나 살고 있을까? 오로지 나 한 사람, 더 나아가 나와 가까운 사람들만 걱정하고 우리 지구 위에 사는 다른 수많은 사람은 등한시한다면 얼마나 큰 계산 착오요 애정 결핍인가. 삶은 내가 세상의 중심이 아님을 내게 상기시켜주는 역할을 한다.

-알렉상드르

Émerveillement
경이감

경이감은 세상과의 일치감을 느끼게 하는 고요하고 광활하며 개방된 정신 상태를 우리 내면의 풍경 속으로 초대한다. 경이감은 우리를 자기 자신에게서 벗어나게 하고, 정신의 경계를 허물어 무한하게 만들며, 마음을 확장한다. 경이감은 우리를 인간과 자연의 드넓고 감동적인 상호의존성으로 가득 채운다. 이런 식으로 경이감은 우리를 지혜로 이끈다.

경이감의 원천은 여러 가지다. 막 태어난 아이의 눈망울, 위대한 선행, 내면의 평화 속에서 정신이 쉬는 순간들······. 야생의 자연, 심오한 지혜와 연민이 스며 나오는 얼굴에 경이감을 느끼자. 시한 수 읽으며 또 바흐의 전주곡이나 정신에 영감을 주는 찬란한 가르침을 들으며 경이감을 느끼자. 무량한 하늘 속으로 녹아 들어가고, 나무껍질의 미로 속에서 길을 잃고, 한 송이 꽃의 내밀한 깊은 곳으로 사라지고, 개똥지빠귀의 노랫소리와 손바닥 위에 내려

앉은 눈꽃의 가벼움, 주의를 분산하는 수많은 곳에서 방황하지 않으면서 현재 순간의 생생함을 맛보며 경이감을 가져보자.

경이감은 심리학자 미하이 칙센트미하이가 기술한 '몰입'의 경험과 비슷하다. 즉, 자신이 하는 일이나 응시하는 것에 완전히 빠져드는 것과 비슷하다는 말이다.

경이감은 원한이나 갈망, 교만과는 양립할 수 없기에 우리의 최선을 표면 위로 드러나게 해준다. 또한 친절, 너그러움, 감탄과 완벽히 결합하는 탓에 경이감에는 자만심이 배어 있지 않다. 이런 점에서 경이감은 우리를 드높여준다. 심리학자들이 진행한 일련의 연구 결과, 예기치 않은 경이감의 미덕 몇 가지가 밝혀졌다. 즉 경이감이 이타심, 친사회적인 행동, 너그러움을 고양하는 것으로 나타났다. 또한 소속감과 집단 참여욕과 협력을 강화하고, 창의력을 장려하며, 지금 여기 세상 속에 존재한다는 현존감을 심화하는 것으로 밝혀졌다. 경이감을 품으면 자신이 우주의 중심이라는 느낌이 없어진다. 우리는 '우리보다 더 위대한' 어떤 것의 일부라 느끼며 개인을 초월하는 세계적 문제들, 특히 환경 문제에 더 많이 관여하게 된다. 또 연구자들에 따르면 경이감은 개인주의와 자기 연민을 눌러준다고 한다.

경이감을 느끼는 사람들은 모두 자신을 일개 '개인'보다는 '이 지구에 사는 한 사람의 지구인'으로 묘사하는 경향이 많아질 것이다. 경이감은 야생의 자연에 대한 존중심을 낳고, 이런 존중심은 우리 환경을 보호하고 싶은 욕망으로 이어진다. 인간은 모든 것이 상호연결됨에 따라 환경의 한 부분을 이룬다. 그래서 환경을 보호하고 싶은 욕망은 인간과 환경의 지속 가능한 조화의 길로 이끄는 행동으로 이어진다.

-마티유

바이오필리아, 자연 참조

Émotions
감정

감정은 우리의 유전형질과 뇌신경망 안에 새겨져 있는데, 후천적으로 우리가 받는 교육과 문화적 배경에 따라 강화된다. 모든 감정은 어느 하나 우리에게 유용하지 않은 것이 없다. 분노, 슬픔, 두려움, 불안, 수치심은 각기 명확한 기능이 있다. 그런데 감정이 우리에게 도움 되려면 조건이 있다. 강도가 너무 강해서도 안 되고, 너무 오랜 시간 지속해서도 안 되며, 우리가 감정의 목적성을 망각해서도 안 된다. 다시 말해 우리가 감정의 존재, 메커니즘, 우리에게 미치는 영향을 인식하고 있어야 한다. 이를 가리켜 감정지능[1]이라고 한다.

진화론적 관점에서 보면, 부정적이거나 불쾌한 색깔을 지닌 감정들은 흔히 우리 생존을 위협할 위험 상황과 연결되어 있다. 예를 들어 분노는 타인을 위축시킬 수 있고 그렇게 해서 대가가 큰 물리적 충돌을 피하게 해준다 두려움 덕분에 우리는 잠재적 위험을 피할 수 있으며 그러면 우리는 최선의 경우에는 신중해지고, 최악의 경우에는 달아나버린다 슬픔은 우리를 잠시 멈춰 세워서 곰곰이 생각하게 만든다. 반면 이른바 긍정적 감정들은 자원_{식량. 휴식, 놀이나 성관계 같은 유쾌한 교류}을 찾아야 하는 상황과 맞물려 있다. 그러나 유쾌한 건 절대 위험한 것보다 우선시될 수 없는 법. 자연에서는 유쾌함보다 위험을 먼저 처리해야 한다. 그래서 소위 부정적 감정들이 긍정적 감정들보다 명확성, 강도, 분출력, 주의 포착력 면에서 일종의 잠정적 우위를 점하고 있다. 하지만 긍정적 감정이 없으면 우리는 오래 버티지 못한다. 부정적 감정이 지나간 후 우리의 눈을 다시 열어주고, 우리를 다른 사람들과 연결하고, 자원을 발견하고, 해결책을 생각해내는 능력을 다시 일깨워주는 것이 바로 긍정적 감정이기 때문이다. 즉, 긍정적 감정은 우리가 앞으로 나아가는 데 필요한 연료인 셈이다. 따라서 우리에게는 두 가지 모두 필요하다. 부정적 감정은 가족 중에서 문제가 생겼을 때 가장 먼저 반응하고 가장 크게 소리치고 식탁을 엉망으로 만드는 '말만 요란한 사람'과 조금 비슷하다. 긍정적 감정이 없다면 금세 식탁은 지옥으로 변할 테니, 더는 누구도 식사하러 오지 않을 것이다!《정념론》의 결론에서 데카르트는 이렇게 지적한다.

'모든 감정에 대해 잘 알게 된 지금, 우리는 예전보다 감정을 두려워할 이유가 많이 없어졌다. 모든 감정이 본디 좋은 것임을 알고 있고, 감정의 오용이나 과잉만 피하면 된다는 사실을 알게 되었기 때문이다.'

감정에 대해 조금 더 깊이 이해하기 위해 감정을 두 가지 축으로 생각해볼 수 있다. 즉, 유인가_{誘引價, 어떤 사물이나 현상이 지닌 심리적 매력의}

정도라는 축과 강도라는 축 위에서 생각하는 것이다. 이 두 번째 축을 기준으로 분노나 두려움처럼 일단 시작되면 거의 통제할 수 없는 폭발적 감정과 '기분'이나 '정신 상태'라 부를 수 있는 훨씬 강도가 낮은 감정 상태를 구별한다. 이런 저강도 감정은 우리의 정서적 느낌의 핵심을 보여주기 때문에 연구자들은 이를 점점 더 중요시하고 있다. 강한 감정은 물리적, 심리적 측면에서 에너지 소모가 워낙 크기 때문에 매일 여러 차례 이런 감정에 사로잡힐 수는 없는 일이다. 그렇게 되면 우리는 녹초가 되거나 틀림없이 자살하게 될 것이다. 아무나 붙잡고 마지막으로 엄청 화가 나거나 슬프거나 걱정되거나 수치스럽거나 혹은 엄청 행복했던 때를 기억해보라고 하면, 대개 최근에 그랬던 경험을 찾기 어려워한다. 반면 우리 모두 오늘 아침부터 지금까지 약간의 슬픔이나 걱정, 살짝 좋은 기분이나 약간의 기쁨처럼 온건한 감정 상태를 이미 여러 번 경험했을 가능성은 매우 크다.

바로 이 소박한 감정 상태를 알아채는 것이 중요하다. 이런 감정은 훨씬 더 강한 감정을 쉽게 발현시킬 뿐만 아니라 일체의 사고 체계, 세계관의 탄생을 쉽게 하는 일종의 밑거름이 되기 때문에 매우 영향력이 크다. 다른 사람들에 대한 원망이나 짜증의 감정에 항상 사로잡혀 있으면 장차 갖게 될 세계관과 장차 취하게 될 사회적 행동 방식에 영향을 받는다. 그렇기에 우리는 환자들에게 이런 미묘한 이차적인 감정들에 주의를 기울이라고 권장한다. 특히 환자가 재발 예방 단계에 있거나, 마음의 평화와 내면의 균형을 찾는 기술을 학습하는 단계에 있는 경우가 그렇다.

그러면 이런 감정 상태를 알아채려면 어떻게 해야 할까? 관조와 명상이라는 접근 방식으로 다가가면 매우 쉽게 알아챌 수 있지만, 그 밖에도 다른 형태의 자기 단련법을 활용할 수 있다. 가령 일기 쓰기나 인지치료를 하면 된다. 인지치료를 하면 겪는 상황과 느끼는 감정, 그 순간에 드는 생각, 이 모든 연쇄적 인과성의 결과로 나타나는 행동을 상호연결할 수 있다.

-크리스토프

분노, 두려움 참조

감정을 잘 관리하고 싶다면?
크리스토프의 3가지 조언

1

모든 감정을 사랑하자! 우리가 느끼는 감정은 모두 우리의 욕구에 대한 신호다. 긍정적 감정은 우리의 욕구가 충족되었거나 충족되는 중이라는 것을 말한다. 부정적 감정은 충족되지 않았음을 뜻한다. 그러므로 우리 감정에 귀를 기울이고 우리의 기본욕구가 균형을 유지할 수 있도록 가장 적합하게 행동하는 방법이 무엇인지 곰곰이 생각해보자.

2

유쾌한 감정을 가꾸자! 무심결에 하는 행동이나 습관에서 벗어나 이런 감정을 신경 써서 돌보자. 연구 결과에 따르면 불쾌한 감정보다 유쾌한 감정을 하루에 두세 배 더 많이 느끼는 것이 현실적으로 최적의 균형이라고 한다.온종일 좋은 기분으로 있을 수는 없는 법이다.

3

낙심하지 말자! 감정의 균형을 유지하기 위해 노력하는 것은 우리
가 살면서 해야 하는 큰일 중 하나다. 살다 보면 이런 균형이 깨지는
경우가 꾸준히 재발하면서 다시금 터무니없는 분노, 적절치 않은
불안, 과장된 슬픔의 희생자가 된다. 삶이라는 여정은 곳곳에서 일
탈로 장식된다는 사실을 처음부터 고려하고 받아들여야 한다. 이런
이유로 나는 '본성은 쫓아내도 금세 다시 돌아온다'와 같은 속담을
싫어한다. 그 안에는 사람은 절대 변하지 않는다는 의미가 내포되
어 있기 때문이다. 우리는 현재 배우는 중이므로 '재발'하더라도 받
아들일 줄 알아야 한다. 이 길에 지름길은 없다. 하지만 뚜벅뚜벅 계
속 걸어가다 보면 종착점에 도착하게 마련이다.

Empathie ─────

공감

공감에는 두 가지 측면, 즉 감정적 측면과 인지적 측면이 있다. 감정적 공감은 다른 누군가의 감정에 감정적 공명을 일으켜 그 사람의 상황을 이해하는 능력이다. 상대방이 기쁘면 나도 기쁨을 느끼고, 상대가 고통스러워하면 그의 고통에 고통스러워하는 것이다. 이런 감정적 공감은 고통을 비롯하여 다른 사람이 느끼는 감정의 본질과 강도를 우리에게 알려준다.

인지적 공감은 다른 사람과 같은 감정을 느끼지는 않지만, 그 사람의 입장이 되어 생각해보거나 _{기아를 겪거나 감옥에서 고문당하면 어떤 감정} 이 들까? 다른 사람이 느끼는 감정을 상상하는 것이다. 가령 비행기에 탔는데 옆좌석에 항공 여행 공포증이 있는 사람이 앉은 경우, 똑같은 공포심을 느끼지 않으면서도 그의 괴로움을 상상해서 그를 도와줄 수 있다. 따라서 공감 능력이 없으면 다른 사람의 입장을 알고 그가 처한 상황에 발을 담그기가 어렵다. 그러나 공감 능력이 있다고 해서 남에게 좋은 일을 하고 싶은 욕망인 이타심이나 남의 고통을 치유하고 싶은 욕망인 연민으로 반드시 이어지는 것은 아니다.

이처럼 서로 다른 정신 상태를 구별할 줄 아는 것이 자기 자신을 위해 매우 중요하다. 예컨대 내가 공감은 하지만 이것이 이타심이나 연민으로 연결되지 않으면, 나는 공감의 괴로움과 번아웃 상태에 빠질 위험이 있다. 다른 사람들이 처한 상황이 내게 영향을 미

친 것이 공감이라면, 이타적 사랑과 연민은 다른 사람들을 향해
발산하는 것이다. 공감이 감정적 탈진 상태와 낙담으로 이어지지
않으려면, 이타심이라는 방대한 영역 한가운데에 공감이 자리해
야 한다. 그러면 이타적 사랑이 공감의 괴로움을 완화해주는 역할
을 해서, 고통받고 있는 사람들을 도와주고 싶은 욕망과 결심이
생긴다. 이타적 사랑은 우리의 감정적 자원을 고갈하는 대신 우리
에게 단단한 용기를 심어준다.

-마티유

이타심, 연민 참조

Ennui ──────
권태

우리 정신 상태가 늘 뭔가 할 일이 있어야 하고
소일거리가 필요하다면 어떨까? 역경에 맞서 싸워야 자신의 존재
감을 느낀다거나 자신의 존재를 정당화하기 위해 내면이나 외면
에 적이 있어야만 한다면? 우리는 이런 내면의 롤러코스터를 타
지 않아도 설렘을 느끼면서 쉼의 기술, 자기 재창조의 기술, 비투
쟁의 기술에 충분히 발을 들여놓을 수 있지 않을까? 그럼에도 어
떤 날에는 평탄함보다 마음의 동요를 더 좋아하게 되니, 참으로
기묘한 일이다. 권태를 길들이는 일은 만만치 않다. 특히 사방이
초超자극으로 둘러싸인 지금과 같은 시대에는 더욱 그렇다. 하지

만 권태에 대한 취미도 호기심도 없다면, 그 흔한 평범함의 한가운데에서 우리가 미처 알아채지 못하고 지나쳐버린 일상의 기적이 주는 기쁨을 발견하려면 어떻게 해야 할까?

-알렉상드르

Entraînement de l'esprit
마음 수련

우리가 살던 곳을 떠나 다른 곳으로 이사하듯 나는 마음 수행, 명상, 마음 수련은 내면에서 이사하는 것으로부터 출발한다고 생각한다. 즉, 일상적인 동요나 불안으로부터 멀리 떨어져 한 층이나 심지어 몇 층을 내려가서 우리 존재의 심장부에 도달하는 것을 말한다. 간단히 말해 마음 수련은 억압 상태와 조건으로부터 마음을 자유롭게 하고, 흔히 과대망상이나 폭군 기질이 있는 그런 미치광이 같은 자신의 논리를 친절히 파악하려 애쓰는 것이다. 그래야 자신을 확장하고 점차 편견에서 탈피할 수 있다. 그 유명한 자아가 세를 떨치고 있는 우리 존재의 표면은 강한 물욕과 공포, 투영, 뿌리 깊은 불만이 지배한다. 반면 가장 깊은 곳에서는 붓다의 본성과 고요, 평화, 상상을 초월한 자유가 우리를 기다린다.

고행을 시작하면서 자신에게 내려진 진단을 정면으로 바라보는 용기를 발휘하자. 우리를 뒤에서 조종하는 것은 두려움, 콤플렉스, 망상인 경우가 많다는 사실을 인정하자. 한 걸음만 더 나아가면 우리는 꼭두각시나 인형, 풍향계, 더 나아가 이상한 로봇처럼된다. 다행히 수행을 통해 우리는 혼란 속에서도 혼란에 혼란을 더하지 않고 춤추는 법을 배운다. 수행은 고역과 거리가 멀다. 오히려 게임과 비슷하다. 마음의 라디오 방송에서 흘러나온 내면의 수다를 추적하고, 가장 뿌리 깊은 근거 없는 욕망을 응시하고, 우리를 세상과 자유와 단절시키는 환상을 제거하는 역할을 하기 때문이다.

자기 수련으로 달성해야 하는 대업 중 하나는 과거로부터 물려받은 시한폭탄의 뇌관을 제거하는 것이다. 트라우마, 상처, 절대채워지지 않는 기대감, 애정 결핍, 배신감, 실망 등을 없애야 한다는 말이다. 자기 자신 속으로 뛰어들면, 기억 저편으로 잊힌 평범한 무수한 사건, 예전의 보물과 유령을 다시 만날 수 있다. 그러면그런 사건들이 오늘날 우리의 기분과 세상 속 우리의 행동 방식에어떤 영향을, 어떤 은밀한 효과를 주는지 파악할 수 있다. 단지 기억 때문에 다시 생생해진 이런 감정의 물결을 대체 언제까지 얼굴에 드러낼 것인가? 선불교에서는 '큰 죽음'에 대해 이야기할 때 우리에게 새사람이 되어 다시 출발하라고, 완전히 새로 태어나라고권한다. 정신이 늘 되풀이하는 말들을 재미 삼아 찾아볼 수도 있다.

"넌 지금 행복하니 나중에 대가를 치를 거야"

"언제건 넌 반드시 끝장날 거야, 나가떨어질 준비나 해!"

"난 더 필요해, 어서 소비해!"

"먹을 거 줘, 난 먹을 게 없어!"

이토록 많은 유혹이 우리를 현재로부터 떼어놓고, 유혹하고, 싸움을 걸어온다. 수행이란 함정에 빠지지 않고 방향을 잘 유지하는 것이다.

-알렉상드르

변화, 마음, 명상 참조

마음 수련에 임하고 싶다면?
알렉상드르의 2가지 조언

1

마음 수련은 벼락치기 공부가 아니다. 지식을 쌓을 필요가 조금도 없다. 마음 수련은 반사적인 행동, 판에 박은 생각, 방어기제, '자기 환상'으로부터 자유로워지는 것이다. 발전을 향해 진일보하기 위해 소크라테스의 명언을 응용해보면 어떨까? 나는 내가 아무것도 모른 다는 걸 안다, 나는 내가 쉴 줄 모른다는 것을, 용서할 줄 모른다는 것을, 삶을 높이 평가할 줄 모른다는 것을, 한 시간도 걱정 없이 지 낼 줄 모른다는 것을 안다. 이렇게 많은 무지함은 우리를 발전으로 이끄는 법이다.

2

판단하기 전의 상태로 돌아오라. 꽃을 관찰하고, 풍경을 감상하고, 아름다운 얼굴을 보며 경탄하라. 항상 풍부하고 밀도 높은 이런 놀 라운 경험을 숨기지 말라. 이런 경험을 분류하지 말고 이미 겪었던

아는 경험과 비교하지 말라. 삶을 우리 생각의 거푸집에 억지로 집
어넣지 말고 그냥 그대로 우리에게 오도록 하라. 한마디로, 아무것
도 모르는 어린아이와 같은 경이감을 느끼는 능력을 회복하라.

환경

우리가 변화하고 또 세상을 변화시키기 위해서
는 개인적 노력도 중요하지만, 근본적으로 중요한 것은 우리의 환
경이다. 미처 깨닫지는 못해도 우리는 그 안에서 매일 진화하고
있다. 환경은 우리에게 선과 악을 주입하면서 제동을 걸기도 하고
우리를 도와주기도 한다. 가령 나 같은 의사의 입장에서 말하자
면, 환경은 우리 건강에 기여하기도 하고 건강을 해치기도 한다.
이를 가리켜 '환경 의학'이라고 한다. 병든 환경, 오염된 인간 생태
계 안에서는 좋은 건강을 유지할 수 없다. 그 오염원이 물리적인
것 대기오염, 수질오염, 식품오염 이든 인간관계와 관련된 것 다른 사람들과 끊임
없이 비교하고 경쟁하는 것 이든 문화적인 것 이기적이고 물질주의적인 사회 이든
말이다. 반대로, 좋은 환경은 우리의 건강과 안녕에 도움을 준다.
자연과 꾸준히 접촉하기, 우리를 사랑하고 도와줄 친구나 가까운
사람들을 곁에 두기, 연대와 존중이라는 가치를 장려하고 이를 우
리 마음속에 살아 있게 하는 문화에 소속되기. 우리가 아무런 노
력을 하지 않아도 이 모두가 우리의 작은 인격에 도움 된다.

따라서 생태학적 성찰은 자연보호만이 아니라 인간관계와 인간
사회의 보호와도 관련되며, 불신이나 행동과도 관련된다. 간혹 우
리가 알아채지 못하기도 하지만, 이 모든 것은 매우 중요하다. 환
경이 좋으면 유쾌한 감정과 개인적 안정감을 느끼고, 그 결과 세
상과 개방적이고 차분한 관계를 맺으면서 정신이 자유로워진다.

예측할 수 있고, 올바르고, 일관성 있는 세계에 산다는 느낌이 들게 된다. 마치 우리가 전진하기 쉽게 뒤에서 밀어주는 순풍처럼 말이다! 반대로 환경이 해로우면 우리는 스트레스를 받고, 피곤해지며, 경계심을 품은 채 늘 불신의 눈으로 보고, 환경으로부터 자신을 보호하지 않을 수 없게 된다.

생태학 개념 중 내가 특히 좋아하는 부분이 있다. 생태학은 우리가 흙 밖에서 자라는 비물질적인 존재가 아니라는 사실을 상기시켜준다는 점이다. 우리는 우리가 뿌리내리는 흙에서, 즉 우리의 문화, 물리적 환경, 동료들과 맺는 관계 안에서 우리의 양분을 발견하기 때문이다! 도시의 나무는 숲에 사는 나무와 같은 방식으로 자라지 않는다. 그러므로 우리 내면의 균형이라는 생태학에 대해 깊이 생각하고 유리할 수도, 불리할 수도 있는 외부조건들을 규정하는 것이 매우 유용할 수 있다.

-크리스토프

바이오필리아, 생태학 참조

Éphémère ————
덧없음

흔히 우리는 싸움, 전쟁터의 덧없음을 망각하는 경향이 있다. 나는 우리가 일을 망치는 이유는 모든 게 지나간다는 사실을 잊어버리기 때문이라고 생각한다. 우리에게 닥친 불운이나 발작적인 열정, 영혼의 고뇌조차도 시간이 지나면 다 지나간다는 사실 말이다. 끔찍하지만 재앙 같은 시나리오가 맹위를 떨칠 수 있다. 한창 고뇌에 사로잡혀 있는 상태에서는 감정이 우리를 생으로 잡아먹으리라는 생각을 하지 않기가 힘들다. 그러면 그 즉시 마음은 늘 되풀이하는 생각을 품기 시작한다. '난 망함', '내 인생은 끝장났어', '더는 기운 없다', '그건 쓸데없는 싸움이야' 등등. 자제력이 완전히 부족한 상태에 있을 때, 모든 것이 일시적이고 무상하다는 사실을 떠올리면 그냥 마음이 동요하도록 놔두게 되고 아수라장도 있는 그대로 받아들이게 된다.

나는 고뇌로 가득한 삶의 여정을 가는 동안 마티유의 여사친에게 많은 도움을 받았다. 우리 가족이 한국에서 돌아와 한창 이사하느라 분주할 때 내가 너무 걱정을 많이 하자, 그 여사친이 불쑥 던진 말이 있다.

"뭐, 완전 난장판이지만 문제 될 건 없어!"

그때부터 나는 이 말을 내 만트라로 삼고 있다. 혼란 속에서 난기류를 헤쳐 나아갈 때면 나는 모든 게 진짜 난장판이지만 그렇다고 꼭 비극은 아니라고 되뇐다. 거대한 걱정 제조기 같은 우리의 정신은 과장하게끔 되어 있다. 행복에 겨운 낙관주의에 빠지지 않는다면, 고통에는 두 가지 유형 혹은 감히 말하자면 두 가지 계층이 있음을 알 수 있다. 하나는 존재의 비극질병, 지진, 장애, 죽음, 외로움 등이며, 다른 하나는 자아에 의해 날조된 수많은 과장된 감정이다. 다행히 우리는 이런 내면의 괴물을 무찌르고 점진적으로 없애버릴 수 있다. 그럼으로써 우리 안에 살고 있는 재난 예언자 기질에 더는 완전히 속아 넘어가는 일이 없게 된다.

−알렉상드르

무상 참조

Épreuve ──────────
시련

고통은 커지지 않는다. 다만, 우리가 고통을 재료 삼아 만들어내는 것이 커질 뿐이다. 나는 시련을 너무 빨리 정당화하는 말들을 극도로 경계한다. 그런 말은 아픔이 마음을 상하게 하고 죽일 수도 있다는 사실을 망각하고 있기 때문이다. 나에게 신체적 장애는 삶의 짐이 되기는커녕 되레 멋진 수련 기회가 되기도 한다. 내가 장애를 고역으로 여긴다면 나는 즉시 내 머리에 총을 겨누고 방아쇠를 당길지도 모른다. 그보다는 지혜로 이끌어줄 길을 그 안에서 발견하는 편이 더 낫다. 그렇다고 장애라는 재앙을 통째로 받아들여야만 하는 것은 아니다. 어떤 날에는 꼭 그렇게 하지 않아도 장애가 더 즐겁고 자유롭게 사는 기회로 다가오기도 한다. 그러면서 정신 수행 없이는 출발이 나쁘다는 사실을 똑똑하게 깨닫는다. 간단히 말해, 장애는 나를 변화하는 길로 서둘러 내몬다. 그리고 꼬리표나 겉모습을 떠나 마음속 깊은 곳으로 은신하여 매일같이 배움터로 떠나게끔 만든다.

-알렉상드르

Équanimité ───────
초연함

초연함이란 무덤덤한 것이 아니라, 삶이 우리를 흔들어도 평정심을 잃지 않는 능력을 말한다. 여기서 말하는 삶은 일상생활을 뜻한다. 간밤에 잠을 설친 데다 직장 일로 걱정이 많은데 아이들이 싸우고 있다거나, 급한 미팅이 있는데 열차를 놓치거나 하는 경우 말이다. 내가 관심을 가지는 것은 이론적인 거창한 초연함이 아니라 그 누이뻘 되는 실질적인 초연함, 다시 말해 삶이 가하는 자잘한 공격에 분노나 스트레스로 과잉 반응하지 않는 것이다. 이런 초연함은 훈련으로 얻을 수 있다. 나는 이런 경지에 도달한 사람들을 우러러본다.

-크리스토프

초연해지고 싶다면?

크리스토프의 4가지 조언

1

어떻게 초연함의 첫 단추를 끼워야 할까? 매일 명상이나 아침기도를 할 때마다 초연해지겠다는 목표를 세운다.

2

무의식적인 간단한 습관을 만든다. 장애물을 만나면, 항상 호흡을 가다듬으면서 '산다는 게 다 그런 것'이라고 되뇐다.

3

무엇이 됐건 항상 자기가 한 일을 되돌아본다. 짜증이 났다면 짜증 부렸던 일로 돌아와 일일이 뜯어보고 분석한 뒤 다음에 어떻게 할지 상상해본다. 짜증 부리지 않았다면 짜증이 나지 않았던 상황혹은 심지어 평정심을 유지했던 상황으로 돌아와 무엇이 효과적이었는지 파악해본다.

4

너무 간단하다고 생각하는가? 한번 시도해보길 바란다. 그렇게 만
만하지 않다는 걸 금세 깨달을 것이다. 하지만 이렇게 노력하다 보
면 결국 다 된다. 위대한 초연함에 이르는 길이 아무리 멀다고 해도
말이다.

Esprit ──────────

마음

　　　겨울이 오면 혹독한 한파가 호수며 강물을 얼어
붙게 한다. 꽁꽁 얼어붙은 강물은 아주 단단해져서 사람이나 동
물, 수레도 지나다닐 수 있다. 그러다 봄이 오면 얼음이 녹기 시작
한다. 얼음은 단단하고 예리한 반면, 물은 부드럽고 유려하다. 물
과 얼음은 같지도 다르지도 않다. 얼음은 물이 단단한 고체가 된
것이고, 물은 얼음이 녹은 것이다. 마찬가지로 마음도 얼어붙게
되는 경우가 생긴다. 특히 마음이 현실에는 없는 속성친구, 적, 매력, 혐
오스러운 것 등을 현실에 과도하게 강요하여 끌림이나 반감으로 괴로
워하게 될 때가 그렇다. 이럴 때 우리는 마음이 만들어낸 얼음을 명
상으로 녹여 내면의 자유라는 생수로 만들 수 있다.

　우리는 마음이 온통 굳어지는 것 같으면, 다시 말해 어떤 성향이
나 번민의 끝에 도저히 도달할 수 없을 것 같으면 '단단한 돌덩이',
즉 극복할 수 없는 단단한 핵이 존재한다는 생각을 가끔 할 수 있
다. 이런 믿음은 어떤 경험이나 기억, 더 나아가 트라우마와 관련
있다. 그러나 현실에서는 우리 의식의 역동적 흐름 안에서 꿈쩍도
하지 않는 걸림돌은 하나도 없다. 마음의 근본적 본질 안에서 쉬
는 법을 배울수록 심한 불안감이나 증오심, 질투심에 굴복한다는
것은 상상도 할 수 없는 일로 보인다. 깨달음을 얻은 현존의 공간
에서 보면 이런 정신 상태는 너무도 이상해 보인다. 우리 마음속
에 증오를 품는 것은 붓다의 본성이 아니다. 붓다의 본성은 정신

이 만들어낸 장막으로부터 완전히 벗어나 자유로운 것이다. 그렇
다고 해서 우리가 또다시 길을 잃을 위험이 없다는 뜻은 아니다.
우리의 여정은 아직 갈 길이 멀기 때문이다.

―마티유

Esprit de sérieux ————————
근엄한 정신

영적 삶을 우둔함으로, 금단을 비루한 금욕주의
로 연결하다니 대체 얼마나 고약한 오해란 말인가! 스피노자는
《윤리학》에서 우리를 자유롭게 하는 동력을 기쁨에서 찾는다. 자
유를 향한 출발은 '우리를 진정 기쁘게 하는 것은 무엇인가?'를 자
문하는 데서 시작한다. 우리의 행복을 완전히 임의적인 외부요인
에 결부시키는 것은 조울증에 걸려 어디로 튈지 모르는 사악한 딜
러한테서 쾌락과 기쁨을 사는 것과 같다. 대체 우리는 아침부터
저녁까지 무엇을 하느라 분주한 것인가? 무엇이 우리 눈에는 심
각해 보이는가?

근엄한 정신을 버린다는 건 작은 나와 작은 내가 벌이는 사이코
드라마를 비웃으면서 삶을 근엄한 것으로 받아들이기 시작한다
는 뜻이다. 유머와 조롱 사이에는 이 둘을 구분하는 깊은 수렁이
존재하는 것처럼 큰 차이가 있다. 우리가 연기하고 있는 '나'라는
인물을 비웃는 행위는 자기 멸시로 가는 왕도 중 하나다.

초감 트룽파가 《마음공부에 관하여》에서 다음과 같은 핵심을 우리에게 상기시키는 것은 백번 옳은 일이다.

'유머 감각은 한낱 익살스러운 농담이나 말장난을 하거나 일부러 재미있으려 애쓰는 것이 아니다. 양극단을 나란히 놓고 근본적인 아이러니를 간파해서 이런 극단적인 것들을 더는 근엄하게 받아들일 수 없도록 만들고, 이들이 만들어내는 두려움과 희망의 게임에 근엄하게 임하지 않도록 만드는 것이 바로 유머 감각이다.'

지나가는 번민과 다가오는 분노에 흥분하지 않는 위대한 도전으로 슬픈 열정이 작동하지 못하게 하자!

-알렉상드르

Éthique ───────
윤리

삶은 매일 우리에게 선택을 요구한다. 그리고 그 선택은 간혹 비극적일 때도 있다. 무엇에, 누구에게 귀를 기울여야 하나? 어디로 가야 하나? 무엇을 해야 하나? 대략 말하자면, 윤리란 사람들이 잘 성장하고, 함께 완생을 향해 발전하고, 마음속에 품은 모든 자원을 잘 꽃피우게 하는 것이다. 윤리는 하나의 삶의 기술, 고행 속에서 우리를 행복한 삶으로 인도하는 마음 수련으로 표현된다. 덕을 실천하기 위해 노력하고 그 길을 떠나는 것은 아리스토텔레스가 그랬듯 행복, 즉 최고의 선이 우리가 하는 모든 행동의 목적이라고 믿기 때문이다. 내가 작은 오두막에 깊숙이 혼자 처박혀 살지 않고 사회 속에서 산다면, 그 이유는 우리 모두 함께라면 나 혼자서는 이룰 수 없는 기쁨, 평화, 위대함에 도달할 수 있다는 생각을 내가 하기 때문이다. 도덕을 오로지 속박이며 우리를 골탕 먹일 명령들을 집대성해놓은 것으로만 본다면, 이는 우리가 무질서 상태에서는 살 수 없다는 사실을 망각하는 것이다. 여기서 수많은 질문이 생겨난다. 나를 다른 사람들과 가까워지게 이끄는 것은 무엇인가? 나는 왜 나와 비슷한 동족들과 함께 사는가? 외로움에 대한 두려움, 공포 때문인가? 아니면 호기심이나 사랑, 헌신 때문인가? 프로이트가 보여주었듯, 함께 살려면 충동을 희생해야 한다. 나는 이웃이 내 코앞에서 문을 닫았다고 그의 목을 조를 수도 없으며, 동네 서점을 털 수도 없고, 길모퉁이 빵집을 약탈할 수도 없다. 지켜야 할 법과 수칙이 있기 때문이다.

하지만 윤리와 도덕을 단순히 외부의 규칙에 따르는 것으로만 치부할 수는 없다. 윤리와 도덕은 그 뿌리를, 그 기원을 내심의 한가운데에서 찾아야 한다. 여기서 칸트와 그의 의무론적 윤리학을 떠올릴 수 있다. 그의 유명한 정언명령 '너의 행동이 보편적인 법칙이 될 수 있게 행동하라'는 잘 알려져 있다. 그런데 특수한 경우에는 어떻게 해야 할까? 가령 거짓말을 해서는 안 된다고 하자. 그런데 제2차 세계대전 중 내가 유대인을 숨겨줬는데 독일 게슈타포가 내게 유대인 도망자들을 숨겼냐고 묻는다면 어떻게 하는 것이 올바른 행동일까? 우리가 생각하는 것보다 훨씬 복잡한 칸트의 학설을 굳이 분석하지 않더라도, 달라이 라마의 말처럼 우리를 삶과 동떨어지게 해서 기계나 로봇으로 만들어버릴 수 있는 고정불변의 규칙은 없다는 사실을 우리는 알 수 있다.

칸트의 윤리 개념이 있다면 그 옆으로 나란히 결과주의에 입각한 선택도 있다. 결과주의를 요약해서 설명하자면, 무언가를 선택할 때 최선의 결과를 가져오는 해결책이 올바른 것이라는 이론이다. 물론, 여기서 관건은 무엇이 최선인지 결정하는 기준이다. 어떻게 해야 속물적인 계산에 빠지지 않을 수 있을까? 영국의 철학자 필리파 풋Philippa Foot이 1960년대에 제안한 다음의 이 유명한 사례는 나중에 그녀의 동료 주디스 자비스 톰슨Judit Jarvis Thomson에 의해 다시 한번 소개된다.

고속으로 달리는 기차가 있다. 그런데 기차가 달려오는 철로 위에 불행히도 구경꾼 다섯 명이 모여 있다. 이들 모두를 구할 방법은 한 가지다. 멀지 않은 곳에 다리가 하나 있는데 그 다리 위에 덩치가 큰 남성 한 명이 있다. 안타깝지만 이 건장한 남성을 다리에서 밀어 떨어뜨리면 선로변경 레버를 작동시킬 수 있다. 그러면 무서운 속도로 달려오는 기차의 진행 방향을 바꾸게 되어 완전히 무고한 다섯 명의 목숨을 구할 수 있다. 물론, 그 선량한 남성이 목숨을 잃는다는 부작용이 있다. 그렇다면 어떻게 선택해야 할까? 어떤 해결책으로 마음이 기울어야 할까? 이 불운한 남성을 희생해서 다섯 명의 목숨을 살릴 것이냐, 아니면 칸트의 논리대로 누가 되건 절대로 수단으로 삼지 않을 것이냐? 이런 예를 보면, 순전히 이성적으로 계산한다고 해서 항상 해결책이 나오는 것은 아님을 알 수 있다. 게다가 어떤 것이 과연 이상적인 해결책이 되겠는가?

칸트주의와 결과주의 사이에서 결단을 내리지 않은 채, 우리는 편협한 시각을 기꺼이 버리는 것이 윤리와 도덕이 요구하는 기본 중 하나라는 것을 알 수 있다. 우리는 자신의 세계관을 고수하는 진짜 보수주의자가 되어 그 세계관을 강요하며 캠페인을 벌이고 우리의 평가 시스템을 따르는 새로운 신도가 될 수 있다. 하지만 이처럼 우리의 판단을 광적으로 절대화하는 것과 경솔한 상대주의 사이에는 자유와 자비, 연민의 자리도 있다고 확신하자.

니체는《차라투스트라는 이렇게 말했다》에서 가치와 도덕적 판단, 선악과 관련해서 세 가지 변신에 대해 말한다. 먼저, 낙타! 짐을 나르는 이 동물은 늘 순종하면서 짐을 잔뜩 진다. 말하자면 스스로 과제를 부과하고 다른 과제를 또 요구하는 것 같다. 다음은 사자. 사자는 포효하며 반항하고 들고 일어나 계명을 깨뜨린다. 니체의 비유에 마지막으로 등장하는 것은 어린아이. 어린아이는 세상을 놀이로 삼으면서 생성의 순수성을 회복하고 새로운 가치를 창조한다. 우리가 잘못된 죄의식과 이상, 냉혹한 판단으로 마비될 수 있을 때 우리 시야를 밝혀주는 것이 바로 이 생성의 순수성이다. 인간의 자유는 우리 행동을 모형과 도식으로 축소하려는 시도들 사이에 슬그머니 끼어든다. 잘 행동하기 위한 절대 매뉴얼이란 없다. 우리는 늘 내면의 가장 깊은 곳으로 내려가 우리 내면의 나침반이 가리키는 방향을 보도록 초대받는다. 아침, 점심, 저녁으로 우리는 어디에 귀를 기울이는가? 외부에서 들여온 명령에 귀 기울이는가? 아니면 상처받은 자아의 목소리에 귀 기울이는

가? 윤리적 도전에 뛰어든다는 것, 용감히 자유의 길을 간다는 것은 어떤 '나'의 부름에 불복하고 내면의 나침반을 따른다는 뜻 아닐까? 자기 자신에게만 매몰되지 않고 타인을 위한 자리를 넉넉히 마련해둔 내면의 나침반 말이다.

-알렉상드르

도덕 참조

대표적인 윤리적 질문을 스스로 던지자
알렉상드르의 조언

'좋은 삶이란 무엇인가?'

'우리는 마음속 가장 깊은 곳에서 무엇을 갈망하는가?'

'우리는 왜 스토아학파의 수련 방식에 전념해서 자신이 임종을 맞이하는 상상을 하지 않는가?'

'우리 삶에서 정말로 가치 있는 것은 무엇인가?'

'어떤 행동, 어떤 활동이 있는 그대로의 우리 모습 그 진수를 보여주는가?'

Étiquettes
꼬리표

　　나 스스로 자신을 하나의 꼬리표로 축소할수록 내 고통은 커진다. 마이스터 에크하르트Meister Eckhart는 그의 글을 읽는 독자에게 자기 자신한테서 벗어나라고 끊임없이 권유한다. 같은 맥락으로 나는 하루에도 수없이 내가 '늘 불안에 떠는 사람'도, '불같이 화내는 사람'도, '철학자'나 '장애인'도 아니라는 경험을 할 수 있다. 고행이란 지금 여기서 죽고 다시 태어나기 위해, 우리가 스스로 자신을 축소해서 얻은 자신의 모든 정체성을 버리는 것이다. 매 순간, 우리를 물질에 옭아매는 이런 고착된 정신에서 멀어지는 것이야말로 커다란 도전이다.

-알렉상드르

고행 참조

Fatalisme ————————
운명론

　　병원에서 만난 한 남자가 내게 기운을 불어넣는
교훈을 준다. 암 환자인 그는 정맥 내 투여기를 달고 돌아다닌다.
담배 한 모금 깊이 빨면서 그가 내게 한마디 툭 던진다.
　"아시겠지만 다른 방도가 없잖아요."
　이런 타고난 비관주의를, 기권을 선포하는 이런 운명론을 거역
하려면 어떻게 해야 할까? 그런 다음 우리를 지배하는 욕망과 식
욕 속으로 한 줄기 자유가 들어오게 하려면 어떻게 해야 할까? 참
으로 즐겁고 멋진 도전이다!

－알렉상드르

Fatigue

피로

몸 컨디션이 좋으면 지혜로워지기가 더 쉽다. 몸이 편안하면 지혜를 여는 데 도움 된다. 그래서 자기 몸을 이해하고 존중하며 사랑하는 법을 가르쳐주는 마음챙김 명상이 도움 된다. 우리의 특정한 능력_{결단, 인내, 끈기, 충동 등}에 혈당수치 같은 세세한 사항이 중요한 이유이기도 하다. 재능 많은 사람은 물질적 조건이 최악이어도 현명할 수 있지만, 나처럼 재능이 적은 사람은 육체적 평화가 다소 필요하다. 또는 어떤 순간, 예컨대 결핍 혹은 고통 또는 질병과 마주한 순간에는 자기 몸이 자신의 지혜를 증폭시키지 않고 방해한다는 사실도 알아둬야 한다.

-크리스토프

Faux biens

거짓 선

고대 철학자들은 우리를 계속 만족시키지 못하는 모든 걸 가리켜 거짓 선이라고 했다. 인정, 영광, 허영심, 구속 없는 쾌락, 부 등이 여기에 속한다. 여기서 지혜를 발견하기란 불가능하다.

-알렉상드르

Femme sage

지혜로운 여성

  세상을 바꾸고 더 똑똑하게 만들려면 올바른 시선을 가져야 한다. 이제는 남성들에게서만 지혜를 구하지 말자. 수염을 기른 나이 지긋한 노신사가 아무리 믿음직스럽고 호감이 갈지라도 말이다! 지혜 입문서 역할을 하는 이 책에 '지혜로운 여성'이라는 항목을 두는 건 어떤 의미가 있을까? 이런 단순한 접근 방식 자체가 문제인 것은 아닐까? 무엇보다도 여기에는 '지혜로운 남성'이라는 항목은 없다. 하지만 내가 이 책을 준비하면서 깨달은 바가 있다. 분명 세상에는 지혜로운 여성들이 존재했건만 이들 대부분은 남성들이 기록한 역사에서 지워졌다는 사실 말이다. 고대 그리스의 여성 철학자 디오티마Diotima 나 현대 프랑스의 여성 철학자 시몬 베이유Simone Weil 는 인류의 기억 속에 남아 있다. 하지만 이들처럼 지혜와 인류애의 대가이자 스승이었으나 우리 뇌리에서 잊힌 여성이 얼마나 많을까? 우리가 기억하는 유일한 여성들의 활동 영역은 그들에게만 문이 열려 있어서 기꺼이 그들을 받아들였던 종교계에만 한정된 경우가 많다. 가령 수도원에서 수녀로 생활한 힐데가르트 본 빙엔Hildegarde von Bingen, 아빌라의 데레사Theresa de Avila, 리지외의 데레사Therese de Lisieux가 대표적이다. 수많은 지혜로운 여성을 투명 인간화, 그리고 때로는 악마화하는 행동을 고치는 것이 바로 우리 시대에 주어진 임무다. 과학계나 예술계에서 활동했던 여성들, 가령 당대의 위인들에게 영감을 준 신탁을 전달했던 무녀들, 의학 지식을 지니고 있으면서도 남성의 권력에 위협이 된다는 이유로 박해받던 마녀들이 그 희생자들이었다. 산파^{프랑스어로 산파sage-femme는 sage 지혜로운-femme 여성으로 불린다. 지혜로운 여성은 'femme sage'라고 표현한다} 라는 인물상이 대변하듯, 우리가 여성에게 부여하는 유일한 지혜는 출산 능력, 즉 모성애와 보살핌이 전부다. 이는 예나 지금이나 크게 다르지 않다. 그러므로 세상을 바꾸고 더 똑똑하게 만들기 위해 우리 모두 올바른 시선을 갖도록 하자.

-크리스토프

Folie ───────
광기

정신의학과 의사라는 아름다운 일을 한 지 어언 40년. 나는 한 번도 미친 환자를 만난 적이 없다. 단지 고통스러워하는 사람들을 만났을 뿐이다. 이들은 고통이 심한 탓에 자기 자신과 주변 사람들에게 이로운 것과는 정반대로 행동한다. 고통은 이들을 지혜와 멀어지게 한다. 왜냐하면 고통은 이들을 움츠러들게 해서 자기 자신, 즉 잘 지내지 못하는 자신한테 집중하게 만들기 때문이다. 또한 고통은 이들을 온전한 정신 상태에서 멀어지게 하고, 마음의 문을 닫고, 타인의 말에 귀를 닫게 한다. 우리는 편안하게 긴장을 풀고, 웃고, '미친 짓을 해도' 된다. 그런다고 해서 지혜로워 보이는 데 방해되는 것도 아니기 때문이다.

-크리스토프

Force ———
힘

마음의 평화를 향해 밀리미터만큼 조금씩 인도하는 혼란스러운 오솔길 위에서 나는 여전히 앞으로 나가지 못하고 제자리걸음이다. 그 와중에 에티 힐레숨Etty Hillesum은 내게 든든한 정신적 지주가 되어준다. 강제수용소에서 죽임을 당할 것이 확실한 상황. 그럼에도 그녀는 어떤 상황에서든 내면의 자유를 발견하고 "난 감당해낼 힘이 있어" 하며 신념을 굳건히 다진다. 이렇게 말하는 것은 맹목적인 낙관주의도, 쿠에Coue의 자기암시요법도 아니다. 이것은 가장 큰 고통 속에 있다 하더라도 마음속 깊은 곳에는 절대적으로 무엇 하나 망가뜨리거나 훼손할 수 없는 온전한 부분이 존재한다는 확신이다. 하지만 인간의 삶이라는 모험과 그 파란만장함의 한가운데서 이 신비를 잊지 않으려면 어떻게 해야 할까?

-알렉상드르

힐레숨 참조

Fragilité ──────
연약함

　나는 모든 것이 부서지기 쉬울 만큼 연약하다는 사실을 확인할 때마다 일종의 해방감을 느낀다. 마침내 기쁜 마음으로 안정과 견고함을 포기하고 무상의 바다에서 헤엄치는 법을 배울 수 있기 때문이다.

-알렉상드르

G

Gentillesse ─────────

친절

　　　사람들은 친절한 모습을 보고 약하다고 생각하는 경향이 있다. 하지만 나는 오히려 교만함과 공격성에서 약한 모습의 기미를 보곤 한다. 친절한 사람이 아니라 공격적이고 악랄하며 교만한 사람을 사회적으로 약자라고 부르는 날이 온다면, 그 사회는 진정으로 발전한 사회가 될 것이다! 불행하게도 친절하면 위험에 처한다는 개인 신조를 지닌 기업문화와 가족문화가 있다. 의대 교수로 일하는 한 친구는 '상어 떼와 함께 헤엄치면 절대 피 흘리지 말라'를 좌우명으로 삼는다. 그는 내가 친절한 이유는 대학교수 자리를 포기한 탓에 누구와도 경쟁하지 않았기 때문이라고 본다. 그는 자신에게 주어진 책임을 고려하면 이는 불가능한 일이라고 생각한다. 어쩌면 그의 생각이 옳았을지 모른다. 친절하기가 퍽 쉽지 않은 환경이 있다는 것은 사실이니까.

친절하면 약하다는 오해에 대해 생각하니, 토마 당상부르Thomas d'Ansembourg의 책《친절은 넣어둬, 마음은 다를 테니까》가 떠오른다. 물론 좋은 책이고, 저자는 내가 좋아하는 인물이다. 이 책은 세상을 바꾸는 방법이 친절만이 아님을 깨닫고 싶은 사람들의 요구에 잘 부응한다. 하지만 이 책은 내게 커다란 문제를 안겼다. 왜였을까? 이 책은 어떻게 보면 친절을 끌어내리고 그 자리에 친절해야 할 의무가 면제된 일종의 진술함을 채워 넣으라고 장려하기 때문이다. 내성적이거나 사회공포증이 있는 환자들은 자신이 너무 친절해서 '당하는 것'처럼 느끼고 고통스러워한다. 그래서 유일한 해결책은 덜 친절해지는 것이라 믿는다. 나는 이런 환자들에게 이것은 1차원적인 문제가 아니라고 설명한다. 친절이 과하면 자동으로 힘을 잃는다고 생각하는 것은 잘못이다. 달리 말하자면, 우리는 2차원적으로, 즉 친절과 힘 양쪽 측면에서 동시에 높은 수준을 충분히 유지할 수 있다는 말이다! 특히 조금이라도 친절을 덜어낼 것이 아니라 단호함을 기르도록 노력해야 한다.

-크리스토프

치유와 내려놓기

치유란 병이 사라지는 것을 말한다. 때로는 시간이 지나면서 치유되기도 하지만, 치료로 치유되는 경우가 더 많다. 정신질환의 경우, 거의 항상 여기에 환자의 노력도 추가되어야 한다. 간혹 병에 익숙해지면 이런 노력을 하기 어려워진다. 미지의 세계로 떨어지는 느낌이 들기 때문이다. 가령 불안증을 앓는 경우, 어떤 순간 번민에서 벗어나려면 신뢰에 입각한 행동에 해당하는 무언가가 필요하다. 내가 사람을 피폐하게 하는 두려움에 고통받고 있다면, 치료사가 하는 말당신의 두려움에 정면으로 맞서세요 또는 티베트 스승이 하는 말당신의 두려움은 아무런 고유한 존재도 가지고 있지 않아요을 신뢰하기가 힘들다는 뜻이다! 그래도 해야 한다. 끝까지 가서 그들의 조언을 실천하려 노력해야 한다. 그 길은 과학으로 증명된 길이며 스승이 경험을 통해 깨달은 길이기 때문이다. 늘 불안에 떠는 사람이 더는 자기 생각만 따르지 않고 자신이 옳다거나, 자신이 위험하다거나, 자녀들이 위험하다고 생각하지 않는다. 그 외 다른 두려움을 철석같이 믿지 않는 순간, 이 찰나의 순간이 결정적이다. 그 순간, 상황이 요동치면서 그는 생각한다.

'어쩌면 내가 틀렸는지도 몰라. 내가 졌어. 내가 두려움에 눈이 멀고 두려움의 노예가 되었던 거야. 그 모든 게 아무 소용도 없네. 그러니까 노력해보는 게 낫겠다. 부정적인 확신은 버리고 허공 속으로 뛰어들어야지. 스승이나 치료사가 내미는 손을 잡고, 그들의 조언에 귀 기울이고, 그들의 치료법을 실천하는 거야.'

라틴어로 'Fides'는 '신뢰'와 '믿음'을 동시에 의미한다. 분명 그래서 많은 불안증 환자의 경우, 치료해주는 사람이 가르쳐주거나 안심시키거나 더 나아가 동행해주지 않으면 난관을 극복하기 힘들어하는 것이다. 그들은 온정신을 다해 되된다.

'안 돼! 위험해! 위험을 감수하지 마! 그쪽으로 가지 마!'

모름지기 충고는 신뢰하는 사람이 해줄 때만 효과가 있다. 그래서 우리를 한 번도 만난 적 없는 사람들이 먼 곳에서 우리 책과 우리 목소리를 통해 도움받는 모습을 보면 그렇게 감동적일 수가 없다. 이는 우리 글이 의미가 있고 유용하기 때문만이 아니라 그들이 우리를 신뢰하고 있기 때문이라는 뜻이기도 하니까.

-크리스토프

Grande santé ————

위대한 건강

장애를 짊어지고 살려면, 혹은 만성적인 병이나 정신질환, 노력해도 소용없는 상처를 상대하려면 확실히 삶의 기술과 튼튼한 사람이 되는 기술이 요구된다. 정진하는 사람에게는 아마 위대한 건강이라는 개념이 도움 될 것이다. 니체는《즐거운 지식》에서 절대로 고정되지 않는 이런 인식을, 삶의 부침을 아우르는 이런 능력을 언급한다. 간혹 병원 문을 나서는데 내 건강 상태가 더 좋아질 방법이 전혀 없을 때면, 나는 도전이 시작되는 지점이 정확히 여기라고 속으로 생각한다. 좋은 건강은 많은 사람을 소외시킨다. 무기력함 앞에서 완전히 침몰하지 않으려면 역동적인 삶을 사는 것이 대단히 중요하다. 무엇을 실행할 수 있을까? 지금 여기서 어떤 행동을 해야 악이 승리하지 않고 계속 삶이 한층 더 활발히 돌아갈 수 있을까? 매일 가장 먼저 내 뇌리에 꽂히는 것은 '지긋지긋하다'라는 숨 막히는 생각이다. 나는 이런 만성피로 상태가 지겹다. 반드시 해결될 것 같지 않은 난관들, 나를 움츠러들게 만드는 조롱들 등등 모두 지긋지긋하다. 어쩌면 이런 혼란 속에서도 작은 틈새로 자유가 끼어들 수 있을까? 우선, 심하게 과장하지 말고, 지긋지긋하게 여기는 마음을 지긋지긋해하지 말아야 한다. 그래야 순간순간 올바르게 행동하고 기쁘게 지내도록 해주는 삶의 기술을 체험할 수 있다.

이뿐만 아니라, 평생 병을 안고 살았던 니체는 '위대한 건강'을 위해서는 우리가 사는 곳과 기후가 매우 중요하다는 사실을 가르쳐준다. 또 '엉덩이가 무거운 사람'이 되지 않도록 조심해야 한다고도 경고한다. 그의 말에 따르면, 이는 우리를 편견으로 기울게 만들어 정신에 대해 진정으로 죄짓게 하는 일이다. 나는 니체가 되도록 한자리에 앉아 있지 말고, 야외에서 생각을 키우고, 삶을 순환시키라고 하는 대목이 좋다. 그는 음식과 기후, 사는 곳뿐만 아니라 기분 전환하는 방법도 아주 중요하다고 보았다. 우리는 늘 불안감을 안고 살지만, 그것은 어쩌면 없애기 가장 좋은 부분인지도 모른다. 우리는 몸이기도 하며 생리학의 대상이자 근육, 신경, 열정, 욕망이기도 하다. 자신은 환경과 따로 떨어져 있다 믿고 자연의 곁을 떠나면 벽에 부딪힐 것이 확실하다.

-알렉상드르

혼돈, 니체 참조

210

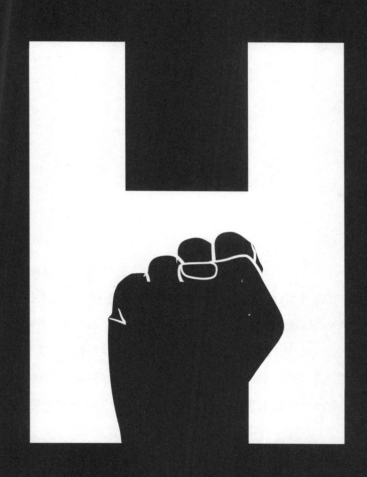

Haine ————————
증오

　　누군가의 마음에 증오의 불이 붙었을 때, 그런 마음 앞에서 성난 미치광이를 대하는 의사 같은 태도를 보이는 것이 바로 연민이다. 먼저, 그 사람이 누구든 해치지 못하게 막아야 한다. 의사가 미친 환자의 머리를 망치로 박살 내지 않으면서 그의 정신을 갉아먹는 병을 치료하려 애쓰듯, 폭력이나 증오에 빠지지 않으면서도 문제를 해결할 모든 방법을 고려해야 한다. 증오에 증오로 응수한다면 문제는 절대 끝나지 않는다.

-마티유

Hillesum Etty ──────────
힐레숨

1943년 나치에 의해 아우슈비츠에서 살해된 이 비범한 젊은 여성은 강제수용소에서 쓴 일기를 남겼다. 이 일기에서는 가장 큰 시련 속에서 꽃피는 가장 위대한 지혜란 어떤 것인지 보여준다. 그것은 바로 인류에 대한 변함없는 친절과 일상 속의 용기다. 세상에는 힐레숨처럼 뛰어난 지혜를 지닌 사람들이 있다. 그렇다고 의기소침해질 필요는 없다. 우리도 멀리서나마 최선을 다해 그들을 따라가고, 그들이 우리보다 훨씬 앞서서 다져놓은 길로 계속 나아가면 된다. 힐레숨은 일기장에 다음과 같이 적었다.

'내 마음속에는 아주 깊은 우물이 하나 있다. 그 우물 안에는 하느님이 계신다. 가끔 나는 그분을 만나는데, 대개 그분은 돌과 모래에 덮여 계신다. 하느님이 땅속에 묻혀 계시는 것이다. 그러니 다시 땅 밖으로 꺼내드려야 한다.'

여기서 하느님을 지혜로 바꾸어보자. 이번에도 역시 끊임없는 장애물 제거 작업을 해야 한다.

힐레숨은 전염과 모범에 관해서도 이야기한다.

'우리의 유일한 도덕적 의무는 우리 마음속에서 평화라는 넓은 공터를 개척하고 차츰 넓혀나가서 이 평화를 다른 사람들에게까지 전파하는 것이다. 사람들 마음 안에 평화가 많이 자리 잡을수록 흥분으로 들끓는 이 세상에도 평화가 많아질 것이다.'

어떤 이들은 힐레숨이 생각으로라도 나치의 잔학 행위에 격노하지 않은 것을 두고 그저 신비한 사람이거나 거의 미쳤다고 생각했다. 하지만 그녀는 일부러 다른 길을 선택한 것이다. 누가 감히 그녀를 판단할 수 있으랴?

-크리스토프

Humilité ─────
겸손

겸손은 해방의 한 양상이다. 겸손 덕분에 우리는 자신의 연약함과 모자람을 받아들이고 더는 그런 모습을 다른 사람들에게 숨기고 싶어 하지 않는다. 겸손은 우리가 교묘한 속임수를 부리거나 사회적 판단에 집착하지 않게 만든다. 자신의 한계를 감추거나 부각하려고 거짓 겸손인 경우처럼 애쓸 필요가 없기 때문이다. 우리 친구 앙드레 콩트-스퐁빌André Comte-Sponville은 겸손을 멋지게 정의한다.

'겸손한 사람은 자신이 남보다 못하다고 생각하지는 않지만, 더는 자신이 낫다고 생각하지 않는다.'

겸손은 우리가 경쟁적으로 자아를 추구하거나 자신을 격상시키는 노력을 포기하게 한다. 세상에는 우리가 아는 것보다 모르는 게 더 많다는 사실을 잘 알고 있기 때문이다. 특히 우리는 이미 아는 것보다는 앞으로 배우고 발견할 것들에 더 관심이 있기 때문이다.

그다음으로, 겸손은 물질주의에 대해서도 강점을 지니고 있다. 물질주의 입장에서는 우리 스스로 완벽하다고 _{당신은 멋져요! 그냥 당신 모습 그대로 사세요!}, 모든 것에 대한 해답이 있으며 크게 노력하지 않아도 모두 쉬운 해결책을 찾을 수 있다고 _{사고 싶은 것이 있으면 신용카드로 사세요! 당분을 실컷 먹고 싶은데 당뇨병이 있다고요? 그럼 혈당을 떨어뜨리는 약을 먹고 계속 당분을 섭취하세요. 자기 기분을 좋게 한다고 무슨 문제 있나요!} 믿게 만드는 것이 전적으로 유리하다. '나는 내가 욕망하는 것 _{실제로는 사람들에 의해 우리가 욕망하게 된 것}을 하니까 자유롭다'고 생각하게 만드는 이런 사이렌의 유혹에 귀를 기울이면, 우리는 금세 쇠사슬에 옭매인다. 바로 이 싸움에서도 겸손은 우리의 든든한 아군이 되어준다. 그 덕분에 우리는 '아니, 난 멋진 사람도, 독보적인 사람도 아니야. 그저 다른 사람들처럼 평범하고 연약하고 호락호락한 사람일 뿐이야'라고 생각하게 된다. 그리고 '아침에 두 눈 크게 부릅뜨고 조심하는 게 좋아. 특히 광고나 중독성 있는 상품을 파는 사람들의 감언이설을 경계하는 것이 좋아'라는 생각을 하게 된다.

-크리스토프

Idéal ─────────

이상

　　이상이란 사람을 주눅 들게 하는 거창한 목표다.
이상은 반드시 이루어야 할 필요도, 그럴 가능성도 없다. 이상은
개인의 발전에 동기를 부여하는 원천으로 남아 있으면 유익하다.
하지만 자신이나 ^{불안증 환자의 경우} 다른 사람을 ^{광신도의 경우} 평가절하
하고 학대하는 평계가 되는 순간, 독이 된다. 우리 중 많은 사람에
게 지혜란 일상의 현실이기보다 이상에 가깝다. 하지만 지혜라는
이상은 우리가 자신의 손이 닿는 곳에 있는 목표를 향해 전진하도
록 도와준다. 가능한 한 지혜로울 수 있도록 매일 노력한다는 목
표 말이다.

-크리스토프

Imparfait ————

불완전

       누가 사랑받으려면 완벽해야 한다고 했는가? 성장은 연약한 가운데서 이루어지는 것이다. 나는 항상 스스로 평가하지 않으면서 매일매일 죽고 모든 것을 포기해야 완벽하게 다시 태어날 수 있다. 매일 힘겹게 살아가는 사람은 약점, 피로, 질병, 장애 같은 세상의 결점이 기쁨을 누릴 자격을 박탈하지 않는다는 사실을 깨달으며 힘을 얻는다. 수련이란 고착되지 않는 대담한 모습을 꾸준히 보이는 것이다. 모든 것은 하루살이 같아서 일시적이고 덧없다. 심지어 불안조차도 그렇다. 정곡을 찌르는 스피노자의 지적은 내게 강령과 같은 역할을 한다.

'올바르게 행동하고 기쁘게 지내라.'

-알렉상드르

Impatience ————

초조함

       부지런함은 노력이라는 모습으로 표현된 기쁨이라고 정의할 수 있다. 따라서 이런 부지런함을 조급함, 초조함, 변덕과 혼동해서는 안 된다. 이와 관련해서 전해 내려오는 이야기가 하나 있다. 선불교 스승에게 제자가 물었다.

"제가 사토리Satori, 깨달음에 도달하려면 시간이 얼마나 걸리겠습니까?"

스승이 대답했다.

"30년."

제자가 조르듯 다시 물었다.

"제가 좀 급하다면요?"

스승이 답했다.

"그런 경우에는 50년이니라."

-마티유

Impermanence ─────────
무상

만물은 무상하다. 우주 만물 가운데 한순간이라도 똑같이 유지되는 건 아무것도 없다. 붓다의 가르침 중 만물의 무상함을 일깨워주는 가르침은 숲속에 남아 있는 코끼리의 발자국에 비유된다. 모든 발자국 중에서 제일 큰 것이니, 가장 큰 가르침이라는 뜻이다. 사실, 우리를 마음 수행으로 가장 강하게 이끄는 성찰은 죽음과 무상에 관한 성찰이다. 우리는 죽음과 무상을 성찰함으로써 삶을 통속적으로 낭비하는 대신 삶의 정수를 도출한다.

딜고 키엔체 린포체 역시 20세기 초의 어느 현자 이야기를 들려준다. 요가와 명상으로 수행하던 그 현자는 아주 가깝게 지내던 아푸라는 여성과 혼인했다. 그는 간혹 "아푸가 죽으면 나도 머잖아 세상을 뜰 것이다"라고 말했다. 어느 날, 그가 자리를 비운 사이 아푸가 세상을 떠났다. 하지만 그가 돌아와도 제자들은 감히 그 소식을 전하지 못했다. 마침내 그들이 가까스로 용기를 내어 스승에게 말했다.

"매우 나쁜 소식을 알려드리게 되었습니다. 아푸 사모님이 돌아가셨습니다."

그러자 스승은 동정 어린 눈으로 그들을 잠시 바라보더니 말했다.

"왜 그리 비탄에 잠겨 있느냐? 인간 삶의 덧없음과 무상함을 그렇게 가르쳤건만 이해하지 못했더냐?"

현실을 온전히 인식하는 것이 실제로 그 무엇이 일어났을 때 충격에 빠지지 않는 최선책이다.

어떤 개체가 다음 순간에도 같은 모습으로 남아 있는 경우가 생긴다면, 이것은 그 개체가 무상을 초월했다는 뜻이 된다. 이런 경우, 그 개체는 그 상태로 영원히 고정된다. 현실을 왜곡하면, 다시 말해 우리 자신이나 우리와 가까운 사람들, 우리 소유물이 변함없이 존속할 것이라는 생각, 이들이 정말로 '우리 것'이라는 생각에 집착하면 고통의 원인을 키우게 된다. 그러면 결국 우리가 우리 소유물과 우리 인생을 포기하지 않으려 해도, 우리 소유물과 우리 인생이 우리를 버리게 될 것이다!

―마티유

불확실성

인간의 뇌는 불확실성을 싫어한다. 다음 날 무슨 일이 일어날지 모른다면 어떻게 인생을 계획할 수 있을까? 최악의 경우를 상상하면 될까? 너무 소모적이다. 그렇다면 최선을 기대해야 할까? 너무 태평스럽다. 우리는 계획을 세우기 위해 예측하고 추정한 뒤, 우리가 세운 가설을 고수하고 이를 현실로 간주한다. 환상을 품지 않는 것이 지혜가 아니라면, 지혜란 적어도 자신이 환상을 품는다는 사실을 늘 인식하는 것이라 하겠다. 불확실성이 주는 불편함에서 벗어나기 위해 우리 뇌가 먼저 예상하고 상상하는 것을 막을 수는 없는 일이다. 하지만 그런 예상과 상상을 거침없이 믿는 행동은 자제할 수 있다. 폴 발레리가 문학 계간지 〈텔켈〉에서 멋지게 표현하듯 말이다.

'새가 가지에서 가지로 날아가는 것처럼 마음도 어떤 어리석음에서 다른 어리석음으로 옮겨 간다. 달리 어떻게 할 수 없기 때문이다. 핵심은 스스로 그 무엇에 대해서도 확고부동하다고 조금도 느끼지 않는 것이다.'

지혜란 스스로 이렇게 되뇌는 것이리라.

'나는 모른다. 그러니 내가 모르는 한 나는 환상을 품지 않는다.'

그러면 많은 불필요한 억울함과 걱정을 피할 수 있다.

-크리스토프

명상의 도구화

이타적인 동기로 배우지 않은 명상은 이기적인 목적을 이루기 위한 도구가 될 수 있다. 특별히 친절을 기르지 않으면 어떤 위험이 초래되는지 알기 위해 풍자적이긴 하지만 시사적인 두 가지 사례, 즉 엘리트 사격수와 사이코패스의 예를 들어 보겠다. 마음챙김의 기술적 정의현재의 순간에 판단을 개입시키지 않은 채 매 순간 전개되는 경험에 주의를 집중하는 것에 만족한다면, 누군가를 죽이는 것이 임무인 엘리트 사격수는 현재의 순간에 자기 감정에 의해 주의가 분산되거나 마음이 동요되지 않는 훈련을 해야 한다. 그는 완전히 판단을 배제한 상태에서 누군가를 죽이는 것이 좋은 일인지 아닌지 의문을 가지지 않는다. 사이코패스 역시 다른 사람들을 인정사정없이 도구화하기 위해 아무런 판단도 하지 않으면서 현재의 순간에 집중할 수 있다. 그러나 세상에 친절한 청부살인업자나 사이코패스란 없다. 따라서 '친절한 마음챙김'에 대해 이야기하는 것은 상황을 복잡하게 만들려는 게 아니라 순전히 실리적인 목적으로, 더 나아가 부정적인 목적으로 도구화하고 착취하는 걸 피하기 위해서다. MBSRMindfulness Based Stress Reduction, 마음챙김 기반 스트레스 완화법 혹은 MBCTMindfulness Based Cognitive Therapy, 마음챙김 기반 인지치료 프로그램을 비롯하여 훌륭하게 고안된 다른 처치법들에는 친절이라는 핵심적 구성 요소가 분명 포함되어 있다. 하지만 오늘날에는 도처에서 온갖 종류의 이니셔티브가 등장한다. 따라서 치유보다는 예방하는 편이 더 낫다.

- 마티유

Intelligence ——
지성

　　　　세상을 이해하고 문제를 해결하는 능력은 지식
과 앎만 있다고 생기는 것이 아니다. 학자 중에는 혹은 전문 지식
인Sachant, 오늘날 비판적인 시각으로 이들의 정적이고 자기 폐쇄적인 지식의 한계를 지적
하는 용어로 이 말을 사용한다 중에는 반드시 높은 지성을 갖추고 있지 않
은 사람도 있다.

　지성Intelligence의 라틴어 어원을 살펴보면 그 의미가 명확히 다
가온다. 라틴어 'Inter-legere'는 정보와 정보를 서로 연결한다는
뜻이다. 우리는 지성 덕분에 우리가 보는 것들을 서로 연결하여
세상을 이해한다. 막대기를 사용해서 흰개미를 잡는 원숭이는 막
대기를 흰개미집에 연결함으로써 지능이 있음을 보여준다. 그러
므로 똑똑한 사람이 되려면 자기 주변을, 가능하다면 주변에 있는
모든 것을 잘 살펴보아야 한다. 가까이 있고 명백하고 익숙한 것,
우리에게 도움 되는 것만 보는 게 아니라 모든 걸 찬찬히 보아야
한다. 지성은 세상을 열린 마음으로 받아들이는 것, 위대한 지성
은 세상을 완전히 열린 마음으로 전적으로 받아들이는 것이다. 그
런데 세상에는 보고 연결할 것이 차고도 넘친다!

그래서 필요한 것이 지성의 또 다른 기능인 분류와 선택이다. 철학자 시몬 베유는 "지성은 아무것도 발견할 필요 없다. 정리만 하면 된다. 지성은 노예근성이 있는 임무를 하는 데만 좋다"라고 했다. 이는 지성이란 쓸데없고 요란한 모든 걸 정리해서 정신을 자유롭게 하는 것이라는 의미다. 좋다, 오늘날 이 말이 무엇을 의미하는지는 잘 이해할 수 있다. 소비와 조작으로 대표되는 우리 사회의 불필요하고 쓸모없는 요청과 정보, 선동, 간섭으로부터 우리를 보호하는 것을 말하리라. 하지만 '노예근성이 있는 임무를 하는 데 좋다'라니? 이 말은 '지성에는 도덕이나 가치가 없다', '지성은 하나의 도구에 불과하다'는 뜻이다. 세상에는 똑똑한 사기꾼이나 나쁜 놈도 많다. 철학자이자 소설가인 폴 니장Paul Nizan은 '지성은 모든 것에 사용된다. 모든 것에 유용하고, 모든 것에 순종한다. 지성은 참과 거짓, 평화와 전쟁, 증오와 사랑 등 모든 것에 다 유용하다'고 생각했다. 이것이 바로 현자는 반드시 똑똑하지만, 똑똑한 사람도 지혜롭지 못할 수 있는 이유다. 예컨대 똑똑하지만 이웃에게 친절한 마음을 지니고 있지 않다면 지혜로운 사람이 될 수 없듯!

-크리스토프

Intelligence artificielle
인공지능

과연 인공지능은 우리를 더 지혜롭게 할까? 우

리의 의식을 확장할까? 소위 AI라고 불리는 것의 동력은 알고리즘이라는 사실을 명심하자. 알고리즘이란 어떤 임무를 수행하는 데 필요한 연쇄적인 행동을 계산으로 결정하게 해주는 규칙 전체라고 정의할 수 있다. 최근 AI 분야에서 이루어진 발전 덕분에 J. S. 바흐의 작품과 비슷한 음악을 작곡하거나 체스 챔피언 게리 카스파로프Gary Kasparov와 대적해서 이기는 등의 복잡한 임무를 잘 수행할 수 있게 되었다. 그뿐만 아니라 시스템에 제공된 규칙을 바탕으로 다른 많은 게임을 새로 학습할 수도 있게 되었다. 그 결과, 최근에는 한 AI 프로그램이 단 3일 만에 바둑을 섭렵한 뒤, 세계 바둑 챔피언을 이긴 전적이 있는 다른 컴퓨터를 승률 100%로 격파하기도 했다. 인간을 상대로 이겼던 이 컴퓨터는 학습 능력은 없었지만, 수천 가지의 바둑 경기를 사전에 기억장치에 저장해두었고 천문학적인 계산 능력을 지니고 있었다.

오늘날에는 가령 복잡한 암의 경우, AI가 최고의 전문의들보다 정확하고 올바른 의학적 진단을 내리는 능력이 있다. 따라서 머지 않은 미래에는 AI가 인간을 대신해서 현재 인간 지능이 필요한 많은 임무를 대신 수행할 가능성이 매우 크다. 반면 이런 유형의 '지성'은 의식과는 크게 관련이 없다. AI는 '승리'나 '패배'를 모르고, 슬픔이나 기쁨도 모르며, 자기도 모르게 연주하는 바흐의 음악에 감동하지도 않는다. AI는 의식 있는 존재와는 전혀 무관하다. 자기 마음의 근본적 본질을 관찰하거나, 증오와 갈망을 버리거나, 내면의 자유를 찾거나, 충만감을 만끽하는 능력을 지닌 의식 있는 존재 말이다. 달리 말하면, AI는 하나의 존재가 아니라 일종의 계산 방식이다. 우리는 흔히 이 두 가지를 섞어 뒤죽박죽으로 만든다. 데카르트가 말한 '나는 생각한다, 고로 존재한다'와 '나는 계산한다, 고로 존재한다'를 쉽게 혼동한다. 물론, 현상학적 관점에서 말하자면 '나는 의식을 가진다, 고로 존재한다'라고 해야 하겠다. 의식의 근본적 본질, 즉 정신이 만들어낸 것 하나 없는 순수한 깨달음과 비교했을 때 인공지능은 엄밀히 말해 아무것도 아니다. AI의 등장은 그 어느 때보다도 '지성'과 '의식'의 근본적인 차이를 부각한다. 아침 이슬 속을 산책하고, 눈부신 마음의 본질을 명상하고, 숭고한 풍경에 경이로움을 느끼고, 어린아이의 순수한 눈망울에 감동하고, 뜨거운 눈물을 흘리고, 사랑하고, 주고받고 나누고, 고통받는 이들에게 다가가 도와주고, 존엄하게 살아가고……. 이 모든 것을 전혀 모르는 불쌍한 인공지능! 풍요로움과 깊이로 충만한 인간의 의식은 얼마나 경이로운가! 그리고 나중에는 아름다운 죽음이 아름다운 삶의 정점을 이루리니!

AI의 토대는 특출나게 고도화된 인간의 두뇌로도 저장할 수 없는 막대한 데이터^{빅데이터}의 활용에 있다. 역설적이지만, 피라미드 건설이나 심장병에 관한 모든 정보를 즉각적으로 얻는다고 해서 우리가 더 지혜로워지거나, 더 친절해지거나, 더 균형 잡힌 사람이 되지는 않는다. 이런 점에서도 '빅데이터'의 등장은 그 어느 때보다 정보와 지혜의 차이를 부각한다.

-마티유

Intention
의도

　　의도는 우리가 어떤 방향으로 얼마나 열의를 가질지를 결정한다. 이는 막 길을 떠나려는 여행의 방향을 결정짓는 첫걸음과도 같다. 불교에서는 의도가 올바르고 좋다면, 그게 중생의 선을 위한 것이라면, 그 과정과 목적 역시 올바르고 좋다고 말한다.

-마티유

Interdépendance
상호의존

　　당신이 들고 있는 종이 한 장이 당신 손에 도달하기까지 적어도 35개 나라가 동원되었다는 사실을 아는가? 먼저 벌목꾼이 노르웨이에 있는 어느 숲에서 나무를 자른 다음, 덴마크 운송업자가 그 나무를 프랑스에 있는 공장으로 운반한다. 독일에서 제조한 화학물질로 종이 펄프를 염색하거나 탈색한 뒤, 여기에 체코 공화국이 원산지인 감자에서 추출한 전분을 첨가한다. 이런 식으로 기타 등등의 과정을 거친다. 한편 이 제조공정에 참여한 사람들은 각각 선택의 갈림길에 서 있을 때 부모, 조부모, 자녀 등의 영향을 받는다. 간단히 말해 종이 한 장에도 그 표면에 '다른 사람들, 다른 사람들, 다른 사람들'이라는 글귀가 암암리에 적혀 있는 것과 같다. 이렇듯 모든 중생과 만물이 상호의존한다는 사실을 깨달으면 우리는 '감사하는 마음'으로 계속 채워진다.

자연을 가까이에서 관찰해보면 생물계가 상호의존하고 있음을 알 수 있다. 식물이건 동물이건 매 순간 성공적으로 살아남고, 연합하고, 협력하거나 경쟁하고, 진화하고, 재생한다. 또한 복잡한 경우가 많이 생기는 도전을 해결하는 데도 성공한다. 상호의존은 삶의 연속으로 이루어진 조직이다.

-마티유

연대감 참조

Intériorité ─────
내면

지혜로운 사람으로 거듭나려면 이중 삼중의 노력이 필요하다. 진짜 삶과 꾸준히 줄다리기해야 하는 일뿐만 아니라 탁상공론으로만 지혜를 주장하는 것은 너무 쉬운 일이다 이 과정에서 교훈을 끌어내고, 그렇게 끌어낸 교훈을 명상하고, 자기 것으로 소화하고, 흡수해야 한다. 이 작업은 자신의 내면으로 빈번하게 후퇴하는 과정을 통해 이루어진다. 자신에게 거짓말할 수도, 이야기를 지어낼 수도 없는 곳이 바로 내면이다. 지혜란 우선 현실 세계를 직면하고, 그런 다음 자기 자신을 직면하는 일을 절대로 피하지 않는 것이다. 불편함과 자신의 한계, 결점, 비루함, 비굴함을 절대 회피하지 않는 것이다. 아마도 어느 날, 이런 것들을 넘어서서 자유로워질 유일한 희망이 바로 지혜다. 적어도 매일 우리 삶에서 이것들과 멀리 거리를 두는 게 바로 지혜다.

-크리스토프

J

Jalousie ─────────

질투

       질투는 참 이상한 감정이다. 다른 사람들의 행복은 질투하나 불행은 질투하지 않으니까 말이다. 이것 참 부조리하지 않은가? 사실 타인의 행복을 비는 것이 자연스럽고도 당연한 일 아닐까? 다른 사람들이 행복할 때 왜 배가 아픈 걸까? 질투의 반대는 크건 작건 다른 사람들이 겪는 모든 기쁨을 함께 기뻐하는 것이다. 그러면 그들의 행복이 곧 나의 행복이 된다.

  질투에는 욕망처럼 사람의 마음을 끄는 측면이 없다. 분노처럼 정의의 심판자로 위장하지도 않고, 오만처럼 어떤 기교로도 치장하지 않으며, 무지처럼 무기력하지도 않다. 어떤 각도로 보더라도 질투에서는 그저 추악하고 비참한 인물만 발견할 뿐이다. 달라이 라마는 질투가 부정적 감정들 중 가장 어리석은 것이라고 자주 말한다. 질투는 우리를 불행하게 만들고, 잠 못 들게 하고, 입맛도 잃게 하지만, 이에 반해 우리가 질투하는 사람은 여전히 잘 자고, 조금도 동요하지 않기 때문이다.

-마티유

Jardin public ──────────
공원

베를린 출신 건축가 크리스타 피셔Christa Fischer는 공원을 설계할 때 절대로 길을 그리지 않는다. 여기저기 초목을 조성해둔 뒤, 이용객들이 매일 자신한테 맞는 코스로 자유롭게 다니도록 한다. 그렇게 몇 달이 지나면, 매일 사람들이 지나다니면서 생긴 오솔길에 자갈을 깔아서 길을 조성한다. 즉, 사람들이 자연스럽게 드나드는 길을 순순히 따르는 것이다! 이 건축가가 지닌 지혜는 크리에이터 혹은 예술가로서 자신의 자아를 내세우지 않고 사람들을 작업의 중심에 둔다.

-크리스토프

Jésus
예수

예수는 정확히 말해서 현자의 표본이 아니다. 간혹 선동적이기도 하고 역설적이거나 난해하기도 하며 까다롭거나 급진적이기도 하다. 이것은 어디까지나 정상이다. 예수는 현자가 아니라 메시아였으며 예언자이자 구세주였기 때문이다. 우리는 현자를 자주 만나면 기분이 좋아지고 더 나은 사람이 된다 우리가 현자를 인정하는 이유가 바로 이 때문이기도 하다. 반면 예언자를 자주 만나면 마음이 동요되고 충돌하고 뒤죽박죽이 된다. 예언자는 자신의 말에 귀를 기울이라고 요구하는 것이 아니라 복종하고 따르라고 한다. 예언자를 상대할 때는 잘못된 판단을 해서는 안 된다. 그렇지 않으면 결말이 좋지 않다. 사이비 예언자보다는 사이비 현자가 아픔을 덜 주는 법이다.

-크리스토프

Joie
기쁨

나에게는 행복보다 기쁨이 훨씬 더 단순하고 접근성 있는 것처럼 느껴진다. '어떻게 해서든 행복하라'는 명령은 상당히 많은 사람을 포기하게 만드는 것 같다. 내가 보기에 기쁨은 행복과 비교했을 때 더 소박하면서도 우리의 약점과 한계와 더 양립 가능한 것처럼 보인다. 나는 만성적인 고통에 괴로워하더라도 혹은 사랑하는 사람을 잃는 경험을 하더라도 기쁨을 느낄 수 있기 때문이다. 기쁨의 부름을 따르더라도 짓누르는 듯한 힘든 일은 전혀 없다. 아침부터 저녁까지 온종일 고생하는 사람이라도 기쁨은 경험할 수 있다.

무엇보다도 기쁨은 있는 그대로의 현실에 마음속 깊이 진심으로 "예"라고 말하는 것인데, 이런 기쁨을 대체 왜 충만이나 피상과 동일시하는 걸까? 다행히 스피노자는 기쁨이라는 정서가 인간이 더 완벽한 상태로 이행하는 과정임을 상기시킨다. 삶이 영역을 넓힐 때마다, 내가 발전하는 순간 그 즉시 기쁨이 내 심장을 부풀게 한다. 한 걸음 더 나아가면 환희를 느끼는 것은 분명 자아다. 크리스티앙 보뱅Christian Bobin 은 《제8요일》에서 '우리는 다른 누군가인 척, 또는 무언가를 아는 척할 때마다 우주를 이루는 기본적인 기쁨을 어두워지게 한다'라고 지적한다.

-알렉상드르

행복 참조

Juste milieu ————

중용

아리스토텔레스는 《니코마코스 윤리학》에서 중

용은 완전함과 닮았다고 명확히 밝힌다. 불만이나 불만족에 직면하면 180도 방향을 틀고 싶은 유혹이 커진다. 그런데 환상을 품는 것은 반대 방향으로 전환하는 것과 마찬가지 아닐까?

-알렉상드르

K

Karma ──────────

업

　　서양에서는 불교의 업業이라는 개념을 오해하는 경우가 너무 많다. 업은 '행위'를 의미하지만, 이와 동시에 행위와 그 행위의 결과 사이에 존재하는 역동적인 관계를 가리키기도 한다. 각각의 행동과 그 행동의 기반이 되는 각각의 의도는 자기 자신과 다른 사람들의 행복과 고통에 미치는 영향에 따라 긍정적인 것 또는 부정적인 것으로 여겨진다. 해로운 행위를 그만두지 않은 채 행복하게 살고 싶어 하는 것은 불 속에 손을 집어넣으면서도 화상을 입지 않기를 바라는 것만큼 상식 밖의 일이다. 모든 기쁨과 고통은 논리적이고 필연적인 인과법칙의 산물이다. 본질적으로 업은 일반적인 인과법칙의 한 모습으로, 선의나 악의 혹은 중립적인 의도가 작용해서 일어난 행동·말·생각의 결과와 관련된다.

-마티유

Karuna ─────────
카루나

     카루나는 산스크리트어로 연민을 뜻한다. 이타적 사랑이 타인의 고통에 직면했을 때 바로 이런 연민의 모습을 띠게 된다. 불교에서는 카루나를 '모든 중생이 고통과 그 고통의 원인으로부터 자유로워지길 바라는 마음'이라고 정의한다. 여기서 말하는 고통의 원인에는 즉각적이고 가시적인 고통의 원인만이 아니라 심오한 근원적 원인도 포함된다. 그중 하나가 무지함이다. 우리는 무지함으로 말미암아 고통의 순환을 끊임없이 반복한다. 연민은 단순히 선한 행동에 따라 주어지는 '보상'이 아니다. 연민의 목적은 모든 개인의 고통을 제거하는 것이다. 이 고통이 어떤 것이건, 어디에 있건, 그 원인이 무엇이건 불문하고 말이다. 이런 식으로 생각하면 이타심과 연민은 한쪽으로 치우치지 않고 그 한계도 무한할 수 있다.

    카루나는 내가 20년 전 몇몇 친구와 함께 설립한 인도주의 단체의 이름이기도 하다. 이 단체는 매년 인도, 네팔, 티베트에서 약 20만 명을 도와주고 있으며, 곧 프랑스에서도 활동할 예정이다.

-마티유

L

Lâcher-prise ─────────
내려놓기

이것은 대중심리학에 나오는 개념이자 대중의 지혜_{집단지성}에서 나온 개념이다. 나도 대중 출신이니만큼 대중의 지혜와 대중심리학을 좋아한다. 대중의 지혜와 대중심리학에서는 단순성과 실용주의가 양립한다. 단순하다고 항상 틀리거나 지나치게 단세포적이란 법은 없다. 한마디로 말해, 내려놓기는 목표를 달성하기 위한 노력을, 상황을 통제하거나 그런 통제력을 유지하려는 노력을 살면서 어느 순간에 최소한 일시적으로라도 그만해야 한다고 권유한다. 그러려면 포기할 줄 알아야 한다. 일이 풀리지 않는다고 느끼거나_{지적 작업을 할 때 영감이 떠오르지 않는 경우}, 타인에게 해를 끼칠 것 같으면_{잘못된 신념을 지닌 친구 혹은 건강이 나쁜 친구와 논쟁하는 경우}, 잠시 휴지기나 쉬는 시간을 가지면서 문제를 더 명확하게 파악

240

하거나 전략을 바꾸도록 한다. 이런 의미에서 내려놓기는 완고함을 치료하는 해독제인 셈이다.

그러나 내려놓기가 유익하려면 그 전에 먼저 무언가를 '붙잡고 있어야' 한다. 그래야 내려놓을 것이 있는 법이다. 가령 어떤 행동이나 논쟁을 시작해서 이미 결과를 얻었거나 앞으로 얻게 되는 경우 등이 그렇다. 그렇지 않다면 진정한 내려놓기가 아니라 그저 '알 게 뭐람' 하는 마음으로 내팽개치는 것밖에 되지 않는다.

-크리스토프

Laisser passer ──────────
흘려보내기

명상 수행을 단 한 단어로 요약해야 한다면, 나는 주저 없이 흘려보내기라고 할 것이다. 이는 혼란의 한복판에서, 내면의 전쟁터 속 깊은 곳에서, 자신을 지배하지 않고 자신에게서 벗어나는 경험을 과감히 단행하는 것이다. 분명 난장판이 되겠지만 그렇다고 문제 될 것은 없지 않은가! 이건 손을 떼는 것과도, 체념하고 받아들이는 것과도 거리가 멀다. 흘려보낸다는 것은 심리적 과장, 즉 정신이 만들어낸 문제들을 연대와 참여, 끈기를 호소하는 삶의 비극과 뚜렷하게 구별한다는 뜻이다.

-알렉상드르

Liberté

자유함정과 제약

　　정신건강의학과 의사이자 심리치료사로서 나는
특정 질환들을 자유가 명백히 상실된 상태로 인식하는 경우가 많
다. 가령 공포증은 우리가 움직이는 자유를 제약하고, 우울증은
우리가 결정하고 행동하는 자유를 숨 막히게 하며, 중독증은 우리
를 노예로 만든다. 물론, 이 모든 외적 자유의 상실은 내적 자유의
상실이 그 원인이다. 고통과 두려움은 우리가 가장 벗어나기 어려
운 눈에 보이지 않는 감옥이다.

　하지만 병이 우리의 자유를 제약하는 유일한 원인은 아니다. 일
상생활에서도 수많은 함정이 우리 발목을 잡는다. 습관과 관례의
함정우리는 늘 같은 방식으로 생각하고 행동하고 살아간다, 일상적인 일과 걱정
이라는 함정우리는 필요하지만 시답지 않은 임무를 하는 데 정신적, 육체적 에너지 대부
분을 할애하면서 정작 우리 삶에 의미가 되는 것은 등한시한다이 그렇다. 그런데 내
적 자유의 상실 문제는 내가 보기에 매우 중요한 것 같다. 생각의
콘텐츠에 관한 연구 결과를 보면, 우리의 내적 삶 대부분은 개인
활동임대료 지불, 쓰레기 버리기 등과 직업 활동이메일에 답장하기, 회의 준비하기
등에 대한 사소한 생각들로 이루어져 있다고 한다.

　시간을 내서 우리 내적 삶의 초점을 다른 쪽으로 돌리는 일자연 감
상하기, 이상에 대해 깊이 생각하기, 감사나 연민에 대해 명상하기, 살아 있음에 기뻐하기 등
은 얼핏 그다지 복잡할 것 없이 개인적으로 결정할 일 같아 보이
지만, 실제로 이런 결심을 하는 경우는 대단히 드물다. 이러한 자

유, 즉 스스로 노동자이자 소비자가 되지 않고 한 사람의 인간으로서 남기로 선택하는 자유가 바로 우리가 마음속에 품어야 하는 내적 자유다.

나는 이런 내적 삶이라는 주제를 연구하면서 현재 우리 삶의 방식이 얼마나 우리를 '외면화'했는지, 얼마나 우리를 자기 자신으로부터 멀리 내몰았는지, 얼마나 우리의 자유를 제약했는지 알게 되었다. 이런 내적 자유에 대한 욕구는 보편적인 것이다. 우리의 담론이 겉에서 봤을 때 경제적 또는 신체적 이유로 종속된 것처럼 보이는 사람들에게는 아무런 득이 되지 않고 오로지 부유한 사람들, 즉 물질적으로나 정치적으로 가장 안락한 삶을 영유하면서 자신의 자그마한 내적 자유를 부드러운 누에고치처럼 돌보고 싶어 하는 사람들에게만 해당한다고 생각한다면 오산이다. 나는 이런 잘못된 생각은 현실을 빈약하게 만드는 일종의 추론 편향이며, 내적 자유는 그 누구도 가리지 않고 모든 사람과 관련되어 있다고 생각한다.

-크리스토프

Liberté ou sagesse? ————
자유 아니면 지혜?

내가 3세부터 20세 때까지 지냈던 치료소에서 모랑Morand 신부님은 든든한 책 한 권을 내 손에 쥐여주셨다. 나는 늘 숭배하는 마음으로 책장을 넘기곤 했다. 누렇게 색 바랜 이 낡은 철학 교과서는 그렇게 하지 않을 수 없었다. 14세 때, 나는 열등감을 한가득 짊어지고 다니면서 나의 차이점, 나의 독특함에 정면으로 부딪쳤다. 결코 다른 사람들처럼 될 수 없으리라 예감하며 소리 없는 공포에 사로잡힌 나는 기준을 찾고자 애썼다. 내게는 나침반이, 나아갈 방향이 필요했다. 마침 이 두꺼운 책 속에는 소외, 노예 상태, 슬픈 열정을 다루는 부분이 있었다. 저자는 위에서 떨어지는 돌멩이, 자유낙하하는 돌멩이를 언급하고 있었다. 자유낙하, 참으로 재미있는 표현 아닌가! 찌그러져 있던 내 정신 속에서 이것은 전투 준비를 알리는 신호탄 같았다. 사방에서 물음이 쏟아져 나왔다. 근본적으로 자유란 무엇인가? 원하는 걸 하는 것? 욕망을 자제하지 않는 것? 어떤 방해나 장애물도 만나지 않는 것? 특히 내가 궁금했던 건 내게 정해진 운명, 즉 장애인 작업장에서 쿨런을 만드는 일을 하는 운명을 이미 회피한 뇌성마비 소년에게 남은 운신의 폭은 어디까지인가 하는 것이었다. 갈 길을 잃은 이 건장한 청년은 어떻게 하면 이 내면의 감옥을, 눈처럼 쌓인 예측 더미를, 수많은 꼬리표를 벗어날 수 있을까? 운명의 신이라는 것이 존재하는 걸까? 모든 것은 대리석에 미리 새겨져 있는 걸까?

돌멩이처럼 아무런 고행도, 마음 수련도 하지 않은 채 나는 자유낙하가 무엇일지 그저 짐작만 했다. 그러면서 열등감, 방어기제, 거부당할지 모르는 두려움, 잘못 파악된 욕망 등등 완전히 엉망진창이 된 진흙탕 속에 빠져서 언제든 넘어질 위험에 처했다. 이 모든 것이 거의 로봇 같은 삶을 만드는 데 일조했다. 불확실함에 사로잡혀서 극도로 불안해진 나는 간절한 마음으로 까다로우리라 예상되는 삶 속에 조금이나마 빛과 기쁨을 심으려 시도했다.

그러자 처음으로 어떤 외침이 울려왔다. 스피노자는 슐러에게 보낸 유명한 서간문에서 이렇게 진단한다.

'틀림없이 이 돌멩이는 자신의 노력만 의식하고 초연하지 않기 때문에 자신이 자유롭다고 생각할 것이다. 또한 자신이 끈기 있게 낙하 운동을 지속하는 유일한 이유는 자신이 그것을 욕망하기 때문이라고 믿을 것이다. 모든 인간이 갖고 있다고 자랑하는 인간의 자유도 이와 마찬가지다. 인간의 자유는 인간이 자신의 욕망은 의식하나 그 욕망을 결정하는 원인은 모른다는 데 있다.'

나는 청소년이 되었을 때 우연히 TV에서 프로그램 하나를 보게 되었다. 한 직업 철학자에게 질문이 던져졌는데, 그는 빨리 대답하지 못하고 주저했다. 자유, 행복, 지혜 중 무엇이 제일입니까? 이들 중에서 하나를 선택해야만 하는 걸까? 자기가 좋아하는 것을 표시해야 하나? 선택의 여지가 없는 곳에 위계를 꼭 세워야만 하나? 그 당시 나는 지혜, 행복, 자유, 그 모두를 원했다. 최소한의 내적 자유도 없다면 행복하기를 이성적으로 기대할 수 없다고 짐작했다. 결핍, 두려움, 수많은 유혹과 조건화, 습관의 노예가 되어 있는데 어떻게 지혜를 향해 돌진한다는 말인가? 이 문제에 대해서도 스피노자는 명의처럼 답을 제시한다. 과연 그는 우리가 탐험을 시작하는 데 도움을 줄까? 그의 치료법은 명쾌하고도 효과적이다. 우리 기분을 우울하게 하는 것, 우리의 행동 방식에 영향을 주는 것, 우리를 소외시키는 것에 맞서 싸워야 한다는 거다. 간단히 말해 우리를 집착하고 사랑하고 증오하고 두려워하고 항상 기다리게 압박하는 힘과 결정론을 추적해서 공격해야 한다는 뜻이다.

나는 마티유의 이야기를 듣고서 지혜와 자유는 서로 손 잡고 함께 앞으로 나아가는 것임을 깨달았다. 그런데 우리가 세상과 맺고 있는 밝고 기쁜 관계를 재발견하려면, 우리의 일상을 병들게 하는 자동 조정 모드를 차분히 파악하는 것이 그 첫걸음일까? 꼭 두각시로 살기를 멈추는 것, 상황에 따라 아무한테나 우리의 정신 상태를 원격 조종하는 임무를 맡기기를 그만두는 것이 그 첫걸음일까? 영적 삶을 살리려면 대담함에 도전해야 한다. 용기를 내어 평온한 마음으로 장애물을 피해야 하고, 변덕스러운 '나 우선주의'의 독재와 우리를 규범과 압도적인 표준에 굴복시키는 '다들 그렇게 한다'주의의 독재로부터 멀리 떨어진 곳에 자유를 수립해야 한다. 스피노자, 니체, 프로이트, 그리고 다른 수많은 철학자가 우리에게 아낌없이 선사하는 가르침, 즉 자유는 주어지는 것이 아니라는 사실은 우리 힘을 북돋운다. 우리를 현실 세계와 동떨어진 세상 안에 가두는 환상과 소외의 한복판에서, 스스로 발견되고 만들어지는 것이 바로 자유다.

─*알렉상드르*

Liberté ultime ────────
궁극의 자유

불교에서는 두 가지 수준의 자유가 있다고 이야

기한다. 하나는 영적인 길에 전념하게 만드는 자유이고, 다른 하나는 고통과 고통의 원인으로 말미암은 속박을 극복하는 자유다. 첫 번째 자유는 깨달음으로 정진하는 데 장애가 되는 모든 것을 버리는 데 있다. 특히 죽는 날까지 매일 우리의 정신을 분산시키기만 하는 쓸데없는 일과 걱정을 청산해야 한다. 두 번째 자유는 우리를 괴롭히고 우리 정신을 암울하게 하는 정신 상태와 혼란으로부터 자유로워지는 것이다. 바로 이 관점에서 볼 때 궁극의 자유는 깨달음의 동의어라고 할 수 있다.

여기서 말하는 자유는 아무거나 할 수 있는 자유와는 거리가 멀다. 나는 BBC 방송에 나왔던 한 소녀가 인터뷰 때 했던 말이 종종 기억난다.

"나에게 자유란 누구의 비난도 받지 않고 내 머릿속에 떠오르는 대로 다 하는 것이랍니다."

이것은 결국 자진해서 머릿속에서 돌아가는 모든 야만적인 생각의 노예가 되겠다는 말이다. 다른 사람들이 원하는 것은 조금도 존중하지 않은 이 소녀의 관점은 철저히 개인주의적이다.

진정한 자유는 자신의 정신을 생각에 따라 표류하게 두는 것이 아니라 통제하는 것이다. 마치 자신이 선택한 목적지를 향해 자유롭게 항해하는 선원처럼 말이다. 그는 자신의 배를 암초에 좌초시킬 수도 있는 바람과 해류에 따라 표류하게 두지 않고 통제한다. 달리 말해 자유롭다는 것은 조건화에 의해 단련된 습관적 성향과 자아의 독재에서 벗어났다는 뜻이다.

우리는 거의 모두가 방황과 조건화, 충동, 내적 갈등, 떠도는 생각, 동요를 일으키는 감정에 놀아난다. 이런 종속 상태는 많은 고뇌의 근원이다. 때때로 우리를 무기력하고 체념하게 만드는 이런 메커니즘의 감옥에서 벗어나려면 어떻게 해야 할까? 그렇게 하기 어려운 주된 이유는 분별력이 부족하기 때문이다. 우리는 이런 정신적 요소의 정체를 파악하지도, 우리를 구속하는 생각들이 어떤 유형인지 간파하지도 못한다. 우리에게는 자유를 되찾게 해줄 지혜와 통찰력, 역량이 부족한 경우가 너무 많다. 따라서 내면의 자유를 획득하려면 우리 마음이 어떻게 작용하는지 잘 이해하고 행복과 고통의 메커니즘을 밝혀내야 한다. 이런 분별력은 고통을 주는 정신 상태를 여유 있고 현명하게 관리하도록 하는 마음의 훈련과 병행되어야 한다.

어떤 사람들은 명상을 위해 은거하거나 템플스테이를 할 때 이런 규율을 따르는 게 자신의 자유를 잃는 것이라 생각한다. 하지만 해변에서 일광욕을 즐기는 대신 수많은 시간을 훈련하는 운동선수나 예술가의 경우를 생각해보면 쉽게 이해될 것이다. 초보 산악인이 암벽등반 교실에서 몇 시간 동안 교관의 수업을 듣는 것이 과연 그의 자유를 희생하는 일일까? 어쨌든 은거하며 시간을 보내는 것은 나에게는 하나의 기쁨이다. 더 많은 혼란과 고통만 초래하는 일은 할 필요 없이, 그 시간 동안 친절을 함양하고 내 마음을 통제할 수 있으니까 말이다.

내면의 자유는 우리에게 위대한 힘을 준다. 그 덕분에 간혹 적의 탈을 쓰고 갑자기 등장하는 우리의 생각에 덜 취약해질 뿐만 아니라, 끊임없이 변하는 외적 조건 때문에 방향을 잃는 일도 적어진다. 또한 우리 자신에게 덜 집중하고 타인에게 마음을 연다. 따라서 내면의 자유는 자연스럽게 더 많은 친절로 나타난다. 요컨대 모두가 내면의 자유로 말미암은 승자가 되는 것이다.

-마티유

Liens ——————
유대관계

　　　　　많은 연구자가 다른 사람들과의 유대가 구체적으로 어떤 결과를 가져오는지를 연구했다. 생물학적 차원에서는, 가령 실험실에서 스트레스 상황에 놓였을 때_{반대하는 듯한 표정을 짓는 청중 앞에서 즉흥적으로 발언하는 경우} 같은 공간에 친한 친구가 한 명이라도 있으면 타액 속의 코르티솔 수치_{스트레스의 지표}가 낮아진다고 한다.

　유대관계는 우리의 세계관과 우리가 직면해야 하는 어려움에 대한 시각도 바꾼다. 흥미로운 연구 결과가 있다. 실험에 자원한 참가자들에게 산의 높이를 짐작해보라고 했더니, 그들은 가장 친한 친구와 함께 있을 때 산의 높이가 더 낮고 경사가 덜 가파르다고 느꼈다. 반면 친구 없이 혼자 있는 경우에는 산이 더 높고 가파르게 보였다고 한다!

　나는 환자들을 처음 만날 때 늘 그들의 자원 목록을 함께 작성한다. 여기서 심리적 자원이나 물질적 자원과는 별도로 대인관계 자원은 매우 중요하다! 고립, 즉 본인의 선택에 의한 것이 아닌 어쩔 수 없이 주어진 외로움은 정신적으로나 신체적으로나 중요한 건강상의 위험 요인이다. 기댈 만한 가까운 사람이나 친구, 지인이 없다는 사실은 문제가 발생했을 때 부서지기 쉬운 요인이 된다. 그래서 초창기 의사 시절 나는 사회공포증 환자들에게 관심이 많았다. 이들은 다른 사람들을 대할 때 불안감을 느끼는 것 외에도 '대인관계 자원'이 없었으며 그 결과 너무 빨리 불안감을 느끼는 경우가 많았다. 역으로 생각하면, 넓고 다양한 사회관계망[친구, 지인]을 가지는 것이 회복 탄력성과 마음의 평화를 얻는 원천임이 모든 연구에서 확인되었다.

-크리스토프

불협화음 참조

유대관계를 기르고 싶다면?
크리스토프의 4가지 조언

유대관계에는 네 가지 동심원으로 나누어지는 네 가지 그룹이 존재하는데, 모든 유대관계를 골고루 발전시키는 것이 좋다.

1

가장 가까운 사람들. 같이 살거나 거의 매일 접하고 포옹하는 사람들을 말한다. 일반적으로 가족이나 가장 친한 친구가 여기 해당한다.

2

가까운 사람들. 친구나 동료처럼 상당히 밀접하고 꾸준한 교류를 하는 사람들을 말한다.

3

지인들. 간간이라도 유대관계를 맺고 있는 사람들로 이루어진 인맥 전체를 말한다. 우리도 그들을 기억하고 그들도 우리를 기억하는 관계다.

4

모르는 사람들. 우리 성격에 따라 유대관계를 맺을 수도 있는 사람들을 말한다. 길거리, 대중교통, 상점 등에서 만났을 때 말을 걸 수 있는 사람들이다. 이들도 우리에게 도움이나 정보를 제공하는 자원이 될 수 있듯, 우리 또한 이들에게 그런 자원이 될 수 있다.

사회적 유대관계 전문가들에 따르면, 이렇게 네 가지 그룹에 모두 의지하면서 서로 주거니 받거니 하는 것이 중요하다고 한다! 모르는 사람들에게도 말을 걸고 단순한 지인들, 이웃들, 상인들과도 온정 넘치는 유대관계를 유지하면 우리 기분만 좋아지는 것이 아니다. 그렇게 함으로써 우리는 세상을 아름답게 만들고, 더 나은 세상으로 만들고, 더 인간적인 세상으로 만들 수 있다!

악

심리학자 로이 바우마이스터가 그의 저서 《악》
에서 보여주었듯, 절대 악은 신화에 불과하다. 복수하는 사람들은
자신이 입은 피해를 폭력으로 회복하는 게 도덕적으로 정당하다
고 확고히 믿는다. 최악의 잔혹 행위를 자행한 자들조차 자신은
나쁜 세력에 맞서 방어한 것이라고 확신한다. 이렇듯 이들의 비정
상적인 현실 해석 때문에 이들 중 그 누구도 악에는 악으로 대응
하고 싶은 욕망만으로 행동에 나선 것처럼 보이지 않는다.

불교에 따르면, 절대 악은 존재하지 않는다. 모든 중생은 무서움
만큼이나 자신의 마음속 깊은 곳에, 의식의 근본적 본성 속에 항
상 품고 있는 무언가가 있기 때문이다. 진흙 속의 금덩어리에 비
유할 수 있는 한결같은 특성, 바로 '붓다의 본성'이라 부르는 품성

말이다. 폭력에 빠진 사람들은 자신의 동기가 정당하며 자신의 권리가 우롱당했다고 주장한다. 그들이 하는 말이 현실을 서툴게 왜곡한 것일지라도 또 다른 폭력이 발생하는 걸 예방하려면 그들의 동기에 주목하지 않을 수 없다. 알렉상드르가 인용한 스피노자의 명언이 하나 있다.

'비웃지도, 울지도, 증오하지도 말라. 다만 깨우쳐라.'

가장 먼저 해야 할 일이 바로 이것이다. 2011년 노르웨이에서 대규모 테러를 저지른 광적인 범죄자 아네르스 브레이비크Anders Breivik의 심문 과정을 감독했던 경찰관은 '적극적 청취'를 권장했다. 범죄자에게 자신이 저지른 일을 설명해보라고 요구해야 한다는 뜻이다. 악이 다시 출현하지 않도록 방지하려면, 처음부터 왜 그리고 어떻게 악이 발생할 수 있었는지를 먼저 파악하는 것이 핵심이다.

집단학살이 어떻게 발생하는지를 살펴보면 거의 항상 특정 개인들로 이루어진 집단을 악마화하고, 이들의 인간성을 말살하고, 개인성을 박탈하는 것으로 시작함을 알 수 있다. 그렇게 되면 그들은 더 이상 우리처럼 가족이 있고 기쁨과 고통을 느끼는 사람이 아니게 된다. 이제는 그들을 등록번호로만 구별할 뿐이다. 우리 역시 살인을 공공의 안녕을 지키는 행위 혹은 의무로 둔갑시키면서 우리가 이들에게 가하는 고통에 둔감해진다. 이렇게 해서 우리는 이전에는 도저히 생각도 할 수 없었던 행위를 조금씩 저지르기에 이른다.

우리는 이러한 과정을 통해 동물들을 소비 대상으로 생각하고 우리한테 이롭게 보이는 방향으로 이들을 이용한다. 이렇듯 지구 상에서 두 달마다 수천억에 달하는 동물이 아무렇지도 않게 죽어나간다. 이 모든 것은 절대 '악'에서 비롯된 게 아니라, 바로 우리와 함께 이 세상을 살아가는 동지인 800만 종의 생명체에 대한 친절함 부족과 무지함 때문이다.

-마티유

Maladie ————

병

의학에서는 치유를 뜻하는 표현으로 '병과 싸우다', '암과의 전쟁' 등을 자주 사용한다. 나는 이런 종류의 담론과 그 안에 내포된 시각이 항상 많이 불편하다. 내가 보기에 이런 표현들은 우리를 상당 부분 진실로부터 멀어지게 하는 것 같다. 병은 적도 아니고 상대편도 아니다. 그저 하나의 불균형 상태, 우리의 건강을 유지하는 섬세한 메커니즘이 변질한 것일 뿐이다 생명과 마찬가지로 건강은 작은 기적이다!. 내 눈에는 자기 자신을 보살피고, 두려움이나 분노의 감정을 평화롭게 진정시키는 것, 간단히 말해 내면의 평화를 위해 노력하는 게 상상의 적과 맞서서 스트레스를 유발하는 전쟁을 벌이는 것보다 훨씬 더 효과적이지 싶다.

-크리스토프

치유와 내려놓기 참조

Marche
산책

　　육체적으로 수행한 노고는 같을지라도 도시에서 산책하는 것보다 자연 속에서 산책하는 것이 더 유익하다. 왜 그럴까? 자연에는 광고판도 없고, 소음공해도 없고, 끊임없이 주의를 방해하는 일도 없기 때문이다. 그래서 자연 속에서는 차분히 자기 삶을 살 수 있다. 깊이 생각하거나, 갈피를 잡지 못하거나, 상상하거나 하는 등의 일에서 벗어나 연속성과 고요함 속에서 삶을 사는 것이다. 도시환경이나 인공환경에는 일부러 우리의 주의를 집중시키려고 고안된 장치들이 있다. 보행자 신호등, 청각 신호장치 등 우리를 보호하기 위한 것이 있는가 하면, 어디서든 볼 수 있는 광고물처럼 우리에게 미끼를 던지는 것도 있다. 그 결과, 이제 우리는 내면을 살피지 못하고 반응만 하게 되었다. 주의력이 계속 분산되는 까닭에 생각이나 느낌을 발전시키고 심화시키는 일이 더는 가능하지 않게 된 것이다. 우리는 이제 자유의 몸이 아니라 노예의 몸이 되었다. 스스로 보고 싶은 것을 선택하는 대신, 누가 보여주는 것에 주목하는 습관이 들었다. 지혜를 얻으려면 내면성과 자유가 필요하다. 그래서 떠들썩한 도시보다는 고요한 자연에서 지혜를 기르는 편이 훨씬 더 쉬운 듯하다.

-크리스토프

바이오필리아 참조

Mécanicien spirituel ————
마음의 기계공

초감 트룽파는 우리가 사막 한복판을 돌아다닐 때도 우리를 도와준다. 그는 정진하는 자라면 기계공의 시각으로 삶의 대업을 바라보라고 권유한다. 자동차 정비공에게 찌그러진 철판이나 조각난 앞 유리창, 뒤틀린 문짝을 가져다주면 그는 판단을 삼간다. 그저 망가진 부분을 확인하고는 지체하지 않고 고치려 애쓸 뿐이다. 마찬가지로, 우리도 자신을 속이는 이런 특이한 능력을 과장하지 말고 그저 관찰하자. 대체 왜 우리는 때로 틀리기보다 차라리 죽는 것이 낫다고 생각하는 걸까? 대체 어떤 이상한 힘이 우리의 관점, 우리의 습관에 우리를 옭아매는 것일까?

-알렉상드르

초감 트룽파 참조

Méditer 1 comment, pourquoi et pour quoi? ————
명상 1 어떻게, 왜, 무엇을 위해 명상하는가?

명상은 두 눈을 감은 채 조는 것도 아니요, 깊은 생각에 잠기는 것도 아니다! 명상을 잘하려면 제대로 깨어 있어야 한다. 간밤에 잠을 잘 자지 못했거나 향정신성의약품을 과도하게 복용했다면 명상 수련이 잘될 리 없다. 우리의 정신적 삶과 관련해서는 명상하는 동안 심리적 단계가 달라진다는 사실도 알아야 한다. 우리는 명상 중에 성찰하기를 단념하거나 똑똑하고 적극적이기를 포기하는 것이 아니다. 다만 다른 식으로, 다른 길을 통해 그렇게 하는 것뿐이다. 먼저, 상황을 면밀하게 검토하는 것부터 시작한다. 우리의 생각, 그 생각의 현존과 본질, 우리에게 미치는 영향을 관찰한다는 말이다. 이렇게 우회하는 이유는 우리의 생각으로, 그리고 성찰의 전개 과정으로 다시 돌아오기 위해서다. 이때 마음은 침착하고 안정적이며 한 걸음 물러서서 진정된 상태로 작동한다.

명상 중에 우회해서 다시 돌아오는 상황은 또 있다. 마음챙김 명상을 할 때 우리는 한순간 세상으로부터 물러선다. 그렇다고 세상을 포기하는 것은 아니다. 단순히 세상의 경험을 관찰하는 것이다. 나는 크리스티앙 보뱅이 남긴 다음 구절을 무척 좋아한다.

'현재 나는 내가 세상 안에 없을 때 세상이 내는 소리를 듣는 것에 만족한다.'

이렇게 세상을 이탈한 상태는 어디까지나 일시적이다. 다시 세상으로 돌아올 우리는 확실히 다른 방식으로, 즉 더욱 통찰력 있고, 차분하고, 똑똑하고, 단호하게 세상에 접근한다.

꾸준히 명상하려면 노력이 요구되는 만큼, 왜 명상하느냐는 질문에 대답할 수 있어야 한다. 어떤 선생님들은 이런 질문을 받으면 이상적인 이야기를 엄격하게 다시 상기시키는 방법으로 궁지에서 벗어난다. 여기서 이상적인 이야기란 명상이 진정한 명상이 되려면 명상의 목표가 있어서는 안 되며 구체적인 기대와 연결되어서도 안 된다는 말이다. 우리는 명상하기 위해 명상하는 것뿐이다. 그걸로 끝이다! 그런데 우리 대부분은 단순한 호기심이나 이국적인 것을 추구하는 마음 때문에 명상을 찾지 않는다. 필요하기 때문에, 고통받기 때문에, 아프기 때문에, 우리의 정신과 감정과 행동이 얼마나 우리 이상과 동떨어지게 작용하는지 잘 알기 때문에 명상을 찾는 것이다.

지혜를 추구하려 노력하는 우리에게 명상은 매우 중요한 역할을 한다. 먼저, 분별력의 열쇠가 되는 주의력과 감정을 안정시킨다. 그다음, 의식을 확장한다. 명상이란 다른 사람들과 세상을 향해 자발적으로 고요하게(어쩔 수 없이 정신이 분산되는 경우와는 다른 방식이다) 마음을 열고, 그들의 중요성뿐만 아니라 우리를 연결하는 상호의존성과 소속감을 깨닫는 것이다. 이를테면 자기 자신에게 속하지 않는 외부의 시선을 선택해서 세상을 보는 것이다. 즉, 자기 자신에게서 벗어나 자신을 제외한 나머지 모두에게 시선을 돌리는 것이다.

-크리스토프

Méditer 2définition ——————
명상 2정의

산스크리트어와 티베트어 어원에 따르면, '명상하다'에는 '기르다'(여기서 마음 수련이라는 개념이 떠오른다)라는 의미와 함께 '익숙해지다'라는 뜻도 있다. 따라서 마음 수련법만큼 여러 모습의 명상이 존재한다. 물론 다양한 명상법에도 공통점은 있다. 바로 마음의 현존, 주의, 명료성, 안정성이다. 그러니까 예컨대 주의와 친절을 기르면 우리는 그런 자질에 익숙해지는 것이다. 따라서 명상에는 의도적인 측면과 누가累加적인 훈련 과정이 존재한다고 하겠다점점 주의력이 좋아지고 친절해진다. 마찬가지로 우리는 새로운 행동 방식, 자신의 생각을 관리하고 세상을 인식하는 새로운 방식에도 익숙해질 수 있다. 또한 마지막으로 자기 마음의 본성에도 익숙해질 수 있다. 이 본성은 우리 마음이 만들어낸 먹구름에 가려져 있는 탓에 우리는 이것을 습관적으로 놓치고 만다.

친애하는 알렉상드르는 이런 먹구름을 마음의 라디오 방송이라 표현하기도 했다. 하지만 명상 덕분에 우리는 생각의 폭포수 뒤에 자리하고 있는, 깨달음을 얻은 현존을 파악하고 순수한 의식의 본성 안에서 쉬는 데 익숙해질 수 있다. 이런 경우에는 적극적인 훈련이 아니라 직접적인 경험이 중요하다. 따라서 수행이란 '보디빌딩하듯 마음을 벌크업'하는 것이 아니라, 혼란의 먹구름을 걷어내고 마음의 본성이라는 맑은 하늘을 응시하는 것을 의미한다.

불교적 자기성찰에는 두 가지 방법이 동원된다. 하나는 분석적 방법이고, 다른 하나는 관조적 방법이다. 분석적 명상은 만물의 내면 깊은 곳까지 파고든다. 만물은 늘 변함이 없는가, 아니면 무상한가? 만물은 자립적으로 존재하는가, 아니면 상호의존적으로 존재하는가? 고통의 직접적이고 궁극적인 원인은 무엇인가? 나 그러니까 자아는 고유한 존재를 지닌 단일한 개체로 존재하는가, 아니면 약정에 의해서만 존재하는 하나의 편리한 신기루에 불과

한가? 이런 분석적 명상을 통해 반박할 수 없는 결론에 도달하면, 관조적 명상은 마음이 이 새로운 깨달음 안에서 차분히 쉴 수 있게 한다. 그래야 물이 땅에 스며들 듯 명상이 마음에 동화된다.

처음에는 우리 마음이 무척 동요하기 때문에, 분석적 명상을 성공적으로 수행해서 연민을 기르고 의식의 본성을 관찰하는 것이 꽤 어렵다. 그저 생각의 소용돌이에 대적하는 것만으로도 바쁜 처지이기 때문이다. 따라서 앞서 살펴보았듯, 어느 정도 고요한 상태에 도달하는 것이 가장 먼저 밟아야 할 첫 번째 단계다. 몽둥이로 때리듯 정신을 혼미스럽게 하는 것이 아니라, 조금 더 명확하고 안정적인 정신 상태가 되게 해야 한다. 그래서 대부분의 명상은 호흡을 관찰하는 것으로 시작한다. 이것은 실용적이면서도 호흡은 따로 구할 필요가 없으니까 단순하고 들이쉬고 내쉬는 한결같은 동작이니까 섬세한 방법 눈에 보이지 않아서 주의하지 않으면 순식간에 우리의 인식 영역에서 사라져버리니까이다. 따라서 호흡은 주의력을 가다듬기 좋은 탁월한 대상이다. 그러나 이 단순한 훈련법은 쉽지 않다. 처음 시작하면 '예전보다 생각이 더 많아졌는걸, 나한테 명상이 맞지 않나 봐' 하는 생각이 들면서 심지어 낙담할 수도 있다. 그렇지만 이런 결과는 반드시 생각이 더 많아져서 그런 것은 아니다. 단지, 무슨 일이 일어나는지 깨닫기 시작하고 타격받는 범위가 어느 정도인지 가늠하기 시작해서 그런 것이다. 폭포수가 골짜기를 타고 흐르는 급류가 되고 다시 강이 되고 마침내 맑은 호수가 되듯, 시간이 지나면 마음도 고요해진다.

그렇게 몇 주, 몇 달이 지나면 그다음 단계로 넘어갈 수 있다. 이제 더 유연하고 융통성 있는 마음을 지니게 된 나는 잘 훈련된 말처럼 마음을 지휘할 수 있다. 마음을 향해 "연민에 전념하도록 해" 하는 말도 할 수 있다. 이러한 진행 단계는 반드시 준수되어야 한다. 몇 단계를 건너뛰는 것은 아무짝에도 소용이 없다. 마음이 제자리를 잡지 못하고 있는데도 연민에 관해 명상하려 든다면, 연민을 기르기는커녕 정신만 분산된다.

이러한 물음을 가질 수도 있다.

'최종적으로 명상하는 주체는 누구인가? 나인가, 의식인가?'

이제 나는 이 모든 문제의 본질을 분석할 수 있다. 더 관조적이고 직접적인 방식으로 탐구를 심화할 수도 있다.

'이런 모든 생각 뒤에는 무엇이 있는가? 깨달음을 얻은 현존, 즉 모든 정신적 사건의 원천이 되는 벌거벗은 의식의 모습이 숨어 있는 것 아닌가?'

이때부터 나는 모든 생각 뒤에 감춰져 있는 것, 먹구름 뒤에서 움직이지 않고 존재하는 하늘처럼 늘 그 자리에 있는 것을 어렴풋이 보기 시작한다. 그런 뒤에는 이렇게 깨달음을 얻은 현존 안에서 정신을 쉬게 할 수 있다.

-마티유

명상의 도구화 참조

명상이란 마음을 열고 관조적 경험을 받아들이는 것, 현실 세계를 소유하거나 붙잡아두려는 마음을 버리고 아무것도 거부하지 않은 채 현실 세계를 바라보라는 영적 전통의 부름에 합류하는 일이다. 그리스도교 신비주의자들은 재산, 소유, 움켜쥐고 버리기를 넘어선 차원으로 우리를 인도한다. 참으로 독특한 경험이다. 일상적인 나는 그림자 뒤로 가려지고, 세상과 맺는 또 다른 관계는 짐작의 대상으로 남는다. 불교 신자들은 불청객과 같은 자아가 끊임없이 개입하지 않는 상태에서 우리를 세상에 헌신하라고 초대한다. 불만족이 우리를 고문하듯 괴롭히면 타자와 자연, 삶 그 자체를 하나의 도구나 버팀목, 거대한 상점 등으로 여기기는 어렵다. 수행은 지평을 연다.

정신의 탐욕에 종지부를 찍으려면 어떻게 해야 할까? 쇼펜하우어는 우리를 관통하는 맹목적이고 탐욕스러운 삶에의 의지에 관해 이야기한다. 영적 모험에 뛰어드는 일은 아마도 이 꺼질 줄 모르는 욕망을, 이 결핍 상태를 조금씩 벗어나는 것이리라. 욕심, 욕망, 기대는 매 순간의 아름다움과 가벼움과 감사함으로부터 우리를 철저히 단절시킨다. 우리가 배고픔에 괴로워한다면, 아무리 세상에서 가장 아름다운 거리라 하더라도 어떻게 식당이나 패스트푸드점, 길모퉁이를 돌아 제일 먼저 보이는 피자집에 시선을 빼앗기지 않은 채 그 거리를 감상하며 걸어갈 수 있겠는가? 그러므로 이런 상태에서는 충만감, 쉼, 평화를 발견하기란 불가능하다.

명상이란 자기 자신뿐만 아니라 다른 사람들, 일상과 또 다른 관계 맺기를 시도하는 것이자 어떤 존재의 특성, 취향, 내면의 유연성에 마음을 여는 것이다. 마이스터 에크하르트 이후 베르그송은 표면적인 나, 말하자면 사회적인 나와 인간의 본심을 구별했다. 명상하고 기도한다는 것은 마음속 깊은 곳으로 점차 내려가고 무의식적인 기계적 행위에서 벗어나, 그 안에 있는 인물에게 작별을 고하고 그와 자신을 동일시하기를 멈추는 것이다. 그리스도교에는 영적 전투라는 말이 있다. 그만큼 자아, 유혹, 환상, 자기 자신을 기만하는 능력은 집요하고도 고치기 힘들다는 뜻이리라.

구체적으로 몇 가지 실마리를 제공하는 차원에서, 일종의 생존 키트처럼 내가 마음 수련 수행에 전념하고자 오랫동안 실천했던 방법을 소개한다. 첫 번째 단계로, 마음의 라디오 방송에서 나오는 시끄러운 소리를 덮기 위해 세상의 소리를 정확하게 듣도록 한다. 자동차 클랙슨 소리, 어린아이의 웃음소리, 침묵의 소리, 즉 우리 주변의 모든 소리에 귀를 기울이도록 한다. 이 모두는 내면의 영화관을 박차고 나와 온 우주에 마음을 열기 위해서다. 어떤 전통에 따르면, 자비의 화신인 관세음보살 아발로키테스바라^{일본에서는 관음보살로 불리며 중국에서는 여성의 모습으로 표현된다}는 다른 사람들에게 주의를 기울이고 도탄에 빠진 자들의 호소와 외침, 중생의 절망에 마음을 열면서 깨달음에 도달했다고 한다. 이처럼 지각과 인식으로 회귀하는 건 분석하고 비교하고 비평하는 정신의 목을 비트는 것과 같다. 두 번째 단계는 몸의 긴장을 풀기 위해 각 신체 부위를 하나하나 관찰하는 것이다. 손, 발, 다리, 팔 등 비록 찌그러졌어도 우리를 깨달음으로 인도하는 이 매개물을 찬찬히 살핀다. 이는 우리 몸을 근심거리, 우상, 부담, 무거운 짐 등으로 여기기를 멈출 좋은 기회다. 세 번째 단계로는 판단하거나 거부하거나 소유하지 않은 채 우리를 관통하는 거대한 생각과 느낌, 감정의 흐름이 흘러지나가는 것을 바라보도록 한다. 마지막 네 번째 단계로는 메타 Metta, 즉 자비와 사랑, 어진 마음, 친절을 발산하도록 한다. 자기 자신보다 더 큰 존재에게 자신의 수행을 제공하고 확장하는 데 이 얼마나 중요한 일인가!

명상하는 것, 부정적 감정을 버리는 것, 자기 자신에게서 벗어나는 것은 특히 모두의 행복을 위해 노력하는 일이기도 하다. 명상하기 위해 방석을 깔고 앉거나 길게 눕는 건 세상에 등을 돌리는 것이 아니라 헌신한다는 뜻이다.

-알렉상드르

Mental ————
정신

정신은 우리의 세계관, 인생관, 애정관, 자아관, 행복관, 기쁨을 보는 시각을 미리 만들어낸다. 정신은 모든 것에 대해 자기 견해가 있다. 선입견 한 보따리를 짊어진 정신은 우리를 꾸밈없는 직접적 경험으로부터 단절시킨다. 아마도 고행이란 근심, 걱정, 남의 환심을 사려는 욕망, 불만족 등 자아의 영역에 속하는 것들을 파악하는 일인 듯싶다. 그래야 두려움과 기대의 반대편에서 현재 이 순간의 충만감을 위해 끊임없이 헌신하는 존재의 가장 중요한 선량함을 회복할 수 있으니까.

그렇다면 야수를 진정시키려면 어떻게 해야 할까? 모든 것이 엉망진창인 상태에 있던 나는 즉석에서 일종의 재산 평가를 해야 했다. 내 머릿속의 여러 생각, 감정, 두려움을 1부터 10까지 정도에 따라 평가하는 작업이었다. 내면에서 일어나는 지진 등급표에서 규모 1은 나를 달아오르게 하거나 얼어붙게 하지 않는 중립적이고 차분한 생각에 해당한다. 규모 10에 이르면 돌이킬 수 없는 짓을 저지르지 않도록 얼른 전화기로 뛰어가야 한다. 요컨대 아주 기초적인 이런 기술은 우리를 많은 생각으로부터 조금 떨어뜨린다는 장점이 있다.

'아, 이번에 규모 3이군!'

'이런 규모 4인걸!'

'아, 규모 6에 직면했네!'

불행하게도 우리는 머릿속에 떠오르는 모든 것, 즉 신념, 갑작스러운 욕망, 공포심, 환상, 망상 등을 모두 철석같이 믿는다. 때때로 이런 명령에 불복하면서 위험을 무릅쓰고서라도 행동하지 말고 그냥 지나가게 두자. 이것이 가장 효과적인 방책 중 하나다. 사악한 정신은 우리를 괴롭히는 고문관이 결국 우리 마음속에 영구히 정착하기를 바란다. 집안의 주인 노릇을 하는 정신은 더 이상 우리를 떠나지 않고 우리가 그것의 손짓과 눈짓에 복종하기를 바란다. 그 결과 끝없는 유격전이 벌어진다.

-알렉상드르

마음의 라디오 방송 참조

Métanoïa ————
메타노이아

    고대 그리스철학에는 메타노이아라는 매우 아름다운 개념이 있다. 내면의 전환을 위해 스스로 노력한다는 이 개념은 슬픈 열정과 반사적 행동, 이기심, 습관의 감옥으로부터 우리를 보호하는 데 적합한 삶의 기술을 끌어안고자 자기 자신이 근본적으로 변화하는 것을 목표로 한다. 다른 사람들을 위해 그리고 온 세상을 위해 앞으로 나아가며 정진하는 것, 마음을 무겁게 하는 그 무엇에서 벗어나고 자신으로부터 자유로워지는 것, 이것이야말로 위대한 도전이다.

-알렉상드르

Metta ————
메타

팔리어 인도 중부 지방을 중심으로 기원전 2세기부터 기원후 2세

기에 발달한 언어로 '메타', 산스크리트어로 '마이트리 Maitri'는 '애정 어
린 어진 마음'을 의미한다. 이것은 모든 중생이 행복과 행복의 원
인을 발견하기를 바라는 마음이다. 이에 반해 '카루나'는 연민메타
와 짝을 이루는 것을 뜻한다. 달리 말하자면, 모든 중생이 고통과 고통
의 원인에서 해방되기를 바라는 마음이다. 지각 능력이 있는 모든
중생은 고통을 모면하고 마음의 평화를 얻길 원한다. 바로 이 점
에서 우리의 인간미와 자각 능력이 다른 종의 동물들과 공통분모
를 이룬다. 애정 어린 어진 마음은 각자의 조건과 무관하게 모든
중생을 아우른다. 그리고 고통에 직면하는 순간부터 연민으로 바
뀐다.

-마티유

Mode par défaut ────────
디폴트 모드

신경과학자들은 우리가 아무런 특별한 일을 하
지 않고 특정한 대상에 주의를 기울이지 않을 때의 뇌 활동 모드
를 가리켜 '디폴트 모드 네트워크'라고 한다. 심리학적으로 이것
은 우리가 특정한 정신적 혹은 육체적 활동에 착수하지 않았을 때
시간 대부분을 지배하는 정신 상태를 말한다. 이때 우리 내면은
평온하고 자유롭고 고요할 수도 있지만, 슬프거나 지루하거나 마
음의 동요를 겪을 수도 있다. 이런 디폴트 모드는 마음 수련을 통

해 바꿀 수 있다. 마음 수련은 생각을 거듭하고 감정을 거듭 느끼면서 우리의 정신 상태와 기분, 그리고 마지막으로는 우리의 기질을 변화시킨다.

-마티유

Modèles
본보기

본보기가 되는 사람이란 지혜를 지닌 인물을 말한다. 그렇다고 반드시 가르침을 전달하는 스승만 본보기가 될 수 있는 것은 아니다. 특정 분야나 특정 순간에 비범함을 드러내는 사람이라면 누구나 본보기가 될 수 있다. 이런 현상은 생각보다 훨씬 자주 일어난다. 이처럼 모범과 구현된 가르침을 자양분으로 삼을 수 있으려면 우리 마음속에 경탄하는 능력이 살아 있어야 한다. 경탄할 줄 알면 우리에게 유익하기 때문이다. 빅토르 위고 Victor Hugo 는 "경탄하는 동안 무엇이 힘이 되어 지성을 위엄 있고 위대하게 만드는지 모르겠다"라고 했다. 인간이 행하는 아름다운 행동을 보고 경탄하면 학자들이 말하는 '경외감'을 느끼는 데 도움 된다. 심리학자 조너선 하이트는 실험으로 이런 현상을 연구했다. 연구 결과, 스포츠·예술·지식 분야의 수행 능력이 아닌 도덕적 행위 이타적 행위나 다정한 행동에 경탄할 경우, 긴장을 풀어주고 마음을 진정시키는 부교감신경계가 자극되어 옥시토신 분비가 일어나는 것으로 밝혀졌다. 옥시토신은 사회성과 타인에 대한 애착과 애정을 느끼는 능력을 증대시키는 신경전달물질이다. 경탄은 우리에게 영감을 주고, 우리 기분을 좋게 만들며, 우리를 더욱 사회성 있는 사람으로 만든다.

-크리스토프

Moment présent ──────────
현재의 순간

명상하는 동안에는 지나간 생각이 멈춘 뒤 다음 생각이 떠오르기 전, 그 사이에 내면이 침묵하는 시간이 있다. 이 순간에는 정신의 수다 소리도 들리지 않는다. 현재의 순간에서 느껴지는 생생함은 우리의 편향이나 편견 그리고 지성의 조작이 작용해도 변질하지 않는다.

-마티유

명상, 현재 참조

Morale ──────────
도덕

무엇을 해야 하나?^{도덕적 질문} 어떻게 살아야 하나?^{윤리적 질문} 이 두 가지 물음은 해방으로 가는 여정을 열어줄 질문이다. 성 아우구스티누스는 그의 유명한 문구 'Dilige et quod vis fac^{사랑하라, 그리고 네가 하고 싶은 일을 하라}'를 통해 사랑과 자선이 중심적 역할을 한다는 사실을 잘 보여준다. 그는 우리가 사랑 안에 뿌리내리고 있는 한 선을 향해 걸어갈 수밖에 없다고 생각한다. 그의 유명한 서간문에서 그는 그 길을 밝혀주고 있다.

'마지막으로 네게 이 짧은 교훈을 준다. 사랑하라, 그리고 네가 원하는 일을 하라. 조용히 한다면 사랑으로 조용히 하고, 말한다면 사랑으로 말하며, 고친다면 사랑으로 고치고, 용서한다면 사랑으로 용서하라. 마음속 깊은 곳에 사랑의 뿌리를 내려라. 사랑의 뿌리에서는 나쁜 것이 절대 나올 수 없다.'

자, 이제 우리는 알게 되었다. 그러니 더는 도덕이라는 코르셋도, 좌우명도, 사용법도 필요하지 않다.

다만, 문제는 우리가 아직 성인 반열에 오르지 못했다는 점이다. 그래서 다양한 동기 때문에 괴로워하다가 다시 자제력 부족에 빠질 수 있다. 제아무리 의도가 세상에서 가장 선하더라도 어떻게 권력의지, 분노, 거짓말, 이기심을 완전히 뿌리 뽑을 수 있겠는가? 아마 고된 전투가 될 것이다. 또다시 한편에는 선을 알아보고 인정하고 열렬히 욕망하는 자신의 가장 선한 모습이 있다면, 다른 한편에는 일상의 옹졸함, 잘못 내디딘 걸음, 탈선이 서로 대립한다. 그래서 앞으로 나아가고 정진하기 위해 윤리와 도덕, 나침반이 필요한 듯하다. 왜냐하면 아리스토텔레스가 지적했듯, 쇠를 벼려야 대장장이가 되는 것처럼 절제, 용기, 정의, 중용을 실천해야 그 과정에서 이런 덕목들을 얻을 수 있기 때문이다.

그렇다면 우리는 왜 도덕적으로 행동할까? 칼리클레스, 니체, 프로이트 외 많은 철학자가 우리를 선하게 행동하도록 만드는 진정한 동기가 무엇인지 추적했다. '마치 그래야만 하는 것처럼' 우리가 덕망 있고 순종적으로 구는 이유는 거부당할 수 있다는 두려움과 순종주의 때문일까? 우리는 다른 사람의 환심을 사고 싶은 욕망에 따라 행동하는 걸까? 아니면 아우구스티누스가 모든 염원을 담아 말했듯, 우리는 정말 우리를 선으로 자연스레 인도하는 한없이 커다란 자선을 마음속에 품고 있는 걸까? 확실히 이들 쟁점은 윤리적, 도덕적 문제들이다. 이 거대한 도전은 겉을 장식한 모든 광택을 벗겨내고 자유를 탄생시킨다. 그리고 자유와 함께 장식이나 격식, 꾸밈없이 전적으로 헌신하는 사랑을 낳는다.

-알렉상드르

Mort ──────
죽음

오랫동안 죽음은 내게 공포였다. 나는 영구차가 지나가는 것만 봐도 놀랄 만큼 불안감에 빠지곤 했다. 하지만 장의사 친구를 알게 되면서 조금 치유될 수 있었다. 나는 그가 들려주는 일 이야기를 몇 시간이고 들었다. 아무리 나였지만, 조금씩 커다란 신뢰가 쌓이기 시작했다. 그 후, 한 단계 올라서서 그가 일하는 곳에 가보았다. 그의 온화함과 삶에 대한 믿음은 내게 많은 고뇌를 안겨주었다. 나는 그가 차가운 방에서 남자와 여자, 아빠와 엄마를 무한한 애정이 담긴 손길로 보살피는 것을 지켜보았다. 처음에는 그가 망자를 대할 때 장갑을 끼지 않는 모습에 깜짝 놀랐다. 하지만 그의 말에 생각이 바뀌었다.

"겨우 한 시간 전까지만 해도 이 부인은 남편의 품에 안겨 있었을 텐데, 지금 내가 굳이 장갑을 끼고 고인을 만져야 할 이유가 뭘까요?"

요아킴은 내가 가장 기대하지 않았던 장소에서 삶의 선한 모습을 보여주었다. 문득 듬성듬성 이가 빠진 망자의 입을 보며 그녀가 했을 애정 어린 말들을 상상해보았다. 여러 관이 놓여 있는 한 복판에서 나는 우리 몸이 하나의 기적임을 깨달았다. 영안실을 나가는 내 마음속에는 기대치 않았던 희망이 생겼다. 마침내 나는 깨달았다. 몸은 족쇄가 아니라 깨달음의 도구이며 이제부터는 몸으로 삶을 축하하는 것이 숙제다!

항상 똑같은 부르짖음이 들린다. 허비할 시간이 없으니 어서 실천해야 한다고. 요아킴은 고인이 되어 그의 눈앞에 누워 있는 한 여자 종업원의 이야기를 들려주었다. 그녀는 식당에서 손님에게 음식을 가져다주다가 심장마비로 즉사했다고 한다. 삶의 위태로움은 나를 놀라게 한 것으로 그치지 않았다. 무서움과 경외감이 번갈아 찾아왔다. 이 젊은 여성이 아침에 일어나 출근하는 모습을 그려본다. 분명 그녀는 자신이 그날 죽는다는 생각은 한순간도 하지 않았을 것이다. 생명은 부서지기 쉽다. 그러므로 매 순간은 우리가 깊이 감사해야 하는 선물이다. 서둘러 우리의 생각을 전환하여 더 관대한 사람이 되면 어떨까!

　플라톤은 《파이돈》에서 철학은 죽음을 연습하는 것 플라톤처럼 그리스어로 표현하자면 멜레테 타나투Meletê Thanatou 이라고 했다. 그는 정진하는 사람이라면 자신에게서 몸과 열정을 분리해내고, 자신을 노예 상태로 묶어두고 감옥에 가두었던 못에서 벗어나 자유로워져야 한다고 생각했다. 몸을 족쇄나 속박으로 여기는 것에서 단 한 걸음만 옮기면 되는 일이다. 그런데 그리스어로 '소마Sôma, 몸'는 얄궂게도 '세마Sêma, 무덤'와 유사하다. 하지만 반대로 우리의 유한성과 무상함을 명상하는 데는 슬픈 구석이 조금도 없다. 자신과 결별하고 계속되는 우리 삶의 변화를 경험하려면, 바로 여기에서 지금을 사는 일에 전념하는 영원한 혁신을 열린 마음으로 받아들여야 한다. 그러면 정신이 온 힘을 다해 매달리며 얼굴을 찡그린 채 싫은 내색을 한다. 확고한 것을 손에 넣고 싶기 때문이다. 모든 것이 일시적이고 모든 게 지나가지만, 정신은 안전과 불변을 추구한다. 그렇기에 한 무더기의 고통과 끊임없는 공포, 중단없는 불만족이 생겨나는 것이다.

-알렉상드르

동기

　　과연 동기는 어디에서 나올까? 우리를 물속으로 뛰어들게 압박하는 것은 무엇인가? 지혜를 끌어안고 싶은 건전하고 심오하며 생생한 열망 때문일까? 여전히 우리 마음속에는 당근의 매력과 채찍의 공포가 맹위를 떨치는 걸까? 우리를 성장하게 만드는 원동력이 무엇인지 물음을 가지는 건 우리가 탈 말을 조심히 다루면서 말이 감당할 만큼만 갈 길을 계획하는 것과 같다. 사르트르는 잘못된 신념과 우리가 맡게 된 한 무리의 역할을 규탄한다. 아마도 이들 역할 때문에 우리는 타인의 마음에 들고, 사람들을 실망시키지 않고, 보상하고자 마치 우쭐대듯 영적 행동을 하게 되는 것 같다. '목적도 없고 이익을 추구하는 마음도 없다'는 선불교의 원칙은 자신의 비범함을 보여주고 보상하고 싶은 모든 욕망과 물욕에서 벗어나는 데 필요한 진정한 나침반이 된다.

－알렉상드르

Narcissisme ————————

나르시시즘

　　심리학에서는 나르시시즘을 웅대함을 추구하는 성향, 경탄에 대한 욕구, 공감 능력 부족으로 설명한다. 자기도취에 빠진 사람은 자신의 인격그의 유일한 관심 대상이다에 무조건 경탄을 보낸다. 그러면서 스스로 설정한 실제보다 좋은 이미지를 강화하려 마르고 닳도록 노력한다. 자기도취에 취한 사람은 타인에 대한 배려가 거의 없다. 그저 자신의 이미지를 높이는 데 필요한 도구로 여길 뿐이다. 오랫동안 우리는 자기도취자에 대해 마음속 깊은 곳에서 자기 자신을 사랑하지 않는 사람, 불안감을 보상하기 위해 자신을 과대평가하는 사람으로 생각했다. 그러나 많은 연구 결과, 이들이 실상 전적으로 우월감 때문에 고통받는다는 사실이 밝혀졌다. 이들은 결국 현실에 직면하면 다른 사람들이나 자기 자신을 향해 분노를 느끼는 것이 일반적이다. 연구 결과에 따르면, 자기 자신을 과대평가하는 사람들은 평균보다 높은 공격성을 보이는 경향이 있다.

심리학자 진 트웬지Jean Twenge 교수는 20년 전부터 북아메리카가 나르시시즘이라는 역병을 앓고 있음을 밝혔다. '난 중요한 사람'이라는 말에 동의하는 청소년의 수가 30년 만에 12%에서 18%로 증가했다고 한다. 오늘날, 이번에도 미국의 경우 고등학생 4명 중 1명이 자기도취 성향이 있는 것으로 판명된다. 연구자들에 따르면, 이런 자기중심주의가 나타나는 이유 중 하나가 자신을 홍보하는 데 큰 비중을 할애하는 SNS를 사용하기 때문이라고 한다.

-마티유

자아 참조

Nature ——————
자연

자연은 우리 마음을 끌어당길 뿐만 아니라 정신적으로나 육체적으로 좋은 건강을 유지하는 데 좋다.

언젠가 여사친의 화장식에 참석했던 일이 기억난다. 우리는 종교적 색채가 없는 단순하고 소박한, 아무 매력 없는 커다란 방에 앉아 있었다. 그런데 갑자기 우리 정면에 있던 안쪽의 칸막이가 천천히 올라가면서 사라지고 커다란 통창이 나타났다. 창밖으로는 작은 정원과 연못 위로 드넓은 파란 하늘이 펼쳐져 있었다. 당시 이 자연의 요소들이 나타났을 때 마음속 깊이 느꼈던 평정심과 안도감은 지금도 생생하다. 마치 대자연 앞에서 내 슬픔의 무게가 가벼워지는 것 같았다. 그때 내가 속으로 했던 생각이 떠오른다.

'이 모든 것은 우리가 세상에 오기 전에도 있었고 우리가 세상을 떠난 후에도 그대로 있겠지. 태어나고, 살고, 죽는 건 그저 순리인 것을……'

그 순간 내게는 자연과의 유대관계에서 나온 이 메시지가 필요하다고 느꼈다. 단순히 사람들이 만들어낸 환경은 아무리 성공적이고 조화롭더라도 결코 내게 이런 영향을 주지 못했을 것이다.

많은 도시 혹은 근교의 환경이 우리를 괴롭히고 결핍 상태로 만든다. 결국, 우리는 자신만의 세계에 틀어박혀서 많은 도시인이 헤드폰 아래나 모니터 앞으로 피신한다 스트레스받으며 매복하듯 경계를 늦추지 못하게 된다 보도 위를 걸으면서 서로 밀치지 않도록 조심해야 하거나 횡단보도를 건너면서 자동차에 치이지 않게 주의해야 한다. 우리가 이런 환경에서 소모하는 모든 에너지는 자기 자신에게 집중된다. 그러면 개방과 발견을 향해 나아가는 것이 아니라 폐쇄적이고 보호를 추구하는 방향으로 가게 된다. 우리는 방어적으로 변하고, 안정감을 주면서 자양분이 되는 아름다운 환경이 선사하는 가벼움, 자유, 마음의 평화를 잃는다. 다만, 퍽 다행스럽게도 현대 건축가들은 내일의 도시가 어떤 모습을 닮아야 할지 근본적으로 다시 생각하고 있다. 분명 그곳에서는 자연이 큰 자리를 차지할 것이다!

-크리스토프

Nature de Bouddha ───────

붓다의 본성

불교에 따르면, 제아무리 두려움에 사로잡혔더라도 사람은 누구나 자신의 마음속 깊은 곳, 의식의 근본적 본성 속에 '붓다의 본성' 혹은 '마음의 본성'이라는 한결같은 특성을 늘 품고 있다. 이 본성은 증오와 욕망을 비롯한 부정적인 정신 상태뿐만 아니라 모든 형태의 현실 왜곡으로부터도 자유롭다. 마치 진흙으로 완전히 뒤덮여도 결코 더럽힐 수 없는 근본적으로 순수하고 변질하지 않는 금덩어리와 같다. 무지는 붓다의 본성을 일시적으로는 가릴 수 있지만 왜곡할 수는 없다. 우주와 태양은 구름에 가려져 눈에 보이지 않을 수 있지만 언제나 변함없이 그대로 존재하는 것처럼 말이다.

-마티유

Nietzsche Friedrich ───────

니체

두툼한 콧수염 뒤로 모습을 숨기고 있는 어느 가공할 스승. 그는 삶을 긍정하고, 원한을 쫓아내고, 거짓을 추적하는 법을 우리에게 가르쳐준다. 프리드리히 니체. 연약한 체질이었던 이 남성은 마치 손으로 잡아끌 듯 우리를 위대한 건강으로

안내한다. 1844년 뢰켄Röcken에서 출생한 니체는 같은 것의 영원
회귀를 이야기한 예언자다. 그는 단도직입적으로 말한다.

'충격을 줄 필요가 있다. 핵심에 관한 것이라면 나는 이미 조심
성을 잊었다.'

폴 듀센Paul Deussen에게 보낸 편지에서 그가 한 말이다. 망치를
휘두르며 철학을 탐구하는 그는 다이너마이트 같은 사람이다.

영감을 얻기 위해 들고 다니는 작은 핸드북을 만들려고 할 때,
차라투스트라의 아버지 니체는 확실히 귀한 영감을 주는 금광과
같다. 그는 현실에 대한 전적인 동의를 드러내기 위해 표면에 묻
은 것을 모두 닦아낸다. 우리는 그의 옆에서 솔직하고 명백한 '아
모르 파티Amor Fati'의 힘을 발견한다. 그가 마음속으로 소중하게
간직했던 두 단어로 된 이 라틴어 표현은 운명과 현실, 숙명에 대
한 사랑을 뜻한다. 운명에 대한 사랑은 주어진 모습 그대로의 존
재를 좋다고 하고, 세상의 후방으로 멀리 물러서지 않는 것에 동
의한다. 이 사랑을 소리 내어 읽는다는 것은 자유의 배움터로 가
고, 최소한의 자기착각도 몰아내려는 용기를 발견하고, 우리를 다
른 사람들에게 다가가게 만드는 걸 재해석한다는 뜻이다. 무엇 때
문에 우리는 동반자를 찾게 되는가? 군집본능인가? 외로움에 대
한 두려움인가? 순응주의인가? 니체는 '거리의 파토스'에 대해 이
야기한다. 이것은 차가운 무관심과는 거리가 멀다. 우리는 다른
사람을 우리 범주 안에 가두지 않고 그의 다른 점을 존중함으로써
독특함이라는 조각 속으로, 아무런 저의도 깔려 있지 않은 관대함
속으로 경쾌하게 도약하도록 초빙된다.

운명에 대한 사랑을 발견한다는 것은 유쾌한 지식을 함양한다는 뜻이다. 병, 죽음, 불의로 가득한 이 비극적인 세상은 전적으로 수용하는 것뿐만 아니라 무조건 사랑하라고 호소한다. 이 천재적인 심리학자 니체는 우리를 많은 사람이 지나다니는 길 밖으로, 선악의 저편으로 초대한다. 그는 우리의 의향을 살피고, 모든 잘못된 의식의 흔적을 산산조각 내어 우리를 넓은 곳으로 데려간다. 왜냐하면 '인간은 극복되어야 할 그 무엇'이기 때문이다.

11년간 정신의 붕괴를 겪고 외로이 죽음을 맞이한 니체는 우리 각자에게 떨림을 주는 호소를 한다. 그는 있는 모습 그대로 우리 자신이 되라고 말한다. 나는 니체를 무척 좋아한다. 그는 삶의 명암, 일상의 롤러코스터와 화해한다.

'춤추는 별을 낳으려면 자신의 내면에 혼돈을 품어야 한다.'

그는 과도할 정도로 마음을 가라앉혀준다. 거기서 나는 개인성의 편협한 경계에서 벗어나라는 그의 멋진 권고를 발견한다.

'사실, 개인의 진리란 없다. 오직 개인의 오류만 있을 뿐이다개인 자체가 오류다! 우리는 나무에 돋아난 싹과 같다. 나무를 위해 우리가 무엇이 될 수 있을지 우리가 무엇을 알겠는가? 하지만 우리는 마치 우리가 전체, 즉 아我와 모든 비아非我라는 환상이 되고 싶고 또 되어야 하는 것처럼 의식한다. 이제 스스로 이런 환상 속의 자아라고 그만 느껴야 한다! 자칭 개인을 물리치는 법을 조금씩 배워야 한다. 자아의 오류를 발견해야 한다! 이기주의가 오류라는 사실을 깨달아야 한다! 특히 이기심의 반대가 이타심이라 생각해서는 안 된다! 이기심의 반대는 다른 자칭 개인들에 대한 사랑쯤이 될 것이

다! 그래선 안 된다! 나와 너를 넘어서야 한다! 우주적 방식으로 느껴야 한다!'

이는 그의 작품 노트《노트 일람》에 적혀 있는 글이다.

-알렉상드르

혼돈, 위대한 건강, 편견, 현자와 인류애의 대가이자 스승, 섹슈얼리티 참조

Non-attachement
비집착

집착하지 않는다는 것은 다른 사람들을 덜 사랑한다는 뜻이 아니다. 오히려 반대로 다른 사람들을 더 잘 사랑하는 것이다. 태양이 몇몇 선택된 자에게만 몇 줄기 빛을 내리쬐지 않고 모든 중생 위로 가득히 빛을 발하는 것처럼 말이다. 게다가 집착에서 벗어나면 우리가 주는 사랑의 대가로 상대방의 사랑을 받아야 한다는 욕구에 덜 사로잡히게 된다. 우리는 마음의 안정을 열망하고 고통을 두려워하는 지각 능력이 있는 존재로서 그들을 사랑하는 것이지, 우리 자아를 왜곡하는 프리즘을 통해 그들을 사랑하지 않는다. 우리는 초조하게 욕구가 충족되기를 기다리는 대신, 우리의 사랑이 상호적 사랑을 불러일으킨다는 사실만으로도 기뻐한다. 나는 고통스러운 떨어짐을 연상시키는 '무심함'보다는 어디에 '들러붙지' 않는다는 개념을 연상시키는 '비非집착'이라는 말이 더 좋다. 비집착은 모든 중생과 상황에 전적으로 감사하는

것이지, 이들을 독점하려 하거나 우리의 소유욕으로 이들을 풀칠하는 것이 아니다.

또한 비집착은 외부의 조건이 우리의 모든 기대와 두려움을 좌우하지 않게 만든다. 티베트 불교에는 '일미一味', 즉 '한 가지 맛'이라는 것이 있다. 이것은 겨자와 딸기 맛을 더 이상 구별하지 않고 모든 것이 특정한 맛이 없는 무미한 상태가 된다는 말이 아니다. 덥거나 춥거나, 편안하거나 불편하거나, 기분 좋은 소리를 듣거나 기분 나쁜 소리를 듣거나, 우리는 어떤 상황에서도 내면의 평화를 유지할 수 있다는 뜻이다. 이런 내면의 평화를 발견하면, 우리는 잘 봉인된 용골을 갖춘 배와 같아진다. 돌풍에 배가 기울더라도 전복하지 않고 금세 평형을 회복할 수 있게 된다는 말이다.

-마티유

Non-fixation ──────
비고착

비非고착은 우리를 움켜쥐거나 내던져버리고 싶은 마음에서 벗어나 무슨 일이 일어나든 다 수용할 수 있게 만드는 가장 놀라운 '도구' 중 하나다. 나 스스로 내가 설정한 이미지로 나를 한정하는 순간부터 나는 고통스러워진다. 이런 건강하지 못한 메커니즘을 저지하려면 절대로 자신을 무언가와 동일시해서는 안 된다. 조롱의 한복판에서, 나 자신을 너무 근엄하게 대할 때마다, 나는 하루에도 수없이 나 자신의 역할과 상처와 기대를 닦아내고 거기서 빠져나오는 연습을 다시 한다. 용감하게 비고착을 감행하면 상처 입지 않은 채 폭풍을 통과할 수 있다. 분노나 두려움, 슬픔이 얼마든지 찾아와도 괜찮다. 그것들이 내 마음속에 정착하지만 않으면 된다. 그러므로 하루에도 수없이 그냥 지나가게 흘려보내야 한다.

-알렉상드르

Non-jugement
비판단

다른 사람들을 판단하는 방법에는 두 가지가 있다. 절대적 판단 혹은 비非판단, 즉 상대적 판단이다. 절대적으로 판단한다는 건 예컨대 '누군가가 근본적으로 나쁜 사람이다. 그에게는 눈곱만큼도 어진 마음이 없다. 그의 존재 방식은 불평하는 것이기 때문에 절대 불평을 멈추지 않을 거다. 그래서 변할 이유가 전혀 없다' 하는 식으로 선포하는 것을 말한다. 이런 유형의 판단은 사람의 성격적 특성이 돌에 새겨진 것처럼 영원히 변하지 않는다는 걸 전제로 한다. 그러나 명상을 경험하고 지난 20년간 뇌가소성 우리 뇌는 새로운 상황에 노출되거나 육체적 또는 정신적 훈련을 받으면 변한다과 후성학 심지어 우리 유전자도 변할 수 있다 분야에서 이루어진 발견을 통해 이런 판단에 대한 반론이 제기되었다. 여러 연구 결과, 우리의 생각과 감정, 기분 그리고 마지막으로 성격적 특성을 관리하는 방법을 바꿀 수 있다는 것이 입증되었다.

상대적 판단은 우리가 판단하는 사람의 일시적인 현재 상황에만 적용된다. 누군가가 불쾌한 행동과 성격적 특성을 보이더라도 그의 개인적인 변화와 그를 둘러싼 환경이 어떤 역할을 할 수 있는지를 고려하는 것이다. 그 사람 자체가 아니라, 그의 행동에 영향을 준 요인들과 그의 당시 정신 상태를 판단하는 것이다. 가령 누군가가 몽둥이로 당신을 때린다면, 당신은 몽둥이에 화내지 않을 것이다. 몽둥이 끝에는 그것을 쥐고 있는 사람이 있다는 사실을 잘 알기 때문이다. 그러면 이어서 추론을 계속해보자. 이 사람은 증오심에 조종된 것이고, 증오심의 원천은 무지함에 있다. 이것은 그 사람의 행동에 문제가 있음을 덮으려는 것이 아니다. 다만, 그 사람이 변할 수 있음을 의식하면서 증오와 무지의 희생자인 그에게 연민의 문을 열어놓자는 말이다.

-마티유

Non-peur
비두려움

모든 인간은 각자 짐 하나를 물려받는다. 결국 늘 같은 말을 무한 반복하는 일종의 내부 소프트웨어를 물려받는 셈이다. 모든 인간은 다소 비옥한 욕조 안에 몸을 담고 그곳에서 성장한다. 우리가 배웠던 것을 과감히 잊어버리고 더 단순하고, 가볍고, 자유로운 새로운 삶의 방식을 시작하자. 이것이 바로 우리 인간이 할 일이다! 아리스토텔레스의 말이 옳다. 대장장이가 되려면 쇠를 벼려야 하듯, 덕 있는 행동을 해야 우리 마음속에 선한 습관, 즉 자유에의 성향이 깊이 뿌리내린다. 욕조를 나와서 신뢰로 들어가야만 하는 것이다.

주저함! 흔히 두려움과 연약함은 가장 바라지 않는 곳에 도사리고 있다. 내 아이들이 학교에서 쫓겨났을 때 내가 오랫동안 부들부들 떨었던 것처럼, 무엇보다 나는 자기가 저지르지 않은 잘못 때문에 아이들이 비난받는 게 두려웠다. 솔직히 고백하자면, 최악은 투렛 증후군 환자들을 다룬 방송을 본 뒤로 지하철 안이나 슈퍼마켓 혹은 사람 많은 서점에 있을 때, 나와 가까운 사람들에게 결정적으로 해가 될 말을 내뱉지나 않을까 하는 두려움을 갖게 된 것이다. 나는 내가 허튼소리를 하며 소리치지 않으려면 입술을 꾹 깨물어야 한다는 사실에 놀랐다. 가령 내 아내가 은행을 털었다고 외치거나, 내 딸이 선생님 뺨을 때렸다고 하거나, 내 아들이 학급 친구를 두들겨 팼다고 소리치지 않으려면 말이다. 나의 미친 상상력이 세상에서 가장 말도 안 되는 시나리오를 만들어내고 있었다. 이 모두가 번민이라는 괴물을 키워냈다. 내 아이들이 학교에 지각할 것 같으면, 이미 나는 아이들이 등교하자마자 그 자리에서 집으로 돌려보내질 것이라 상상했다. 학원에서 학교 시험문제와 같은 문제가 나오자 걱정 제조기가 급발진했다. 아이들이 부정행위를 했다고 비난받고서 학교에서 쫓겨나고 사회에서 추방될지도 몰라, 하는…….

주저함! 내가 열두 살 때의 일이다. 부모님은 내가 동네 학교에 전학할 수 있게 온갖 노력을 다했다. 입학사정관이 와서 나를 테스트했다. 몇 달 뒤, 판정을 알리는 서신이 도착했다. 학교 교사단은 이런 학생의 전학을 받아들이기를 주저함이라고 적혀 있었다. 그날, 나는 사전을 찾아보고 나서야 정식학교에 들어가는 것이 내게는 금지된 일임을 알 수 있었다. 주저함! 오래된 트라우마라는 현실에 달라붙지 않기란, 오랫동안 사용해왔던 암호 해독판을 통해 세상을 해석하는 것을 멈추기란 얼마나 어려운 일인가! 자기 자신을 고문하는 정신의 능력은 너무도 비범하다. 지옥과 같은 고통의 순환을 영원히 재생산하니까 말이다. 이 연극의 총감독은 자아가 맡는다. 자아는 굴레를 벗어난 자유로운 투영과 상상으로 견딜 수 없는 무대를 만들어낸다. 비非두려움을 향해 나아간다는 것은 이런 파국적 시나리오를 품은 의식意識도 신성한 신뢰의 씨앗을 받아들이며 키울 수 있다는 사실을 믿고 경험한다는 뜻이다.

나의 두려움 앞에서 나는 레오 톨스토이의 사고실험머릿속으로 진행하는 실험 또한 이해하게 되었다. 이 천재적인 러시아 소설가의 사례는 이제 상징적인 것이 되었다. 당장에라도 백곰의 이미지에 대한 강박에 사로잡히려 한다면 백곰 생각을 하지 않으려 애쓰기만 하면 된다. 비두려움을 향해 정진한다는 것은 두려움의 내용보다 그 메커니즘을 보고, 두려움에 맞서 싸우기보다 두려움을 받아들인다는 말이다. 두려움의 테마는 다양하지만, 근본적 불안감은 항상 같기 때문이다. 내가 느끼는 공포 뒤에는 어떤 트라우마가, 어떤 기대가, 어떤 환상이 숨어 있었을까? 대체 나는 왜 다른 사람들이 나와 내 아이들이 하지도 않은 행동 때문에 나를 비난할까 봐 그토록 무서워했을까?

《문명 속의 불만》에서 프로이트는 사회에서 살려면 충동에 대한 희생이 요구된다고 주장한다. 나의 폭력성을 억압하고, 끊임없이 나를 통제하며 수정하고, 계속 다른 사람의 기대에 나를 맞춰야 한다고 말이다. 해야 하고, 해야 하고, 또 해야 하는 일투성이다. 조금만 더 하면 돌아버릴 지경이다. 왜 다른 사람들이 어떻게 생각하는가가 나를 결정하는가? 타인이 어떤 종류의 사람으로 보이는가? 판사나 검찰총장? 자신의 두려움을 정복하고, 길들이고, 함께 공생하려면 우리를 관통하는 이 물결 전체를 아무런 수치심 없이 응시해야 한다. 자신을 받아들이는 여정 안에서는, 현명한 친구들뿐만 아니라 우리가 매일 우연히 마주치는 사람들도 우리에게 장애물이나 검열관이 되기는커녕 길동무가 되어줄 수 있다고 확신하자.

-알렉상드르

번민, 두려움 참조

Non-violence

비폭력

우리는 비非폭력을 무력함과 결부시킨다. 사실, 방아쇠를 당길 준비가 되어 있는 군대에 아무 무기 없이 맞서려면 큰 용기가 필요한데도 말이다. 간디가 벌인 비폭력운동 사티아그라하Satyagraha는 '진실의 힘'을 뜻하는 말이다. 영국 정부에 도전하기 위해 간디는 1930년에 소금의 행진을 시작했다. 그는 제자 수십 명과 함께 은둔지를 나와 인도양 해안까지 400킬로미터를 걸어갔다. 도중에 수많은 추종자가 합류했다. 영국 군대는 이들의 전진을 막으려 했다. 하지만 몽둥이세례를 받아도 이들은 절대 폭력으로 응수하지 않으면서 계속 전진했다. 결국, 진압군은 이들을 그냥 지나가게 했다. 해안가에 도착했을 때 군중은 수천 명으로 불어나 있었다.

그곳에서 간디는 소금 한 줌을 집어 드는 것으로 국가의 독점에 반기를 들었다. 당시 영국 정부는 최빈층까지 모든 인도인에게 소금세를 부과했고 무단으로 소금을 수확하는 것을 금지했다. 간디의 뒤를 이어 전체 군중이 소금물을 그릇에 담았다. 이 소식이 전해지자, 인도 전역에서 주민들이 일부러 영국인들 눈앞에서 소금물을 증발시켜 소금을 수확했다. 이 일로 간디를 포함해서 수만 명이 감옥에 갔혔다. 그러나 영국 총독은 이들의 결의에 결국 굴복했다. 가둔 사람들을 모두 풀어주고 인도인들에게 소금을 수확할 권리를 부여했다. 그렇게 소금의 행진은 인도 독립을 위한 비폭력운동의 전환점이 되었다.

40년 전부터 달라이 라마는 중국인들에게 폭력을 행사하는 것은 생각도 할 수 없는 일이라고 반복해서 말한다.

"우리는 언제나 이웃입니다. 서로 받아들일 수 있는 해법을 대화로 찾아야 합니다."

가끔 '달라이 라마는 좋은 사람이지만, 그렇게 해서는 티베트 문제를 해결할 수 없다'는 평가가 들린다. 그렇다면 티베트인들이 테러라도 벌이고, 비행기라도 납치해야 할까? 중국인들을 살해하여 더 끔찍한 억압과 더 잔혹한 박해를 불러와서 결국 더 해결하기 어려운 적대감을 낳아야 할까? 달라이 라마의 태도가 성공적인 결과를 가져올 수 있도록 국제사회가 모든 노력을 기울인다면, 이를 본받아 이스라엘과 팔레스타인 사이의 끝없는 충돌을 비롯한 여러 갈등을 해결할 수 있을 것이다. 그러나 국제기구들은 공동체 간에 서로 죽고 죽이는 일이 발생하지 않는 한 꿈쩍도 하지 않는 것이 현실이다.

-마티유

공격성, 증오, 폭력 참조

Optimisme ———
낙천주의

낙천주의는 일종의 형세 관망주의가 아니다. 최선을 기대하면서 그렇게 되도록 참여하는 적극적인 태도이기 때문이다. 나는 지혜가 우리를 낙천주의로 인도할 것이 틀림없다고 생각한다. 지혜가 있으면 우리는 장애물과 난관, 그리고 비관주의자들이 보는 모든 것을 쉽게 볼 수 있다. 하지만 이것이 전부가 아니다. 지혜의 상징인 열린 마음을 늘 갖게 함으로써, 우리에게 도움 될 자원과 해법 그리고 가능성을 볼 눈도 준다. 내 안에 낙천주의가 살아 숨 쉬게 하는 것이 어려울 때면, 나는 나치 수용소에서 살아남은 생존자이자 증오를 모르는 현자인 소설가 프리모 레비 Primo Levi 의 글을 일부러 떠올린다.

'내 안에 있는 인간의 미래에 대한 신뢰를 어떻게 설명할지 모르

겠다. 합리적으로 설명하는 것이 불가능할 수도 있다. 하지만 절
망이야말로 비합리적이다. 어떤 문제도 해결하지 못하고 심지어
새로운 문제까지 만들어내기 때문이다. 그래서 절망은 본질적으
로 고통이다.'

낙천주의자가 되는 것이 힘들다면, 최소한 비관주의자가 되지
않도록 노력하길 바란다!

-크리스토프

행복, 뇌가소성 참조

Orthopédie mentale ――――――
정신의 정형외과

지혜와 자유를 향해 뛰어드는 사람을 호시탐탐
노리고 있는 위험이 있다. 지혜와 자유로 향하는 길이 소년원이나
정신의 정형외과로 바뀔 위험이 있다는 말이다. 그런데 자신의 상
처를 무조건적으로 받아들이면 초연함에 이르게 된다. 층계를 오
르기 위해서는 미리 계단 하나하나의 위치를 확인하고, 다시 숨을
고르고, 현실에 의지하는 것이 좋다. 정진하는 사람들은 각자 자
신이 가진 자원과 취약점, 길을 떠나는 데 필요한 짐과 노잣돈을
들고 앞으로 걸어 나아가는 법이다.

-알렉상드르

노력, 유쾌한 노력 참조

O_{ui}
예

　　'예'라는 긍정의 길에서 정진하고, 일체의 비평
을 중단하는 것이 어쩌면 수행의 핵심이리라.

-알렉상드르

수용 참조

Paix intérieure ────────────

내면의 평화

　　몇 해 전, 영국 콘월로 휴가 갔을 때의 일이다. 혼자서 해안의 오솔길을 걷다가 바다 앞 언덕 위에 있는 작은 벤치에 발길이 머물렀다. 마침 해가 지고 있었는데, 그곳 풍경이 너무도 아름다웠다. 벤치에는 'R. I. P Rest In Peace, 평화로이 영면하다'라고 새겨진 작은 명패가 붙어 있었다. 거기에는 이름은 잊었지만, 이 동네에 살던 어떤 신사가 세상을 떠나기 얼마 전까지 매일 그곳에 와서 앉아 있는 것을 좋아했다고 적혀 있었다. 나도 그 사람처럼 벤치에 앉아보았다. 믿을 수 없을 만큼 좋은 느낌이 밀려왔다. 마치 거대한 내적 평화의 보고에 직접 연결된 듯한 느낌이었다. 주변 환경이 멋졌던 것은 물론이지만, 그런 환경이 내 마음속에 잠들어 있던 평화의 능력을 다시 일깨우는 것 같았고, 그런 능력이 내면에서 나오는 듯한 낯선 느낌이 들었다. 내게 무슨 일이 벌어지는지 찬찬히 살펴보았더니, 이렇게 평화로움을 인식한 데 이어 모든 영역에서 변화가 일어났다. 마음이 고요해지는 것뿐만 아니라 친절, 차분함, 한 걸음 물러서는 느낌이 들었다. 그리고 인생에서 진정 중요한 것과 한낱 거품인 것에 대한 통찰로 가득한 것처럼 느껴졌다. 가벼움과 자유가 삶과 죽음의 현실에 뿌리를 두고 닻을 내리는 듯한 느낌이 들었다. 행복감과 흥분 상태에서 느낄 수 있는 신기루 같은 느낌이 아니었다. 그렇게 내면의 평화가 자리 잡은 상태에서 세상과 사람들로부터 단절된 느낌이 아닌, 더욱 끈끈하게 연결된 느낌이 들었다. 나는 벤치에 이름이 새겨진 그 신사를 생각하면서 그 순간을 그에게 헌정하며 감사했다.

당연한 말이지만, 평화란 전쟁이 벌어지지 않는 것 또는 갈등이나 긴장이 없는 상태를 말한다. 전쟁은 하나 혹은 다수의 적을 상대로 한 나라나 한 사람이 온 힘을 동원하는 것을 전제로 한다. 물론, 우리가 사는 동안 필요한 전투도 있다. 하지만 영속적인 전쟁 상태라면? 내면의 평화에 충실하다는 것은 대립을 포기한다는 게 아니라, 영속적인 투쟁 상태로 살지 않으면서 현실에 고개를 숙이는 걸 말한다. 언제 전쟁이 필요한지, 불완전하더라도 언제 평화가 필요한지를 알아볼 줄 안다는 말이다. 분노하지 않으면서도 맹목적이지 않게 힘을 사용하고 단호한 태도를 보이려 노력한다는 말이다. 이 얼마나 멋진 일인가!

어쩌면 우리는 불안정하고 일시적일 수밖에 없는 평화 상태, 그 자체보다는 내면의 평화를 찾는 과정에 더 집착해야 하지 않을까? 더 이상 행동이 아닌 공격을 하도록 우리를 압박하는 과도한 원한이나 분노, 즉 우리에게 해로운 이런 감정들을 진정시키는 작업을 마음속으로 꾸준히 실행해야 한다.

-크리스토프

내면의 평화를 위해 노력하고 싶다면?

크리스토프의 4가지 조언

1

'포스가 너와 함께하기를'은 영화 〈스타워즈〉에 수없이 등장하는 아주 유명한 대사다. 이 말 뒤에 '네 안에 평화가 정착하기를'이라고 덧붙여보면 어떨까? 그러면 우리의 포스를 훨씬 더 잘 사용할 수 있을 테니까!

2

내면의 평화는 수동성 대신 고요한 약속을 낳는다. 내면의 평화는 단조로움으로 이어지는 것이 아니라, 동요하는 사람들의 눈에는 보이지 않는 미묘한 차이를 감지하는 날카롭고 예리한 시선을 갖게 한다.

3

내면의 평화는 우리 내면의 자유를 증진한다. 지금과 같은 소비사

회의 자극제^{광고, SNS, 쉽게 만족감을 주는 오락거리 등}에 대한 의존성을 줄여
주기 때문이다.

4

그렇다고 모든 형태의 광기와 일탈, 남용, 충동성을 자기 검열해서
박멸한다는 것은 터무니없는 소리다. 다 일어날 수 있는 일이고, 심
지어 간혹 이런 일탈이 당장에는 기분을 좋게 할 수도 있다^{과음, 과소}
^{비, 욕 등}. 그러나 내면의 평화를 얻는 작업 기술과 습관은 우리를 진
정한 실존적 선택과 가치의 길로 더 빨리 인도해준다. 일탈은 일탈
에 불과할 뿐이지, 도로의 출구나 심각한 사고에서 벗어나는 길이
아니기 때문이다.

용서

용서란 무엇인가? 내가 상처나 공격을 받거나 누군가가 내게 해코지하는 경우라면, 용서에는 어떤 의미가 내포되어 있을까? 우리는 용서에 대해 오해하는 경우가 많다. 심리치료에서 용서라고 하면, 사람들은 가장 먼저 '사면' 혹은 어떤 의미에서는 '복종'이라고 이해한다. 용서치료에 관한 연구에 따르면 첫째, 용서는 어떤 형태의 속박에도 구속되지 않아야만 의미가 있다.용서는 상처받은 사람 쪽에서 자유로이 결정해야 한다. 둘째, 용서는 법적 전개와는 철저히 분리된 내밀한 행위다. 환자가 용서하는 방향으로 가기를 바라는 치료사는 용서가 모든 사람 앞에서 하는 공식적인 화해를 의미하지 않는다고 설명해야 한다. 이는 어디까지나 자기 마음속으로 용서하는 것을 말한다. 이는 악행을 잊거나 부정하는 것과는 전혀 관계가 없다. 용서는 이런 고통에서 자유로워지겠다는 개인적이고 내밀한 결정이다. 용서는 내가 고통당한 만큼 다른 사람도 고통받기를 바라는 마음과 원한을 극복할 수 있도록 우리를 해방하는 행위다.

-크리스토프

용서하는 훈련을 하고 싶다면?
크리스토프의 2가지 조언

1

용서를 구하는 것은 죄책감에서 회복하는 하나의 방법이다. 그래서 보기보다 꽤 복잡하다. 그런데 용서를 구하기가 영 내키지 않는 상황이 참 많다. 내가 상대에게 상처를 주었다는 것은 알지만 상대도 공동책임자라는 느낌이 들기 때문이다. 용서를 구한다는 의미는 나 혼자 잘못했다는 것도, 내가 상대보다 열등하다는 것도 아니다. 단지, 내가 초래한 잘못을 인정하고 상대가 내 사과를 받아들이기를 바라는 것이다.

2

용서하는 '재주'에 대해 말하자면, 우리 의사들은 환자들에게 치료 차원에서 배우자나 가까운 사람들에게 소소한 용서를 하는 것부터 훈련하게 한다. 다시 검토해보는 과정에서 우리는 '누가 옳고 누가 그른가?'를 따지는 데서 벗어나는 법을 배울 수 있다. 내가 옳더라도 다른 사람에게 상처를 줬다면, 그 사람과 신뢰관계에 있는데 이런 관계가 계속되길 바란다면, 소소한 용서를 구하거나 해주는 것이 상처받은 애정을 회복하는 한 가지 방법이라고 생각해야 한다.

Paroles ─────
말

    말은 우리를 죽이기도 하고 치유하기도 한다. 언젠가 평범한 학교 숙제 문제로 내 아들 오귀스탱을 꾸짖었던 적이 있다. 그때, 아들의 말에 정신이 번쩍 들었다.
  "아빠, 아빠가 나한테 뭐라고 했을 때 난 그 말이 날 따뜻하게 쓰다듬어주는 손길 같다고 상상했어."
  그 일이 있고 난 뒤 나는 조롱이나 비판, 나쁜 소식을 접할 때면 내게 상처가 되는 말들을 그 자체로 공격적이지 않은 단순한 소리로 여기려고 노력한다. 그런 말들에 그토록 큰 힘을 실어줄 이유가 있을까? 그런 말들에 기쁨을 파괴할 능력을 주면 대체 뭐가 좋을까? 한 줄기 바람에 불과한 그런 소리는 그냥 흘려보내도록 하자. 이것이 우리가 해야 할 도전이다.

-알렉상드르

Patience ─────
인내

    자신의 정신 상태나 그날 하루의 걱정거리와 자신을 전적으로 동일시하지 않으려면, 당장 문제를 해결하고 말겠다는 과한 욕심을 버리는 편이 아마 좋을 것이다. 가끔 여러 과제에 치일 때면 나는 일부러 속도를 줄여야 더 빨리 갈 수 있다고 스스로 설득한다. 동요된 상태로 발을 동동 구르면, 밟아야 하는 단계를 건너뛰다가 실수할 위험이 있다. 대체 왜 조급하게 굴지 않는 대범한 모습을 보이지 않는 걸까? 밤까지 모든 문제를 해결하지 못하고 잠자리에 들면 큰 재앙이라도 일어나는 걸까?

역설적이지만 인내를 배우려면 행동을 취하고, 정신에서 벗어나고, 무기력함을 깨뜨리는 것이 좋다. 얼마 전, 의사 선생님의 전화를 기다리고 있었는데, 아무리 기다려도 전화벨이 울리지 않았다. 그러자 갑작스러운 공포가 밀려왔다. 그때, 몸과 마음을 다해 행동에 전념하라는 선불교의 가르침이 떠올랐다. 나는 당장 빗자루를 들고 방 청소를 시작했다. 그런 다음, 전 세계에서 고통받고 있는 모든 이에게 나의 수행을 헌정하며 명상했다.

-알렉상드르

초조함 참조

Peur
두려움

확실히 두려움은 자유를 가장 억제하는 감정 중 하나다. 이때의 자유는 외적 자유를 말한다. 왜냐하면 외적 자유는 우리를 도주하거나 회피하게 만드는 경우가 많기 때문이다. 혹은 내적 자유를 말하기도 한다. 두려움은 우리의 생각을 오염시킬 뿐만 아니라 우리 등을 떠밀어 환경을 감시하고, 가능한 모든 위험을 예상하고, 우리 그리고 우리와 가까운 사람들을 위해 가장 확실시되는 것을 미리 계산하게 만든다. 그 결과 우리 뇌는 감시 기계, 회피 기계, 계획 기계로 변해버린다. 심지어 상상 속의 위험마저 우리 마음을 정복하여 노예로 만들 정도다.

두려움은 모든 감정 중에 제일 오래된 것이다. 가장 원시적인 생명체에도 거의 반사적 행동에 해당하는 두 가지 근본적인 운동이 존재한다. 바로 접근_{자원과 쾌락을 찾는 행동}과 회피_{위험에 직면했을 때 보호하는 행동}다. 이처럼 두려움은 다른 모든 괴로운 감정의 어머니로 간주할 수 있다. 가령 수치심은 다른 사람들의 시선을 두려워하는 데서 오고, 슬픔은 지속 가능한 결핍을 두려워하는 데서 오며, 분노는 실패나 치욕을 두려워하는 데서 온다. 곰곰이 생각해보면 우리가 몇 살이건 인생에서 어떤 시기에 있건, 우리는 늘 무언가에 대해 두려움을 품고 있다. 그러니까 늘 해야 할 일이 많은 것이다!

-크리스토프

번민, 불안, 비두려움 참조

Philosophie ───────
철학

몽테스키외는 거침없이 말한다.

"'신경 안 써'라는 이 한마디로 철학을 설명할 수 있다니 놀라운 일이다."

이 말은 여러 가지로 해석할 수 있다. 일부러 발끈하지 않고 일체의 사색과 거리두기를 하는 것으로도 풀이될 수 있다. 《페르시아인의 편지》의 저자인 몽테스키외의 이 말은 초감 트룽파가 자주 인용하던 세 이니셜, 'CCL Could'nt Care Less, 신경 쓸 필요 없어'를 떠올리게 한다. '아어아무렴 어때' 파일의 또 다른 버전이랄까. 티베트 스승 초감 트룽파는 불법佛法과 내면의 여정, 연민을 제외하면 사활이 걸릴 만큼 중요한 것은 없다고 거듭 말했다. 그는 걱정 제조기가 가동을 시작하면 자신을 묶어두었던 속박에서 스스로 자유로워지도록 마음속으로 이 세 이니셜을 되뇌라고 권유한다.

《유명한 철학자들의 생애와 가르침》을 쓴 고대 그리스의 전기작가 디오게네스 라에르티오스에 따르면, '철학'이라는 용어를 만든 사람은 피타고라스라고 한다. 현자란 평화와 고요, 그 유명한 아타락시아를 맛보아 아는 사람이라고 한다면, 여정에 오른 현자의 옆에는 문자 그대로 지혜를 사랑하는 사람, 철학자가 있다. 그는 지혜를 갈망하며 온 힘을 다해 자신이 가는 방향으로 정진한다. 칸트의 《논리학》에서 발췌한 어느 유명한 글은 주요 화두를 이렇게 요약하고 있다. 나는 무엇을 알 수 있는가? 무엇을 해야 하는가? 무엇을 기대해도 되는가? 인간이란 무엇인가?

스피노자가 말했듯, '철학함'이란 생각을 전환하고, 방향을 바꾸고, 다시 돌아오고, 평생 현명하게 만들어진 삶의 기술을 통째로 이해하여 현명한 존재를 정립하는 것이다.

이런 모험에 뛰어든 나에게 철학자 진 허쉬Jeanne Hersch는 마치 구명튜브를 던져주듯 구원의 손길을 내민다. 틀어 올린 머리를 한 이 스위스 출신 여성 철학자는《철학적 놀라움》이라는 굉장한 책에서 서양사상사를 되짚어본다. 이 책은 내가 플라톤 발췌서 다음으로 접하게 된 첫 번째 철학책이다. 어떤 의미에서 보면 이 책은 나의 구원자였다. 며칠 동안 나는 이 황홀한 책을 탐독하느라 마치 사경을 헤맬 듯 앓았다. 그 속에서 나는 내 삶의 여정을 함께할 새로운 동반자들을 만났다. 소크라테스, 아리스토텔레스, 성 아우구스티노, 스피노자, 키르케고르, 니체 등 이 유쾌한 철학자 군단은 삶의 비극성을 조금도 부인하지 않으면서도 삶을 그토록 아름답고 가벼운 것으로 만든다. 삶의 여정을 한마디로 짧게 표현해야 한다면 나는 스피노자의 말을 빌리고 싶다.

'착하게 행동하고 기쁘게 지내라.'

-알렉상드르

소크라테스, 초감 트룽파 참조

Pitié ──────
동정

스피노자는 훌륭한 시각으로 동정과 연민을 구분한다. 연민의 경우, 그 바탕이 되는 것은 사랑이다. 내가 어떤 사람을 사랑하는데 그 사람이 시련을 겪는 모습을 보니 내 마음이 슬퍼지는 것이다. 반면 동정의 경우 우선시되는 것은 슬픔, 더 나아가 자기도취적인 죄책감이다. TV에서 기아로 죽어가는 어린아이들의 참혹한 모습을 보면, 나 역시 고통받을 수 있다는 생각에 내 마음이 아파진다. 하지만 잘 살펴보면, 배고픔에 울부짖는 이 생면부지의 아이들과 나는 거의 관계가 없다. 그렇기에 우리의 감수성을 일깨워 사랑으로 모든 불의에 맞서 싸우는 것이 시급하다. 동정과 연민은 하나의 마음 안에 살 수 있다. 그러므로 분별과 명상으로 좋은 씨와 가라지를 가려낼 수 있어야 한다.

-알렉상드르

Plasticité cérébrale ───────
뇌가소성

뇌가소성이란 우리가 사는 동안 변하고 진화하는 뇌의 능력을 가리키는 말이다. 뇌가소성은 구체적이고 정밀한 생물학적 차원에서 일어난다. 이 능력 덕분에 우리 뇌는 살면서 반복적으로 겪는 여러 정신적 사건, 행동, 감정, 경험을 통해 뇌신경망을 꾸준히 활성화하여 시냅스 경로를 개조하고 뇌를 새롭게 형성할 수 있다. 신경과학 분야의 연구 결과, 우리는 사는 동안 끊임없이 학습하는 것으로 밝혀졌다. 매 순간, 행동 하나하나, 상호작용 하나하나가 하나의 계기가 되어 우리 뇌를 발전시키고 '신경회로'를 그리게 해준다. 이런 정신 경로는 꾸준히 이용하고 실행하면 생각과 감정을 전달하는 고속도로가 된다. 이 대목에서 중요한 물음이 제기된다. 우리가 활동하는 데 우리 뇌에 매일 제공하는 자양분은 어떤 것인가? 우리의 마음은 우리도 모르는 사이에 늘 혼자 단련된다. 그리고 우리가 주의를 기울이는 대상과 우리가 몰입하는 환경을 통해 자양분을 얻는다.

명심해야 할 점은 우리의 정신 활동 중 어느 것 하나 하찮은 게 없다는 사실이다. 가령 우리는 곱씹어 걱정할 때마다 걱정하는 능력을 키운다. 마음의 응어리를 곱씹을 때마다 응어리를 느끼는 능력을 키운다. 정신이 분산되게 그냥 놔둘 때마다 그리하는 능력을 키운다. 전부 이런 식이다. 안타깝지만, 의도하지는 않았으나 효과적으로 정신을 단련하는 셈이다. 이와 마찬가지로, 분노가 폭발하거나 공황에 사로잡힐 때마다 비슷한 상황에서 다시 같은 일이 반복되도록 준비하는 셈이 된다.

그러므로 우리 뇌 안에서 '이런 프로그램이 돌아가게' 그냥 놔두지 않는 것이 중요하다. 자신이 반추하고 있다는 것을 깨달을 때마다 즉각 반추하기를 멈춰야 한다. 예를 들면, 반추와 대립하는 활동에 전념해본다. 산책하거나, 누군가에게 이야기하거나, 반추하는 내용을 종이에 적으며 명확하게 만들어 그 생각에서 벗어나는 등의 방법은 꽤 효과적이다. 분노가 발작처럼 치밀어 오르는 경우라면 재빨리 거리를 두고 물러나서 위와 같은 방법으로 대처한다. 공황 발작이 일어나는 경우는 문제가 더 복잡하기에 대체로 치료사의 도움을 받아야 한다. 하지만 치료사가 하는 일도 발작을 스스로 다스리는 법을 설명해주는 것이다. 천천히 호흡하고, 자기 자신에게 집중하지 말고 외부 세계에 주의를 집중하고, 자신의 상태를 불안하게 해석하지 말아야 한다. 따라서 첫째로 해야 할 일은 이런 프로그램을 저지하고, 우리의 감정적 고통을 유지하게 만드는 이 '야만적인' 정신 훈련을 교란하는 것이다.

둘째, 새로운 '진짜배기' 프로그램을 테스트해야 한다. 가령 행동치료에서는 두려움을 유발하는 상황에 정면으로 맞서되, 두려움 앞에 굴복하지 않도록 한다. 텅 빈 공간에 대한 두려움이나 고소공포증이 있으면 달아나지 말고 그 공간을 정면으로 마주한 채심호흡한다. 새로 정면 승부에 성공할 때마다^{달아나지 않을 때마다} 자신이 선택한 훈련 프로그램^{과감히 맞서기}이 어쩔 수 없이 하게 됐던 훈련 프로그램^{도망가기}을 상대로 득점을 올린다. 그렇기에 이 과정은 길어질 수밖에 없다.

살면서 40번의 공황 발작을 경험했다면, '공황을 유발하는' 상황과의 정면 승부에서 적어도 40번은 이겨야 반反공황 대 친親공황 양쪽 프로그램이 무승부를 이루게 된다. 그러다 보면 공포에 사로잡히기보다 차분한 상태를 유지하고 심호흡하는 방향으로 조금씩 반응하게 된다. 분노의 경우도 마찬가지다. 화나게 하는 상황에서도 화내지 않고 버틸수록 '화나지만 난 차분하게 있으면서 화난다고 차분히 말할 수 있어' 하는 감정 조절 프로그램이 강해지고 제대로 기능하게 되어, '계속 그러면 다 폭발시켜버릴 거야!' 하는 프로그램보다 먼저 작동하게 된다.

셋째, 우리가 제공하는 마음 수련 프로그램에 따라 긍정적 감정 전용 뇌신경 회로를 강화하도록 한다. 고요하고 평화로운 순간들을 경탄하고, 사랑하고, 도와주고, 천천히 음미하고, 더 깊이 파고

드는 등등 이런 순간들을 무의식적으로 느낄 수 있게 조금씩 도와
주는 길을 보강하도록 한다.

-크리스토프

Policlinique ────────────
외래환자 진료소

쇼펜하우어는 인류가 술꾼으로 득실거리는 선
술집, 도적 소굴, 정신병자들의 은신처와 닮았다고 생각했다. 나
는 이보다는 우리 인류가 앞으로 나아가기 위해 서로 협력하고 도
와주는 거대한 외래환자 진료소와 같다고 생각하고 싶다. 거대한
고통에 시달리던 시기에 나는 어떤 편견의 대상이 되지 않고 누구
나 찾아와 "도와주세요! 전 고비를 넘겨야 해요. 그런데 힘이 달려
요" 하고 말할 창구가 있길 바랐다. 이 거대한 외래환자 진료소에
서 우리는 매일 소매를 걷어붙이고 보디사트바, 즉 보살이 되고
생명의 기계공 혹은 정비공이 되어야 한다. 초감 트룽파는 우리에
게 근본적인 호소를 한다.

"타인을 도와주기 위해 열심히 노력해야 한다. 심지어 토사물을
치울 때도 고무장갑을 끼지 않을 정도로 직접 도와야 한다."

-알렉상드르

Préjugés ———

편견

니체는 《즐거운 지식》에서 '철학함'이란 어리석음에 타격을 가하는 것이라고 적고 있다. 우리는 각자 한 무리의 관념과 예측을 짊어지고 살다가 결국 다른 사람들이나 진정한 자기 자신, 현실 세계로부터 단절된 채 영사실 안에 틀어박혀서 자신의 세상 안에서만 살게 된다. 어리석음에 타격을 가한다는 것은 우리 내면의 신조를 응시하고, 우리가 꼭 붙잡고 있는 확실성을 살펴본다는 뜻이다. 사회학자 피에르 부르디외Pierre Bourdieu 역시 자유를 향해 뛰어드는 데 필요한 멋진 도구를 우리에게 제공한다. 바로 아비투스Habitus다. 아비투스란 '특정 사회집단에 속한 개인의 의식적이고 자발적인 행동 방식'을 말한다. 우리는 너무 많은 것의 영향을 받아 만들어지고, 가공되고, 세워진다.

우리는 어렸을 때부터 욕조 속에 잠겨서 세상을 읽고, 느끼고, 사는 방식을 거기서 끌어낸다. 지금도 이런 유산이 작동해서 우리를 반응하게 만드는 경우가 많다. 과거를 백지화하고 싶은 마음은 무의미하다. 그보다는 통찰력 있는 시선으로 과거를 보고 거기서 앞으로 나아갈 힘을 끌어올려 방어기제와 습관, 오래된 도식, 두려움과 공포, 결코 채워지지 않는 기대와 멀리 떨어지는 것이 생산적인 일이다.

-알렉상드르

Premier pas
첫걸음

　　물속에 뛰어들듯 지혜를 향한 여정을 떠나려면 어디서부터 시작해야 할까? 너무도 중요한 그 첫걸음은 무엇일까? 아마도 사실에 근거를 둔 통찰력 있는 진단을 과감히 내리는 것이리라. 자신을 가리켜 '해방의 길로 가는 노예'로 소개했던 에픽테토스. 그 덕분에 우리는 자신의 존재 가운데 무절제한 영역을 모두 잊지 않은 채 두려움 없이 전쟁터 같은 내면의 적, 혹은 삶의 대업과 핵심을 바라볼 수 있다. 그런데 이런 모험을 하려면 의지할 만한 것이 있어야 한다. 바로 한없는 인내와 쾌활하고 가벼운 끈기, 무한한 친절이 필요하다.

　일상적인 마음의 동요 아래로 내려가 내면의 나침반에 주목하면 우리는 수많은 위험에 대비할 수 있다. 자신이 상처받기 쉽고 영향을 많이 받는다는 사실을 알고, 자신이 어떤 상황에서 실패하는지 파악하는 것만으로도 이미 큰 도움이 된다. 독이 되는 관계와 우리를 천박함으로 이끄는 행동이 존재한다는 사실을 모르면, 스스로 노예 상태를 유지하게 된다.

-알렉상드르

Présent ———
현재

간혹 미래에 대한 걱정과 두려움이 물밀듯 밀려오면, 나는 현재라는 집으로 다시 돌아와 지금 여기를 향해 마음의 문을 열려고 노력한다. 그래야 바로 이 순간 내가 심장마비에 걸리지 않았고, 모든 일이 망하지는 않았으며, 여전히 우리에겐 거대한 발전 가능성이 있음을 깨닫고 음미할 수 있다.

-알렉상드르

현재의 순간 참조

Progresser ———
정진하기

에픽테토스는 자신을 가리켜 '해방의 길로 가는 노예'라 했다. 나는 비틀거리거나 넘어지더라도 여전히 프로그레디엔스Progrdiens, 즉 다시 일어서서 자유의 기쁨을 향해 전진하는 존재다. 마지막 숨을 내쉬는 그날까지 우리에게는 정진할 가능성 그리고 비록 마지못한 상황이더라도 일어나는 일을 긍정하며 받아들일 가능성이 있다.

-알렉상드르

유쾌한 노력, 예, 비틀거림 참조

광고

세첸 승원의 랍잠 린포체Rabjam Rinpotche 원장과
함께 뉴욕에 머물던 어느 날, 우리 두 사람은 타임스퀘어 한복판에
서 만났다. 이곳은 전 세계적으로 유명한 뉴욕의 명소로, 극장과 영
화관 그리고 백화점이 즐비하다. 이 일대 고층빌딩들은 현재 진행
중인 공연, 다양한 음료나 과자 등을 선전하는 거대한 광고 전광판
으로 전면이 도배되어 있다.

랍잠 린포체는 사방에서 깜빡이는 각양각색의 수많은 광고판을
물끄러미 응시하더니 생각에 잠긴 듯 말했다.

"이 광고들이 내 정신을 훔치려 드는군요!"

분명, 그곳은 내면의 자유를 누리기에 적절한 장소가 아니었다.

히말라야에 가면 거리마다 붙어 있는 '코카콜라를 마셔요!'라고
적힌 커다란 포스터 대신, 산비탈에 줄지어 놓은 수많은 흰색 돌
로 붓다의 만트라인 연민을 비롯한 여러 만트라가 그려져 있는 것
을 볼 수 있다. 언덕은 '모든 중생이 행복하기를!'이라는 기도문이
찍혀 있는 깃발로 온통 덮여 있고, 바람이 불면 깃발이 사방으로
펄럭인다.

광고의 목적은 우리에게 필요하지 않은 것을 욕망하게 만드는
것이다. 우리에게 정말로 필요한 것이라면, 굳이 광고할 필요도
없다. 나는 가끔 대도시의 광고판을 빌려 다음과 같은 포스터를
붙이는 상상을 해본다.

'더 나은 삶을 살되, 더 적게 사세요!'
'소비는 행복을 낳지 않는다.'
'불필요한 것은 사지 마세요.'

-마티유

욕구, 버림 참조

마음의 라디오 방송

　　　　마음의 라디오 방송에서는 모든 것을 비평한다!
아침부터 저녁까지 판단하고 분석하고 비교하기를 멈추지 않는
다. 내가 이 방송을 중요시할수록 다른 사람들을 대하는 융통성은
줄어든다.
　이때 수련의 중점은 우리를 타인과 멀어지게 하는 수많은 생각
이 존재한다는 사실을 인식하는 데 두어야 한다. 이 라디오를 끌
수는 없다 하더라도 여기서 지직거리는 소리가 난다는 걸 깨닫는
것만으로도 이미 충분하다.
　어쩌다 보면 이 라디오 주파수에 너무 사로잡혀서 다른 사람들
의 존재를 망각하는 때도 있음을 인정하자. 자녀를 잃은 부모를
앞에 두고, 그런 비극이 우리에게도 닥칠 수 있다는 생각에 얼어

붙어버린다면 어떻게 그의 말을 경청할 수 있겠는가?

-알렉상드르

반추 참조

RAF^{rien à foutre}
아어^{아무렴 어때}

한번은 소화기내과 전문의를 찾은 적이 있다. 그는 나를 조목조목 검사하더니 아무 문제 없다는 말로 나를 안심시켰다. 그때 그가 내게 던진 소중한 충고 한마디!

"자, 이제 당신에게는 아어^{아무렴 어때} 파일이 생겼습니다. 번민에 빠질 때마다 즉시 이 파일에 집어넣어버리면 됩니다."

흠잡을 데 없는 이 의사 선생님은 병을 발견하기 위해 의학적으로 할 수 있는 일을 전부 다 했을뿐더러 번민까지 모두 제거해주었다. 그는 내가 가진 두려움을 시시하게 취급하지도 않았고, 정신신체 장애Psychosomatic Disorder라는 모든 것이 뒤죽박죽 혼합된 개념을 섣불리 꺼내지도 않았다. 그러면서도 내게 실질적인 도움을 주었다. 그의 조언대로 지금부터 쓸데없는 걱정일랑 모두 집어넣어버릴 아어 파일을 만들어보면 어떨까? 이 수련법은 현재시제에 1인칭 시점으로 실행해야 한다. 불안해하는 사람에게 억지로 강요하면 효과적이지 않을 뿐만 아니라 너무 잔인하다. 인내를 배우는 길에 입문한다는 것은 점차 삶에 대해 신뢰를 한다는 뜻이기

도 하다. 이 길을 가는 동안 우리가 비틀거릴 때면 현명한 친구들
이 우리를 지탱해준다.

-알렉상드르

Réagir ou répondre ───────
반응 혹은 대응

　　　　마음챙김 명상 선생님들은 명상교육을 할 때 대
체로 반응과 대응을 구별한다. 즉각적이고 충동적인 게 반응이라
면, 대응은 침착하고 사려 깊은 것이다. 삶을 사는 동안에는 이 두
가지 모두 필요하다. 어떨 때는 빨리 반응하고, 어떨 때는 침착하
게 대응해야 하기 때문이다. 그런데 반응은 딱히 노력을 요구하지
않지만 본능적인 것이라서 그렇다, 가령 주먹에는 주먹으로 맞선다, 대응은 특히 감
정이 얽히는 경우 학습이 필요하다.

　마음챙김 명상을 꾸준히 수행하는 노력을 하면 대체 불가능한
수련과 경험을 하게 된다. 예를 들어 우리는 환자들과 함께 명상
할 때, 코가 가렵거나 장딴지에 쥐가 나기 시작하면 당연히 긁거
나 움직여도 된다고 말한다. 하지만 평소 하던 대로 행동하지는
말라고 한다. 즉 긁거나 움직이기 전에 무슨 일이 일어나고 있는
것인지, 지금 경험하는 것을 찬찬히 관찰하라고 이야기한다. 가렵
거나 쥐가 나는 부위가 정확히 어디인지, 어느 정도 강도인지, 어
떤 생각을 유발하는지못 참을 것 같아, 어떻게 좀 해야겠어, 몸에서 어떤 충

동이 생기는지 벌써 긁으려고 팔을 뻗지 않았나? 자세를 바꾸려고 벌써 꿈틀거리기 시
작하지 않았나? 등을 심호흡하면서 차분히 살펴보라고 한다. 그런 다
음, 잠시 후 긁거나 움직이고 싶은 욕구가 그대로인지 아니면 달
라졌거나 아예 사라졌는지 파악하라고 한다. 그러니까 즉각적으
로 반응하기보다 대응하도록 노력하라는 의미이다. 놀랍게도 환
자들이 충동을 따르기 전에 마음챙김 시간을 가지면, 상황가려움이
나 쥐이나 심리적 느낌어떻게 좀 해야겠어이 저절로 달라지는 경우가 종
종 있다.

　이처럼 단순한 상황으로 시작해서 두려움이나 분노 같은 감정
활성화와 관련된 충동처럼 점점 복합적인 상황에 직면하는 법을
배우는 것이 좋은 훈련법이다. 이렇듯 꾸준한 명상은 반응과 대응
중 선택할 수 있는 자유의 공간을 자기 마음속에 마련하는 작업이
다. 이런 자유의 공간은 지금 일어나는 일을 관찰하고 어떤 일도
급하게 하지 않도록 해준다그래야 이 순간 무엇이 중요한지 더욱 잘 분별할 수 있
다. 그런데 만약 이것이 지혜의 근육을 단련하는 좋은 훈련법이 아
니라면…….

-크리스토프

Rechutes ────────
재발

　　　　삶이란 흔히 그런 법이다. 발전했다 싶으면, 쿵

하고 모든 것이 무너지면서 재발하고 만다. 우리는 자신이 예전보다 지혜로워진 것 같다고 생각한다. 반대에 직면해도 더 너그럽고, 적의에 직면해도 더 차분하고, 어려움에 직면해도 더 통찰력 있는 것만 같다. 그러다가 유독 비뚤어진 반론을 만나거나, 완전히 새로운 장애물을 하필 심신이 허할 때 마주치면? 또다시 예전처럼 일관성을 잃고, 실수를 저지르고, 나쁜 방향으로 반사적 행동을 하기 시작한다. 여기에 스스로 나쁜 짓을 한다는 죄책감과 자신이 퇴보한다는 슬픔을 덤으로 얻는다. 혹시라도 살면서 후퇴하거나 잘못이 재발하는 일 없이 선형적인 발전을 이룬 사람이 있다면 꼭 나에게 연락하길 바란다. 직선처럼 계속 발전만 하는 첫 번째 사례자가 있다면 꼭 만나보고 싶다. 이것은 마치 온종일 높은 산을 오르면서 한 번도 비틀대지 않는 것과 같다. 그랬다면 그는 한 번도 고개를 들거나 다른 생각을 하지 않았다는 뜻이다. 절대로 정신을 팔거나 자신이 그곳에 있다는 사실을 만끽하지 않았다는 말이다. 그저 비틀대지 않겠다는 단 하나의 목표만 가지고 산을 올랐다가 내려왔다는 이야기다. 그 외 나머지는 모두 잊은 것이다. 결국, 우리의 잘못이 재발하는 것도 하나의 교훈이 된다. 지혜를 추구한다고 세상의 장관에서 시선을 돌려서는 안 된다는 교훈 말이다.

-크리스토프

정진하기, 비틀거림 참조

다른 사람들의 시선

내면의 평화를 발견하려면, 옳건 그르건 다른 사람들이 우리에 대해 가지고 있는 이미지와 그들의 의견에 좌우되어서는 안 된다. 나의 두 번째 스승이신 딜고 키엔체 린포체는 모든 말은 그것이 유쾌하건 불쾌하건, 호의적이건 적대적이건, 메아리와 같다는 말씀을 자주 했다. 절벽 앞에서 욕이나 칭찬을 외치면, 내가 외친 말이 메아리가 되어 다시 돌아올 때 상처를 받거나 기분이 좋아질까? 달콤한 말을 하지만 악의적 의도를 가진 사람들이 있는가 하면, 기분 나쁜 말이 나와버렸으나 호의적인 의도를 가진 사람들도 있다. 아침에는 찬사를 받고 저녁에는 욕을 먹을 수도 있다. 이런 말에 집착할 때마다 마음은 끊임없이 교란된다.

우리가 듣는 말을 메아리처럼 생각하라는 건 무관심하라는 것도, 식물인간처럼 되라는 것도 아니다. 더 이상 자아를 아부나 빈정거림의 목표가 되게 하지 말라는 의미다. 달라이 라마가 자주 하는 말이 있다.

"사람들이 나를 살아 있는 신처럼 대하는 것도 어이없는 일이고, 승복을 입은 늑대나 악마로 대하는 것도 어이없는 일입니다."

이 말은 그가 자신을 살아 있는 신이나 악마, 그 외 어떤 다른 자아의 표상과도 동일시하지 않는다는 뜻이다. 달라이 라마는 그가 마음의 본성을 깨닫는 과정에서 확고하게 확립한 내면의 평화가 그의 마음속 깊은 곳에 자리했음을 잘 알고 있다. 내면의 평화는 비판과 찬사에 무덤덤하다. 자아만이 비판과 찬사의 영향을 받는다. 그런데 달라이 라마는 바로 이런 자아에 자신을 동일시하지 않는다.

마음의 진정한 본성은 하늘과 비견할 만하다. 하늘은 우리가 먼지를 던져도 끄떡하지 않는다. 물론, 말보다 행동이 더 어려운 법이다. 하지만 한 가지 사실만은 확실하다. 우리가 이 방향으로 더 나아갈수록 다른 사람들의 말과 시선에 상처를 덜 받는다.

-마티유

Regents ———
후회

후회에 관한 연구가 많은 이유는 후회가 심리적으로 에너지를 많이 소모시키는 원인이 되기 때문이다. 후회를 이해하는 방법에는 여러 가지가 있다. 우선, 행동 후 즉시 일어나는 '뜨거운 후회'와 하루나 한 달 혹은 몇 년이 지난 후에 어느 날 갑자기 무언가를 깨달으면서 나타나는 '차가운 후회'로 구분한다. 예컨대 성인들이 일단 부모가 되고 나면 자신이 청소년기에 부모님께 했던 말들이 부당했음을 깨달으며 차가운 후회를 한다.

그 외 행동에 대한 후회와 행동하지 않은 것에 대한 후회로도 구분한다. 어떤 말을 해서 후회할 수도 있지만, 어떤 말을 하지 않아서 후회할 수도 있다. 학자들에 따르면, 행동에 대한 후회 내가 한 일

이 잘 풀리지 않았어. 이건 내 이미지나 이익, 때로는 다른 사람을 위해서도 고통스러운 일이

야는 뜨거운 후회를 불러온다고 한다. 왜냐하면 상황이 즉각적이기 때문이다. 즉, 내가 행동해서 실패한 탓에 지금 실패의 고통을 느끼고 있기 때문이다. 뜨거운 후회를 하지 않으려고 어떤 사람들은 행동하지 않는 쪽으로 도피하는 경우도 많다. 뜨거운 후회를 하지 않는 방법 중 하나가 행동하지 않는 것이기 때문이다. 반면, 사람들은 차가운 후회는 대비하지 않는다. 그러면 행동하지 않은 것에 대한 후회가 생길 수 있기 때문이다. '이걸 할 수 있었을 텐데, 저걸 했어야 하는데, 그런데 하지 않았네' 하는 식으로 후회하게 되기 때문이다.

간단히 정리하자면, 실험 자원자들에게 삶을 정리할 때 가장 후회될 것 같은 일이 무엇인지 꼽아보라고 하면 자신이 했던 일보다는 하지 않은 일을 애석해하는 경우가 가장 많다. 대개 사람들은 살면서 감히 해보지 못했거나 해볼 용기를 내지 못한 일이 많다. 이것은 장기적인 후회를 낳아서 행동에 대한 후회보다 훨씬 큰 가상의 바다를 연다. 가령 마음에 드는 이가 있는데 용감하게 그 사람에게 다가가지 못했다면, 그렇게 하지 못한 후회를 오랫동안 곱씹게 될 수 있다 내가 과감하게 그리했다면, 그래서 일이 잘 진행됐다면 내 인생이 달라졌을 텐데. 반면, 마음에 드는 사람에게 다가갔지만 보기 좋게 퇴짜 맞았다면, 딱히 곱씹을 거리가 없다. 이미 끝난 일이고 현실이 드러났으니, 이제 다른 일에 눈을 돌리면 된다!

-크리스토프

크리스토프의 조언

교육적 훈련: '하지 말았어야 했는데'라는 후회는 '이제 어떻게 해야 할까?'라는 생각이 뒤따르지 않는 한 아무런 도움도 되지 않는다. 여기에는 '그 일로 내가 무엇을 배웠지?'라는 의미가 함축되어 있기 때문이다. 따라서 이 둘은 함께 가야 한다. 후회나 죄책감이 남긴 상처를 받아들이지 않고 너무 성급하게 행동으로 돌아서면 그다지 좋지 않다. 죄책감에 따른 상처에만 집착한 채 앞으로 무엇을 할지 거들떠보지 않는 것 역시 그다지 좋지 않다. 앞선 행동에 대한 후회는 이후의 행동에 도움 되어야 한다. 물론, 그렇다고 나중에 반추하는 데 쓰여서는 안 된다!

까다로운 관계

　　　　　다른 사람과의 유대관계는 흔히 문제가 될 수
있다. 물론, 우리 삶을 완전히 무너뜨리는 해로운 관계는 말할 것
도 없다. 이와 관련해서 내게 교훈을, 그것도 매우 소중한 교훈을
준 친구 이야기를 들려주고 싶다. 그는 노인 요양시설에 있는 어
머니를 방문할 때, 마치 '체르노빌의 오염된 구덩이 속으로 내려
가듯' 단단히 준비한다고 한다.

"난 거기 가면 해로운 파동과 같은 한 무더기의 질책과 비난을
잔뜩 받을 거라고 예상해."

물론, 그 친구는 어머니를 사랑한다. 그래서 어떻게든 어머니와
의 관계를 망치지 않으려 한다. 그는 혼란한 가운데서도 용기를
내어 자유를 살짝 받아들인다. 우리는 살면서 우리에게 그저 부스
러기 같은 애정만 주고 한 번도 우리 마음을 흡족하게 해주지 않
는 사람들한테 집착하는 경우가 얼마나 많은가? 더 나쁜 사실은,
우리는 매번 우리를 끌어내리는 사람들과 유대관계를 맺고 아주
밀접한 사이가 되기도 한다는 점이다.

현대 인도의 스승인 스와미 프라즈난파드Swami Prajnanpad는 이를
다음과 같이 알기 쉽게 설명한다. 어떤 개가 한 마리 있다. 이 개는
나쁜 주인한테 매를 맞더라도 먹이를 기대하며 항상 그 주인에게
돌아간다. 충성심 때문이기도 하고 부득이하게 필요한 탓도 있다.
이 용감한 개는 모진 매질에 납작 엎드려 트라우마를 무한으로 반
복 체험하며 자신을 학대하는 주인에게 복종할 각오를 한다. 우리

는 자신의 욕구를 채우고 그토록 아쉬워하는 일용할 양식을 얻기 위해 과연 무엇을 감내할 각오가 되어 있는가? 무조건적인 사랑으로 채워지지 않은 탓에 어떤 사람들은, 아니 나부터도 몇몇 부스러기 같은 사랑이라도 줍기 위해 선뜻 바닥을 길 것이 틀림없다. 그 결과, 의존성이 생기고 소외될 위험이 크다.

다행스럽게도 우리를 이런 감옥에서 나오게 하는 길은 무수히 많다. 대체 왜 우리는 자신의 기쁨을 다른 사람의 손에 맡겨야 하는가? 우리 내면의 평화를 다른 이에게 위임해서 좋을 게 과연 무엇인가? 이번에도 스피노자는 우리를 온갖 협잡으로부터 지켜준다. 그에 따르면, 슬픈 열정과 싸워 이기려면 더 강한 정서가 필요하다. 그렇다. 싸움에서 지치는 일 없이 우리에게 해가 되는 집착을 제거하려면, 더 넓고 더 큰 갈망을 품는 것이 중요하다. 에워싸이고 싶고, 궁지에서 벗어나고 싶고, 진정한 관계를 맺고 싶고, 깨달음의 길을 가고 싶은 욕망을 품어야 한다는 말이다. 이런 유쾌한 고행은 끊임없이 계속되는 이런 도식에서 우리를 어느 정도는 빼내준다.

-알렉상드르

불협화음, 유대관계 참조

Renoncement

포기

보통 '포기'로 번역되는 티베트어 단어가 있다.

그런데 이 단어는 사실 윤회에서 해방되겠다는 불굴의 의지를 연상시킨다. 어느 순간이 되면, 우리는 고통의 원인에 중독되는 것을 더는 견디지 못한다. 어떤 새가 새장에서 달아나는 것을 보고 그 새가 새장을 버렸다고 말할 수는 없다. 그 새는 새장에서 벗어나 자유를 찾은 것이다. 그 새가 갇혀 있던 새장이 쇠로 만든 것이건 금으로 만든 것이건 무엇 하나 달라지는 건 없다.

-마티유

Réseaux sociaux ─────────
SNS

우리는 SNS를 과하게 하면 일종의 외로움이 생길 수 있다고 자주 강조했다. 페이스북 친구가 1,500명이라는 게 대체 무슨 의미인가? 이것은 우리가 일반적으로 말하는 우정과는 확실히 다르다. 한 사회학자의 지적에 따르면, 기이하게도 '사회'라는 딱지가 붙은 미디어들은 개인을 많은 사람과 연결하면서도 결국 다시 혼자가 되게 만든다. 일전에 신문에서 커다란 빌딩의 야경을 그린 그림을 본 적이 있다. 불이 켜진 수백 개의 창문 너머로 각자 한 사람씩 컴퓨터 앞에 앉아 다른 사람과 '소통'하는 모습이 그려져 있었다. 주로 SNS를 사용하는 어떤 16세 소년이 꽤 후회하는 말투로 거기에 이런 말을 남겼다.

'지금 당장은 아니지만 언젠가는 대화하는 법을 배울 거예요.'

우리는 현재 대화의 시대에서 연결의 시대로 옮겨 가고 있다. 전자기기를 통한 교류는 빠를 뿐만 아니라 간혹 거칠게 이루어진다. 반면 얼굴을 마주 보고 하는 대화는 본질적으로 이와 다르다. 더 천천히 진행되고 훨씬 더 섬세하고 미묘한 차이가 있다. 상대방의 표정과 목소리 톤, 신체 자세 등 공감과 감정의 울림을 자극하는 많은 요인을 포착할 수 있기 때문이다.

물론, SNS가 전 세계 시민들에게 전대미문의 잠재력을 선물한다는 것은 부인할 수 없는 사실이다. 그 덕분에 서로 모일 수 있고, 친구들과의 접촉이 계속 유지되고, 독재정권의 통제를 피할 수 있고, 고귀한 명분을 위한 노력을 모을 수 있다. 하지만 각자 자기 자신한테 최대로 주의를 끌 수 있게 해주는 자기도취의 쇼윈도가 되기도 했다. 유튜브의 모토는 'Broadcast yourself^{당신을 방송하라}'이고, 미국에서는 페이스북 페이지가 열릴 때 'I love ♡ ME' 로고가 뜨기도 한다. 문제는 자기도취가 행복을 주지 않는다는 데 있다. 우리에게도, 다른 사람들에게도!

-마티유

Ruminations ————————
반추

       치료 과정에서 우리 의사들은 세 가지 질문을 스스로 해보라고 조언하는 경우가 많다. 그래야 환자가 깊이 생각하는 것인지 아니면 반추하는 것인지 알 수 있기 때문이다.

1. 당신이 이 문제에 관한 생각을 시작한 이후로 그 덕분에 해결책을 발견하는 데 도움 된 적 있는가?

2. 해결책을 찾지 못했더라도 적어도 문제점이 조금은 분명해졌는가?

3. 해결책을 찾지도 못하고 문제점이 더 뚜렷해지지도 않았다면, 그렇게 생각한 덕분에 마음이 가벼워졌는가?

이 세 질문에 "아니오"라고 대답한다면, 당신은 문제를 깊이 생각하고 있는 게 아니라 반추하고 있는 것이다. 이 경우, 반추에서 벗어날 최선책은 정원 손질을 하거나 산책하거나 조깅하거나 타인을 도와주는 등 다른 영역에서 무언가를 하는 것이다. 아니면 친구와 이야기를 나누는 것도 좋다. 그러면서 함께 반추하라는 말이 아니라, 다른 일들을 떠올리라는 뜻이다!

-크리스토프

마음의 라디오 방송 참조

S

Sages et maîtres en humanité ─────────

현자와 인류애의 대가이자 스승

《차라투스트라는 이렇게 말했다》에서 니체는 목동 없는 양 떼 이야기를 해준다. 우리의 길을 안내해줄 자, 우리에게 기준이 되는 것은 어디에 있는가? 무엇이 우리를 지배하는가? '다들'이라는 독재인가? 억견Doxa인가? 시장의 법칙인가? 맹목적인 이기심인가? 과도한 개인주의인가? 그런데 이렇게 질문한다는 것 자체가 이미 자유를 향해 큰 걸음을 내디딘 거다. 이번에도 마찬가지로 호소한다. 마음속 깊은 곳에 있는 나의 모습 그대로의 내가 되어야 한다. 신기루 같은 모형이나 우상을 선망의 눈으로 바라보기를 멈춰야 한다. 그래야 소외의 길로 빠지지 않을 수 있다. 이런 새로운 삶으로 나아가기 위해 영감을 주고 필요한 경우 우리를 도와줄 사람들에게 시선을 두자!

우리는 일상에서 순간순간 인류애의 대가이자 스승을 만난다. 공황에 사로잡힐 때면 나는 이런 특권을 누리는 사람들, 즉 범민의 저편에서 초월하며 사는 일종의 초특급 특혜자들을 묵묵히 응시하는 것을 좋아한다. 다행스럽게도 철학자들이 내 정신을 살찌우고 내게 버팀목이 되어주는 존재라면, 현명한 친구들은 언제 어디서나 삶의 선량함을 증명하는 증인이다. 인간관계에 마음을 여는 것은 다시 배움터를 찾아 가르침을 받고 감동하는 것과 같다.

우리에게는 하루하루가 교훈이 된다. 지하철 안에서 미소 짓고, 귀담아듣기 위해 귀를 쫑긋하고, 도움을 주려고 손을 내미는 것. 이 모두가 방어기제는 떨쳐버리고 만남을 위해 맨몸으로 나아가라는 가르침이자 그렇게 할 기회다. 로마제국의 마르쿠스 아우렐리우스 황제는 자신과 가까운 사람들, 친족들, 신들로부터 배운 것을 기록한《명상록》을 남겼다. 우리도 다른 사람들이 우리를 만들어내고, 우리의 정신을 살찌우고, 우리 마음속에 그들이 자리한다는 사실을 깨닫기 위해 감사하는 연습에 전념해보면 어떨까?

−알렉상드르

Sages et maîtres spirituels
현자와 영적 스승

현자는 그의 삶 가운데 특정한 한 가지 측면만으로 우리에게 영감을 주지 않는다. 그의 인간적, 지적, 정신적 품성 전체와 그의 지식과 행동 방식으로 영감을 주는 것이다. 현자는 이타심, 윤리, 언행일치, 내면의 자유에서 완벽한 척도가 된다. 게다가 진정한 현자라면 언제 어떤 상황에서든, 사적으로든 공적으로든 이러한 자질을 드러낸다. 나의 영적 큰 스승 두 분, 캉규르 린포체Kangyour Rinpotche와 딜고 키엔체 린포체는 농부 앞에서건 왕 앞에서건 항상 똑같이 행동했다. 달라이 라마도 마찬가지다. 그는 호텔 직원이건 국가 원수이건 모두 똑같이 대한다. 마지막으로, 영적 스승이라면 이런 품성이 계속 확인되어야 한다. "내 말대로 하라, 그러나 내가 하는 대로 하지는 말라" 하는 식의 말은 적절치 않다. 현자의 언행이 완벽하게 일치하면 그의 진실성에 대해 흔들리지 않는 신뢰가 생긴다. 한마디로, 앞모습은 아름다우나 뒤에서는 실망스러운 행동으로 얼룩져서는 안 된다는 말이다.

티베트나 부탄처럼 전반적으로 옛 전통이 많이 남아 있는 문화권에서는, 어떤 곳에 가면 그 지역의 현자가 어디에 있는지 묻는다. 현자를 찾아가서 만나려는 생각으로 묻는 것이다. 반면 파리에 도착한 사람이 길에서 그 구역의 현자를 만나려면 어디로 가야 하냐고 묻는 장면은 상상하기 힘들다. 아마 그렇게 묻는다면 당신은 미치광이 취급을 받을 것이다. 보통은 가장 가까운 슈퍼마켓이나 헬스장이 어디인지를 묻기 때문이다. 언젠가 콜롬비아 고산지대에서 온 코기 인디언 부족 대표단이 파리에 도착했을 때의 이야기를 들은 적이 있다.

"우리는 당신들의 현자를 만나고 싶습니다."

대표단의 요청에 이들을 초대한 사람들은 어리둥절한 표정으로 어떻게 대답해야 할지 몰랐다. 그렇다고 장관을 소개해주는 것도 적절치 않은 일이었다. 그래서 이렇게 대답했다고 한다.

"죄송합니다만, 찾으시는 물건은 없습니다."

히말라야에 있는 많은 불교 문화권에서는 지금도 현자들이 사회의 중심에 있다. 그렇다고 이들을 떠받들어 모시는 것은 아니다. 자칫 이들을 세력가로 만들 수 있기 때문이다. 하지만 이들을 경탄과 숭배의 대상으로 삼는다. 현자가 사람들의 마음을 끌거나 붙잡아두려고 애쓰지 않는데도 사람들은 마치 벌이 꽃을 찾듯 자연스레 현자에게 다가간다. 영적 스승은 내면의 자유를 주는 사람이지, 자신의 이익에 따라 우리 삶을 통제하려는 전제군주가 아니다. 그에게는 잃을 것도, 얻을 것도 없다. 오로지 줄 것만 있을 뿐이다.

수년간 달라이 라마는 전 세계의 현자와 노벨 평화상 수상자, 과학자, 뛰어난 사상가, 사회적 기업가로 구성된 국제자문기구를 창설하고자 노력했다. 그는 마땅히 UN이 이런 역할을 해야 하지만, UN에 파견된 각국 대표들은 당연히 자국의 이익을 지키려는 경향이 있어서 전 세계 사람들과 지구의 이익을 우선시하기 힘들다고 했다. 그러므로 현자들이 한자리에 모이면 개별 국가의 이해관계를 초월하여 전 세계적 차원에서 발생하는 심각한 문제들에 대한 의견을 제시할 수 있을 터였다. 그러나 불행히도 그의 이런 제안에 각국 대표들은 진정으로 관심을 보이지 않는 듯했다. 그래도 제한적으로나마 이와 비슷한 역할을 하려고 시도했던 단체가 바로 디 엘더스The Elders, 원로들. 이 그룹에는 지미 카터Jimmy Carter 전 미국 대통령, 데스몬드 투투Desmond Tutu 남아공 명예대주교, 메리 로빈슨Mary Robinson 전 아일랜드 대통령을 비롯한 10여 명이 회원으로 소속되어 있다. 이들이 달라이 라마를 초청했는데, 중국이 격렬히 항의하고 나서는 바람에 만남은 무산되고 말았다. 디 엘더스 그룹은 가끔 모여서 권고안을 내지만, 아무도 이들의 의견을 존중하지 않는다. 픽 유감스러운 일이 아닐 수 없다.

-마티유

Sexualité
섹슈얼리티

니체는 《선악의 저편》에서 단도직입적으로 말한다.

'아랫도리는 인간이 자신을 신이라 여기기 조금 어렵게 만드는 원인이다.'

전환이라고 하면, 우리 존재 전체를 전환하는 것을 말한다. 남자건 여자건 인간에게는 지성, 심성, 이성, 열정, 충동 등이 다 있기 때문이다. 유쾌한 고행은 갈망과 물욕, 육욕에서 벗어나 관조적 시선으로 전체를 바라보는 것이다. 아침에 눈을 뜰 때 아무런 결핍도, 욕구도, 기대도 없다면 얼마나 달콤하고 마음이 가벼울까! 정확히 말하자면 초감 트룽파가 보여주듯, 우리는 바로 자신의 모순적인 모습 한가운데에서 자신을 단련하고 현실과 하나가 되어야 한다. 완벽한 상태로 모험에 뛰어들고 평화를 맛보길 기대하지 말자! 에픽테토스는 지배하려 들거나 집착하지 않고 과하지도 않고 골머리도 썩이지 않으면서, 어떤 이상행동 없이 '마치 지나치듯' 사랑하자고 제안했다. 육체를 무시하고 아래로 깔보는 것은 이 고귀한 매개체로 아무 노력도 하지 않으면서 그냥 단죄해버리는 셈이 된다. 폴 리쾨르Paul Ricoeur의 글도 우리를 자유에 한 걸음 더 다가가게 한다.

'마지막에 두 존재가 서로를 안을 때, 이들은 자신이 무엇을 하는지 모른다. 자신이 무엇을 원하는지도 모르고, 자신이 무엇을 발견하는지도 모른다. 이들을 상대방한테 다가가게 만드는 이 욕망은 무엇을 의미하는가? 이것은 쾌락에 대한 욕망일까? 물론, 그렇다. 하지만 그것만으로는 초라한 대답이다. 왜냐하면 그와 동시에 우리는 쾌락이 그 자체만으로는 의미가 없다는 것을, 쾌락은 비유적인 것임을 직관적으로 눈치채기 때문이다. 그렇다면 무엇을 비유한다는 말일까? 우리는 막연하나마 생생하게 인식하고 있다. 잊혔을 뿐 파괴되지 않은 우주의 고조파Harmonics를 지닌 권력의 네트워크에 성性이 관여한다는 사실을. 삶은 삶 그 이상이라는 사실을. 즉 삶은 죽음에 맞서 싸우는 것, 운명의 만기를 연장하는 것 그 이상이라는 사실을. 우리 모두에게 삶은 유일하고 특별한 것이자 보편적인 것이라는 사실을. 성적 즐거움은 바로 이러한 신비에 참여하게 만든다는 사실을 말이다.'

우리는 우리를 크게 능가하는 물리력Force과 에너지를 나르는 심부름꾼이다. 우리는 권력에의 의지와 도구화에 절대 빠지지 않겠다는 도전에 응해야 한다. 스와미 프라즈난파드는 우리에게 소중한 도구를 하나 선물한다.

'사랑은 다른 사람이 긴장을 풀도록 도와주는 것이다.'

기본적이고 기초적인 지식이다. 지극히 본질적인!

-알렉상드르

Silence ——————
침묵

친애하는 내 어머니가 늘 하시는 말씀이 있다.

"침묵은 미래의 언어란다."

내가 기거하는 네팔의 암자에서 보면 200킬로미터 넘게 이어져 있는 히말라야산맥이 보인다. 이곳은 정말로 완벽한 침묵이 흐르는 곳이라 1킬로미터나 떨어져 있는 곳의 농부들 목소리도 들을 수 있다. 간혹 저 멀리에서부터 세력을 키워 오는 장마전선의 희미한 소리가 들리기도 한다. 외면의 침묵은 내면의 침묵으로 가는 문을 열어준다. 그래서 우리를 만물의 궁극적 본질에 가까워지게 하는 신선한 현재의 순간을 경험하기가 더 쉬워진다.

어느 가을 아침, 카일라스산 근처 고도 4,600미터에 위치한 거대한 마나사로바호숫가에 나 홀로 앉아 있었던 일이 떠오른다. 짙푸른 하늘 아래, 눈을 뜨지 못할 정도로 찬란한 빛이 쏟아지고 있었다. 그리고 완벽한 침묵이 흐르고 있었다. 그런데 갑자기 황오리 울음소리 같은 새소리가 또렷이 들렸다. 주변을 둘러보았으나 황오리 떼가 어디 있는지 알 수 없었다. 그러다가 마침내 호수 기슭 200미터 떨어진 곳에서 평화롭게 떠다니는 오리들을 발견했다. 오리 울음소리가 호수 표면으로 퍼지면서 바로 내 옆에 있는 듯 가깝게 들렸던 것이다. 그때 나는 명상이 내면뿐만 아니라 외면에도 존재한다는 사실을 깨달았다. 그리고 위대한 요가 수행자 샤브카르Shabkar의 삶에 관한 한 가지 일화를 떠올렸다. 18세기 초, 어느 날 바로 이 호숫가를 찾았던 샤브카르는 나중에 이런 글을 남겼다고 한다.

'하루는 호숫가에서 쉬고 있는데, 어떤 집중의 대상에도 사로잡히지 않은 자유, 즉 원대하게 열려 있는 또렷한 상태를 체험할 수 있었다.'

-마티유

Singe ────
원숭이

불교 신자들은 정신을 과도한 흥분 상태에 있는 꼬마 원숭이에 비유한다. 멈출 줄도 모르고 이 가지에서 저 가지로 끊임없이 뛰어다니는 원숭이 말이다. 아주 단순하게 말하면, 명상 수행이란 무엇이 되었건 아무것도 바꾸려 들지 않고 그게 소란을 피우는 모습을 차분히 바라보는 걸 말한다.

-알렉상드르

Société éveillée ──────────

깨달음의 사회

영적 삶에 마음을 연다는 것, 즉 해방의 길에 뛰어든다는 것은 혼자 고립되어 틀어박혀 있는 걸 뜻하지 않는다. 모든 걸 등지는 것도, 안락한 벙커에 숨어 사는 걸 말하는 것도 아니다. 오히려 반대로 다른 사람들을 위해, 인류라는 공동체, 인류라는 가족을 위해 우리는 적극적으로 참여하고 행동해야 한다. 하지만 무슨 일을 해야 할까? 또 어떻게 행동해야 할까? 고통과 불의의 바다 앞에서 나의 노력이 무슨 힘이 있을까? 그러므로 집단, 즉 '우리'를 회복하는 것이 가장 시급한 도전 과제다! 자기계발은 개인이 '나 홀로' 마음의 평화나 행복을 만들어낼 수 있다고 착각하게 만든다. 이것이야말로 세상에서 가장 잘못된 생각이다. 상호의존성과 우리의 근본적 본성을 관통하는 것은 유대관계, 즉 연대감이다. 대부분의 폭력과 사회적 불안의 원인은 인간이 탐욕적이고 노이로제에 걸릴 수 있으며 웬만해서는 서로 마음속 깊이 사랑하지 않는다는 데 있다. 그렇기에 우리 마음에서 혐오와 자기 멸시를 걷어내야 자유롭고 행복한 마음으로 다른 사람들에게 헌신할 수 있다. 우리는 각자 무한한 잠재력과 막대한 덕을 지니고 있다. 그 하나하나가 공동의 건축물을 쌓아 올리는 데 필요한 돌이 된다.

다른 많은 사람처럼 초감 트룽파도 《샴발라, 성스러운 전사의 길》에서 깨달음의 사회를 만들자고 간절히 호소한다.

'우리는 세상의 존재 방식을 바꿀 수는 없습니다. 반면, 열린 마음으로 세상을 있는 그대로의 모습으로 받아들이면, 우리는 온화함과 예의범절, 용맹함에 도달할 수 있습니다. 실제로 모든 사람이 도달할 수 있답니다.'

용기, 비폭력, 친절, 이타심은 개인주의, 이기심 등 함께하는 삶을 괴사시키는 화근들에 유쾌하게 반박한다. 자기 배려는 헌신과 관대함으로 이어진다. 그렇지 않다면 한시도 노력할 가치가 없다.

더 지혜롭고 더욱 연대감이 강한 깨달음의 사회를 만들기 위해 노력하라는 말은 세뇌에 착수하고 보수적인 말투를 강요하라는 뜻이 아니다. 나눔과 진보, 사회적 평등의 목소리에 귀 기울이고, 모든 개인에게 행복과 자유에 도달하는 방법을 제공하는 데 참여하라는 말이다. 이것은 헤라클레스와 같은 어마어마한 힘이 필요한 도전 과제도, 비인간적인 임무도 아니다. 진보와 전환은 일상의 시련 속에서도 탄생한다. 니체의《인간적인, 너무나 인간적인》의 589번째 단상 속 문장이 언제나 집요하게 내 머리에 떠오른다.

'매일 아침, 오늘은 누구를 기쁘게 할 수 있는지 자신에게 물어라. 그렇게 하는 것 그 자체만으로도 이미 얼마나 혁명적인가!'

지혜는 모두가 참여하는 집단지성으로도 발전한다. 지혜는 결실을 가져오고 행동 속에 뿌리내린다. 구체적으로 말하면, 마음 수련이란 새벽이 되자마자 스스로 이런 질문을 던지는 것이다.

'오늘 나는 어떻게 사회에 어우러질 것인가? 어떻게 사회에 헌신할 것인가?'

—알렉상드르

346

Socrate

소크라테스

플라톤은《소크라테스의 변명》에서 소크라테스를 말파리에 비유한다. 말파리는 나른한 상태에 있는 말을 쏘아서 정신이 번쩍 들게 깨우는 역할을 하기 때문이다. 서양 전통을 대표하는 철학자 소크라테스는 진리의 의미를 끊임없이 예리하게 다듬으면서 아주 오래전 그의 유명한 '너 자신을 알라'라는 명언을 남겼다. 이 자극적인 초대의 말은 그저 단조로운 자기도취적 성찰과는 아무런 관계가 없다. 아테네에서 가난뱅이로 살았던 소크라테스는 이 말을 통해 내면으로 가는 길을 열어준다. 지혜를 낳는 천재적 산파이던 그는 자신이 아무것도 모른다는 사실을 알았다. 진정한 편견의 저격수이던 그는 억견臆見, 선입견, 고정관념 등 한 개인이 그 안에 틀어박혀버릴 수 있는 지리멸렬한 생각들을 몰아냈다. 우리가 품고 있는 헛된 확신의 감옥에서 벗어나려면, 엉덩이에 발길질하듯 일종의 잘못된 의식에 발길질을 해야 한다. 소크라테스는 독배를 드는 것으로 마지막 교훈을 전했다. 그는 도망칠 수도 있었지만, 편파적인 판결을 군소리 없이 받아들였다. 플라톤이《공화국》에서 이야기하듯, 그는 '사회를 탄생시키는 것은 자급자족할 수 없는 모든 인간의 무기력함'이라고 생각하는 걸까? 소크라테스는 그 유명한 독약을 입에 대면서도 죽음을 전혀 두려워하지 않았다. 그는 완전한 초연함을 실행하는 것으로 철학을 실천했다. 파이돈은 '철학함'이란 죽는 법을 배우는 것이라고 선언한다. 소크라테스에게는 쓰라린 고통에 빠지지 않게 하는 특효약이 있었던 셈이다. 그를 심판한 정직하지 못하고 터무니없고 편파적인 재판관들은 친절의 원칙에서 벗어나지 않는다. 자발적으로 사악한 사람은 아무도 없다는 원칙 말이다.

어떤 시점에 내가 가던 길이 소크라테스의 길과 교차하지 않았더라면 틀림없이 지금의 나는 없었을 것이다. 이 사건, 이 우발적인 사고로 말미암아 나는 완벽히 그려져 있던 길에서 벗어났다. 어느 날, 나는 서점에 들어갔다가 완전히 다른 사람이 되어 나왔다. 한 소녀를 따라 같이 가던 길이었다. 나는 차분히 기다리려고 플라톤의 《대화편》에 코를 박고 빠져들기 시작했다. 바로 그때 어떤 부름, 즉 소명이 생겨났다. 더 잘 살기 위해서가 아니라 더 선량하게 살도록 노력하기 위해 마음속 깊은 곳으로 내려가라. 그때만 해도 나는 책을 싫어했다. 나의 물음, 나의 회의, 나의 불안과는 너무 동떨어진 거라 아무짝에도 소용없는 것이 책이라고 생각했다. 그러나 플라톤의 《대화편》을 펼쳐 든 순간, 나는 소크라테스에게 빙의되어 결정론에 의문을 제기하고, 파고들고, 평가하고, 이해하려 노력하기 시작했다.

'왜 세상에는 장애인이 있을까?'

'신이 존재한다면, 왜 우리를 이토록 부모님과 멀리 떨어져 있게 놔두는 걸까?'

내가 자랐던 장애인시설에는 다행히도 현자가 한 분 있었다. 그곳의 주임신부였던 모랑 신부님이다. 그의 선량함과 다른 사람들을 위해 온전히 바치는 삶을 보고 나는 당황했고 곧 매료되었다.

신부님 덕분에 고대 그리스에서 막 도착한 나의 새로운 동반자와 함께 나의 모험이 시작될 수 있었다. 그렇게 얼마 후, 무장 해제된 한 소년은 진보를 추구하는 방향으로 돌진했다. 성직자의 길에 접어드는 것과 마찬가지로 철학의 길로 들어가는 데는 거기서부터 한 걸음만 더 앞으로 나아가면 됐다. 소크라테스나 좋으신 모랑 신부님이 없었다면, 분명 그런 도약은 절대 이루어지지 못했으리라.

이 숭고한 사상가는 예수와 붓다와 함께 오늘날 여러 면에서 내게 도움을 준다. 아니, 그 이상으로 그들은 내 삶의 스승이다. 이 세 스승은 모두 글을 남기지 않았다. 그들 모두 우리가 삶의 기술을 구축하고 내면의 전환을 향해 가도록 도와준다. 그렇다면 지금 여기서 그들을 따르려면 어떻게 해야 할까? 그들을 흉내 내는 것이 아니라 그들과 함께 성장하려면 어떤 발걸음을 과감히 내디뎌야 할까?

-알렉상드르

Solidarité ———
연대감

가장 가난한 사람들과 친하게 지내면서 나는 아주 어렸을 적부터 어떤 연대감의 맛을 알게 되었다. 그 누구도 인간은 나쁘고, 이기적이며, 자기 생각만 한다고 주장하지 않는다. 힘들게 사는 내 동무들과 함께 지내면서 내가 겪었던 것은 이와는 정반대였다. 타고난 연대감, 자발적인 친절, 함께 정진하고 싶은 욕구 등 한마디로 말해 생명력을 불어넣는 이타심을 체험한 것이다. 가혹한 운명 앞에서 우리는 서로를 돕는다. 인간은 본디 이기적이라는 생각 따위는 집어치워야 한다. 오히려 이와 반대로 나는 많은 사람의 마음속에서, 특히 어린아이들에게서 아무런 계산도 없고 전혀 꾸미지 않은 선량함을 발견했다. 대체 어쩌다 우리는 이런 순수를 잊게 되는 걸까?

물론, 일상의 정경을 들여다보거나 가장 초보적인 수준으로 자신을 관찰해보면 수많은 흠결이 보인다. 질투, 비방, 조롱 등등 이런 나쁜 버릇들은 뿌리 뽑기가 힘들다. 하지만 아무리 그래도 인간의 위대함에 대한 나의 믿음을 흔들지는 못한다. 그러므로 우리는 마음속 깊은 곳, 즉 감정적 기제를 벗어난 우리 존재의 심오한 본성에 도달하기 위해 분발해야만 한다.

−알렉상드르

Souffrance ──────
고통

'고통'이라는 용어는 달갑지 않게 인식되는 모든 정신 상태를 아우르는 말이다. 그 출발점은 육체적 고통일 수도 있고, 어떤 정신 상태일 수도 있다. 괴로움이나 두려움, 그 외에도 사라졌으면 하는 모든 감정이 여기에 해당한다. 고통은 두통처럼 일시적일 수도 있고, 절망이나 의미 상실 혹은 뿌리 깊은 불안감처럼 지속적일 수도 있다. 그런데 왜 우리에게는 이처럼 고통스러워하는 능력이 있는 걸까? 진화적 관점에서 보면, 고통은 생존에 유리하다. 육체적 통증은 우리 육체의 온전함을 위협하는 무언가가 있다는 사실을 알리는 경고신호이기 때문이다. 따라서 통감을 전혀 느끼지 못하는 사람들은 사망할 위험에 처해 있는 것이다. 가령, 사지의 감각을 잃어가는 나환자들은 절단된 부위를 딛고 계속 걸어서 몸을 더 악화시킨다. 어떤 경우에는 심한 화상을 입어도 미처 알아채지 못한다. 육체적 통증과 마찬가지로, 정신적 고통 또한 내면에서 보내는 경고신호다. 나의 정신적 균형을 회복하려면 반드시 치료해야 하는 무언가가 있다는 사실을 내게 알려주는 것이다.

고통은 여러 수준으로 나타나는데, 불교에서는 이를 명확하게 식별한다. 고통은 강한 육체적 통증이나 갑자기 우리 삶에 들이닥치는 비극적인 사건처럼 달갑지 않아 보이는 것에만 한정되지 않는다. 통증에는 즉각적인 인식 영역에 속하지 않는 더 미묘한 여러 측면이 있다. 예를 들면, '변화에 따른 고통'의 원인은 우리 눈에 일시적으로 쾌락이나 행복처럼 보이는 것이 무상無常하다는 특성이 있기 때문이다. 현재 아름답고 건강하고 만사형통이라면, 우리는 무의식적으로 이런 상황이 지속할 것이라는 생각에 매인다. 그런데 이런 집착은 불가피한 고통의 과정이 시작되는 출발점이다. 왜냐하면 우리가 알아채지 못하더라도 모든 것은 계속 변하기 때문이다. 나의 영적 스승 중 한 분은 이런 진리를 조금 더 과격하게 표현했다.

"당신이 대개 행복이라고 부르는 것을 우리는 고통이라 부른답니다."

불교에서는 변화의 고통보다 더 지각하기 힘든 또 다른 유형의 고통에 관해서도 이야기한다. 간혹 우리는 만족스러운 것은 결코 없다고 막연히 직감한다. 심지어 행복하기 위해 필요한 모든 것이 갖추어져 있더라도 말이다. 이런 잠재적 고통은 우리의 비뚤어진 현실 인식과 관련되어 있다. 불교에서는 이런 잘못된 인식을 무지의 정의 가운데 하나로 본다. 만물은 지속하는 것이며 그 자체로 탐나거나 탐나지 않거나 혹은 아름답거나 추하거나 또는 유익하거나 해롭다고 생각한다면, 우리는 현실과 일치하지 않는 상태에 있게 되고 그 결과는 불만족이 될 수밖에 없다. 우리의 인식과 현실 사이에 괴리를 낳는 근본적 무지를 해소하지 않은 만큼 우리는 고통받을 운명이다.

불교에 따르면, 고통은 적어도 한 가지 장점은 있다고 한다. 억지스러운 행복에 대한 환멸을 갖게 해서 불안의 근본적 원인으로부터 자유로워지게 한다는 것이다.

붓다가 네 가지 고귀한 진리 '사성제' 중 첫 번째인 고통에 대해 가르칠 때, 그의 목적은 제자들을 비관적 인생관에 빠뜨리는 것이 아니라, 그들이 자신의 불안을 깨닫게 하려는 데 있었다. 그런 다음, 그는 훌륭한 의사처럼 이 불안의 원인을 설명한다. 바로 사성제 중 두 번째 진리인 고통의 원인, 즉 무지와 정신적 독에 관해 이야기한다. 그 뒤, 그는 고통의 원인을 파악하는 일은 그 원인에서 벗어나는 작업에 착수하지 않는 한 아무런 소용이 없음을 보여준다. 이 작업이 불가능하다면, 달라이 라마의 말처럼 '맛 좋은 맥주를 한 잔 마시고 해변으로 가서 고통에 관한 생각을 하지 않는 편'이 더 좋다. 그런데 만물의 이치가 그렇듯 고통의 원인도 무상하다. 이 말인즉 고통의 원인을 없앨 수 있다는 뜻이다. 따라서 세 번째 진리는 고통이 치유 불가능하지 않다는 사실을 강조한다. 고통은 우연히 생긴 것도, 신의 의지로 생긴 것도 아니다. 고통은 근본적인 잘못에서 생겨난 것이다. 그런데 잘못은 그 자체로는 실체가 없다. 잘못은 진리가 부재한 것일 뿐이다. 아무리 근본적인 잘못이더라도 그 잘못을 사라지게 하려면 진리를 깨닫기만 하면 된다. 아무리 수백 년 동안 암흑에 잠겨 있었더라도 동굴 속 어둠을 없애려면 램프에 불을 켜기만 하면 되는 것과 마찬가지다. 고통의 원인을 치유하는 것이 가능하다면, 그다음 단계는 거기에 도달할 방법을 실행하는 데 있다. 이렇듯 무지에서 앎으로, 노예 상태에서 자유 상태로, 고통에서 행복으로 인도하는 길을 설명하는 것이 바로 네 번째 진리의 주제다.

                                                          ─마티유

Soupir ─────
한숨

        '우리가 한숨지으며 하는 모든 것은 무無로 얼룩진다.'

크리스티앙 보뱅의 이 말은 내게 큰 깨달음을 주었다. 나는 불평하고 싶은 유혹이 들 때마다 이 말을 일종의 만트라로 삼아 반복해서 되새긴다. 한숨짓고 투덜거리느라 현재의 순간을 망치지 말고 자신한테 이렇게 되뇌어보자.

'지금 네가 무슨 일을 겪든, 이 순간 너는 살아 있잖아! 네가 존재하지 않는다면 더 좋겠어?'

보뱅의 말은 아름답기만 한 것이 아니라 과학적으로도 옳다. 같은 노력이라도 허드렛일이라고 불평하면서 하면 더 괴롭고 덜 즐거울뿐더러 생산성도 떨어진다. 이처럼 이른바 마인드세트의 영향력을 보여준 연구 결과가 있다.

연구자들은 대형호텔에서 일하는 청소 직원 80여 명을 무작위로 두 그룹화한 다음, 그들이 하는 일이 건강에 미치는 영향을 연구한다고 알려주었다. 그런 뒤, 실험군에게는 또 다른 메시지를 주었다.

"우리는 여러분의 직업이 건강에 유익하다고 생각합니다. 과학적 연구 결과로 얻은 권장 운동량에 해당하는 신체 활동을 할 수 있으니까요.이 말은 어느 정도 사실이다. 단, 요구되는 작업 속도가 과하지 않아야 한다."

4주의 실험 기간이 끝나자, 교육적 메시지를 전달받았던 실험군의 건강 상태가 조금 향상된 것으로 확인되었다. 체중도 줄고 혈압도 떨어진 것이다. 결론적으로 건강에 유익한 일이라 생각하면서 노력한 게 도움 된 것이다.

이렇듯 마음가짐의 중요성은 다음과 같은 일반 통념으로도 확인된다.

'자신이 좋아하는 것을 항상 가질 수는 없는 법이므로, 그 대신 자신이 이미 가지고 있는 것을 항상 좋아하면 된다.'

-크리스토프

Soûtra du Diamant
금강경

'붓다는 붓다가 아니다. 그래서 나는 그를 붓다라 부른다.'

《금강경》에 나오는 이 단순한 후렴구는 내게 순간순간 사고의 전환을 가져오는 엄청난 도구가 되었다. 내가 거의 항상 하고 있는 이 수행법은 삶의 부침을 그대로 받아들이는 데 도움 된다. 사는 것이 힘겹게 느껴질 때면 나는 이 금강경을 꺼내 든다. 싸움에 필요한 무기를 끄집어내기 위해서가 아니다. 삶의 도구를 얻기 위해서다.

'장애는 장애가 아니다. 그래서 나는 이것을 장애라 부른다.'

이 후렴구는 아무것도 고수하지 말라고 가르친다. 그러면서 무엇이건 재앙도 되고 동시에 기회도 될 수 있다는 깨달음을 준다. 이는 이분법적 논리와 이원론의 감옥에서 벗어나라는 뜻이다. 매 순간 나는 장애를 다르게 체험할 수 있다. 하루에도 수천 번씩 내 정신이 모든 것을 고정하고 사방에 꼬리표를 붙이려 들면, 나는 이렇게 되뇐다.

'알렉상드르는 알렉상드르가 아니다. 그래서 나는 그를 알렉상드르라 부른다.'

이 마법 같은 문구가 대단한 이유는 절대로 우리를 자신의 상처 안에 머물게도, 그렇다고 그 상처를 부인하게도 하지 않는다는 데 있다. 우리가 현실에 숱한 선입견을 씌운다는 사실을 깨달아야 그 다음에 이런 선입견들을 조금씩 걷어낼 수 있다. 그러면 나는 현실이 늘 내가 생각하는 것보다 더 빡빡하다는 걸 알면서도 직설적으로 말할 수 있게 된다. 우리는 자신에게서 벗어나고, 모든 이기적 고정관념을 버리고, 끊임없이 삶의 변화를 받아들이도록 수련해야 한다. 예컨대 "내 아내는 내 아내가 아니다. 그래서 나는 그녀를 내 아내라 부른다" 하는 것처럼 말이다. 금강경이라는 이 눈부신 경전 덕분에 나는 사람들이 무한한 부자라는 사실을 매일 발견한다. 그리고 더는 사람들을 전형적인 모습 안에 가두어버리지 않는다. 내 마음속에 생각과 감정의 강물이 흐른다는 사실을 깨달으면, 그것만으로도 내 머릿속을 스치는 모든 걸 너무 근엄하게 생각하지 않게 된다.

-알렉상드르

꼬리표 참조

Tolérance ────────
관용

　　관용은 건설적인 열린 마음을 표현하기도 하지
만, 해로운 수동성을 드러내는 때도 있다. 의사는 분노에 휩싸인
미치광이 환자를 만나면 그를 구타하지 않고 관용으로 참고 받아
준다. 그의 임무는 환자를 치료하는 것이기 때문이다. 하지만 그
누구에게도 절대 받아들일 수 없는 것을 꼭 받아들여야 한다고 강
요할 수는 없다. 또한 관용은 불의, 차별, 폭력 등을 허용하는 태도
로 이어져서는 안 된다. 열린 마음을 가지면 상당히 평온한 상태
가 되어 현실을 바람직한 변화로의 출발점으로 받아들일 수 있다.
스스로 열정의 소용돌이에 휩쓸리지 않는다면, 어떤 행보가 최선
인지 차분히 생각할 가능성이 더 커진다.

-마티유

Trébucher
비틀거림

영적 여정은 완벽하게 계획된 여행과 같을 수 없다. 도중에 로드맵이나 안내서, 매뉴얼 등을 잊어버릴 수도 있다. 일상을 살다 보면 전대미문의 길을 즉석에서 만들어 처음으로 시도해보고 최선을 다해 나아가야 하는 경우도 생긴다. 이 길을 따라 정진하는 사람은 하루에도 몇 번씩 넘어지고, 지름길로 가고, 비틀거리고, 낙담하기를 반복한다. 주어진 도전 과제는 무엇인가? 핵심은 무엇인가? 바로 현재의 진행 방향을 유지하고, 당황하지 않은 채 과감히 조금은 관조적인 태도로 내면의 전쟁터를 관찰하는 것이다. 또한 우리 목을 조이는 위력이 무엇인지, 우리를 관통하는 혼란이 무엇인지 간파하고 이 혼란을 일종의 놀이터, 인생의 배움터로 만드는 것이다.

-알렉상드르

정진하기, 재발 참조

Tyrannie
독재 권력

델포이의 아폴론 신전 입구에 있는 합각머리에는 그 유명한 문구 'Gnothi Seauton'이 새겨져 있다. '너 자신을 알라'라는 이 금언은 자신의 모습이 조각된 내면으로 가는 길, 한 마디로 말해 철학으로 가는 길을 열어준다. 위대한 건강은 끊임없이 움직이는 조화와 균형의 영역에 속한다. 혼란을 해소하려면 우리 내면을 강압적으로 지배하는 독재 권력이 무엇인지, 우리를 마음대로 쥐락펴락하는 것의 정체를 파악하는 게 좋다. 두려움, 슬픔, 분노, 슬픈 열정 말이다. 우리는 누구에게 자신의 삶을 조정하는 리모컨을 맡겼을까? 더는 온순한 꼭두각시나 줏대 없고 척추 없는 마리오네트처럼 굴지 않으려면 어떻게 해야 할까? 너그럽게 자신을 바치고 창조하려면 어떻게 해야 할까? 어떤 방법으로 자동 조종 모드에서 벗어나야 할까?

우리에게 주어진 도전 과제는 자신을 통제하는 폭군에게 굴하지 않고 전쟁터에서, 즉 한 사람의 몸속에 일어날 수 있는 내전에서 벗어나는 것이다. 서로 화해해서 선을 향해 나아가는 것이 절실한 시점에 대체 왜 자신의 일부를 단죄하고 비난한단 말인가? 평화와 기쁨에 도달하려면 훨씬 더 섬세한 접근법이 요구된다. 아무것도 멸시하지 말고, 증오하지 말아야 한다. 그 대신 통합을 이루고, 풍요로운 공동생활을 과감하게 실행해야 한다.

-알렉상드르

Vanité ―――――――
허영심

    나는 구약성서 중에서 불교와 멋지게 연결되는 측면이 있는 코헬렛에서 한 가지 수행법을 빌려 왔다. 코헬렛은 비관적인 분위기 아래에서 모든 것을 벗겨내고 우리의 환상을 하나씩 뽑아버린다. 나는 이 성경에서 반복적으로 강조되는 유명한 후렴구를 좋아한다.

  '허무로다, 허무, 모든 것이 허무로다.'

  이 세상에 있는 모든 것이 불안정하고 부서지기 쉽다는 것을 깨달으면 더 심오한 자유를 향해 나아가는 데 도움 된다. 이 방법은 싼값으로 마음을 달래는 경향이 있었던 내 영혼을 치유해준다. 사실, 내가 평화를 발견할 때는 혼란에 빠져 있는 동안이다. 모든 것은 지나가게 마련이건만, 참으로 불행하게도 나는 그냥 흘려보낼 줄 모른다. 스스로 옭매이면서 몇 번이고 다시 고통스러워한다. 사실, 코헬렛은 치유한다는 생각 자체로부터 나를 치유해주었다. 그토록 품고 있던 환상과 잘못된 기대를 하나씩 잃어가면 어느 정도 평온함으로 가는 문이 열린다. 그러면 싸움이 멈추고, 고된 전투가 지나고, 평화가 시작된다.

-알렉상드르

무상, 흘려보내기 참조

Vieillir ———

나이 듦

육체의 죽음이라는 자연스러운 변화 이전에 찾아오는 것이 바로 나이 듦이라는 이름의 자연스러운 변화다. 개인적으로 나는 30대, 40대, 50대로 접어들 때마다 그 나이의 앞자리가 바뀌는 것에 마음을 쓴 적이 한 번도 없다. 오히려 내 몸의 생애가 다음 단계를 밟을 때마다 가슴 철렁함을 느꼈다. 탈모가 시작되었을 때, 수염이 백발로 변하기 시작했을 때, 더는 럭비를 하지 못하게 되었을 때, 높은 산을 오르지 못하기 시작했을 때, 처음으로 관절에 지속적인 통증을 느끼기 시작했을 때가 그랬다. 이렇듯 몸이 노쇠해지면서 나는 초연해지는 법을 배우고 있다. 다시 말해 이 모든 작은 제약은 내가 나이 듦을 온전히 받아들이게 만든다. 그리고 언젠가는 내 몸을 떠나는 것을 받아들일 준비를 하게 해준다. 자연스레 늙어가기로 마음먹으면 죽음에 대한 두려움을 더는 데 도움 될 수 있다. 내가 보기에 나이가 들어가는 이유는 바로 이 때문인 것 같다. 우리 몸이 쾌락의 원천이 되기보다 여러 합병증과 고통의 원인이 되어버리고 나면, 마지막에는 몸을 떠나는 것이 전혀 아쉽지 않게 될 테니까. 하지만 이 이야기는 내가 아흔 살이 됐을 때 다시 했으면 한다. 그런 날이 온다면 말이다!

-크리스토프

아름답게 나이 들고 싶다면?
크리스토프의 조언

나이가 들어가고 있음을 받아들이고 사랑하자. 나이 듦이란 몸에 대한 집착을 버릴 수 있게 도와주는 조력자이자 아쉬움 없이 아주 부드럽게 몸을 떠날 수 있도록 준비시키는 방법이라고 생각하자. 그리고 몸은 우리가 임시로 빌린 것일 뿐 미래 세대를 위해 재활용되는 걸로 생각하자.

Violence
폭력

　　　　　수많은 폭력이 세상을 휩쓸고 있어도, 일상 속 우리 삶은 대개 협력, 우정, 애정, 배려가 넘치는 행동들로 수놓아져 있다. 모든 형태의 폭력은 타인을 경시하는 데 뿌리를 두고 있다. 그런데 일각의 주장과는 반대로, 생리학이나 심리학에서는 인간의 마음속에 본능적인 적대적 충동이 존재한다는 것을 증명하지 못했다. 공격성은 허기, 갈증, 활동 욕구, 사회적 접촉처럼 하나의 타고난 동기로 발현되지 않는다. 이뿐만 아니라 전 세계적으로 개인적, 집단적 폭력은 천 년 전부터 계속해서 감소하고 있다. 이는 지난 30년간 여러 그룹의 학자들이 대규모로 진행한 연구 결과다. 16세기에는 유럽인 한 명이 살인의 희생자가 될 위험이 지금보다 평균적으로 50배 더 높았다고 한다.

　그럼에도 약 3,500건의 과학적 연구 결과, 폭력적 장면이 실제로 폭력을 부추기며 미디어 속 폭력은 공격을 유발하는 요인 중 하나인 것으로 확인되었다. 이런 폭력의 효과는 지속해서 나타나며 측정할 수 있을 정도로 뚜렷하다. 특히 폭력에 취약한 어린이들 또한 영향을 받는다.

　12세 아동의 경우, 이미 TV를 통해 평균 12,000회의 폭력적 죽음을 목격했다고 한다. 방송 프로그램 중 무작위로 1만 시간을 선정해서 분석한 결과, 미국 방송 콘텐츠의 60%에 시간당 6회의 장면씩 폭력 행위가 묘사되는 것으로 나타났다. 가장 섬뜩한 결과는 아동·청소년을 위한 프로그램에서 1시간당 14회의 폭력적인 장면이 등장하면서 이 비율이 70%를 기록했다는 사실이다.

시청각적 폭력이 가져오는 악영향 중 가장 우려스러운 측면은 지속성에 있다. 학자들에 따르면, 어린아이들이 하루 1시간 폭력적 장면에 노출되면 향후 5년간 행동 장애가 나타날 가능성이 4배 더 높아진다고 한다. 최근까지는 등장인물들이 서로 죽이는 대신 서로 협력하고 도와주는 내용의 친사회적, 비폭력적 비디오게임 개발이 거의 주목받지 못했다. 하지만 한 연구 결과, 이런 게임이 폭력적이거나 중립적인 게임과 비교했을 때 단기적으로나 장기적으로 전반적인 적대심 수준을 떨어뜨리고 긍정적 감정을 증진하는 것으로 밝혀졌다.

—마티유

공격성, 비폭력 참조

Volontarisme
의지론

언제건 우리는 의지론의 위험에 직면할 위험이 있다. 즉 모든 것이 우리에게 달려 있고, 의지와 이성이 대권을 장악한다고 믿게 될 위험이 있다는 말이다. 나는 임시돌봄센터에서 잠시 머무는 동안, 공교롭게도 의지만으로는 충분치 않다는 명백한 불의를 발견했다. 어떤 환자들은 아무리 엄청난 마음가짐을 하고 아무리 대단한 에너지를 쏟아부어도 허무하게 병에 굴복했다. 그런가 하면 이들보다 운이 좋은 환자들도 있었다. 결국 모든 것이 다 우리에게 달려 있지는 않다는 사실을 명심하면서, 마음 수련을 칭송하고 마음 수련이 우리의 기분과 건강 심지어 면역체계에 미치는 막대한 영향을 높이 평가해야 한다.

나는 강제적인 요구는 늘 신뢰하지 않는다. 고통을 별일 아닌 것처럼 여기고 고통에서 헤어나지 못하는 사람을 비난한다면 이는 학대가 된다. 일전에 치과에 갔다가 치과의사가 하는 경고성 발언에 크게 웃었던 일이 있다.

"움직이지 마세요! 움직이면 큰일 납니다."

이 말은 마치 어린아이에게 "어서 자야지!" 하는 것과 비슷하다. 거동이 불편한 나는 움직임을 통제하려 애쓰면 애쓸수록 몸이 말을 듣지 않고 오그라들면서 자꾸 바보짓을 하게 된다. 다시 한번 과감히 포기하라는 이보다 더 절박한 신호가 있을까? 게다가 이 빌어먹을 치과 의자에 가만히 누워 있어야 하는 상황이라니! 나는 의사가 한 말은 건너뛰고 '마음껏 움직여도 좋아, 아무것도 통제하지 마, 긴장을 풀려는 노력도 하지 마'라고 되뇌면서 나 자신을 안심시켰다. 그러자 기적이 일어났다. 나는 완벽하게 미동도 하지 않은 상태로 가만히 누워 있었다. 마찬가지로, 고통 속에 있는 사람에게 "정신 차려", "움직여봐" 하며 윽박지르는 것은 위험할 뿐만 아니라 반反생산적이고 비인간적이다.

일상에서 육체적 고통이나 내면의 불안을 짊어지고 사는 사람에게 삶의 기술은 없어서는 안 되는 것이다. 그래야 그들이 안고 있는 문제가 삶의 중심이 되지 않는다. 우선, 나는 반드시 행복 속에서 헤엄치려면 아픔이 멈추는 것만으로는 충분치 않다는 사실을 쇼펜하우어를 통해 깨닫는다. 대체로 나는 어떻게 해서든 괴로움에서 벗어나려 하지만, 막상 휴지기가 와도 행복하지 않다. 이 얼마나 배은망덕한 일인가! 나는 미래를 탐하느라 바로 옆에 손만 뻗으면 되는 곳에 있는 수많은 선물을 잊고 지낸다. 따라서 마음수련은 마음 깊은 곳에서부터 감사하는 것으로 시작해야 한다. 이 미소를 세상에 하나뿐인 특별한 것처럼 바라보고, 이 요리를 높이 평가하고, 하늘을 한번 쳐다보자. 한마디로 말해, 우리에게 주어진 것을 열린 마음으로 받아들이자. 하루하루 상처를 감내하는 일은 단거리 달리기보다는 마라톤에 가깝다. 게다가 자칫하면 탈진한다. 그렇기에 날카로워지고 신랄해지지 않도록 극도로 조심해야 한다.

-알렉상드르

Vulnérabilité
취약성

혼란, 상처, 반복되는 실수! 영원히 반복되는 것처럼 보이는 이런 습관들을 받아들이려면 어떻게 해야 할까? 건전하고 솔직하게 받아들이지 않고서는 자유로워질 수도, 위대한 건강을 향해 달려갈 수도 없다. 받아들인다는 것은 현실에 도장을 찍는다는 의미가 아니다. 게다가 자아는 이렇게 받아들이는 행동을 하지 않는다. 오히려 무너지고 무릎 꿇게 되는 거절과 짜증을 행한다. 정신은 줄곧 만족할 줄 모르고 거절한다. 혹시 우리는 세상에 대한 신망을 떨어뜨리도록 프로그래밍되어 있는 것은 아닐까? 나는 식당에 가면 메뉴를 꼼꼼히 살펴본 뒤 흔쾌히 피자를 주문한다. 그런데 옆 테이블에 앉은 사람이 너무도 맛있어 보이는 도피네 지방 스타일의 그라탱을 시키는 것 아닌가. 불현듯 그 요리를 뺏어 먹고 싶어 죽을 것 같은 마음이 든다.

정신은 결코 우리의 조건에 만족할 줄 모른다. 이런 '나'에게 무상과 삶의 부침, 취약성을 긍정하라고 요구하는 것은 어떤 면에서는 스스로 폭력을 행사하는 것과 같다. 어떤 수용도 억지로 끌어낼 수는 없다. 애초에 거절하다가 갑자기 유쾌하게 동의하고 나서는 일은 없는 법이다. 《선악의 저편》에서 니체는 정신의 화강암에 관해 이야기한다.

'내 마음속에는 단단한 화강암이 살고 있다. 두려움, 괴로움, 트라우마, 나의 모든 노력에 저항하고 엎어버리려 드는 연약함 말이다. 이들은 엄청난 관성으로 작용하여 변화와 전환에 맞선다. 위대한 건강은 눈곱만큼 조금씩 완성되는 길을 그려 나아간다. 체념이라고는 모르는 신뢰와 인내라는 두 날개는 다이너마이트가 된다. 정신의 화강암을 깨뜨리는 다이너마이트!'

-알렉상드르

혼돈, 연약함, 위대한 건강, 예 참조

Yo-yo intérieur ────────────

내면의 요요

눈 깜빡할 사이에 기쁨에서 슬픔으로 떨어뜨리
는 내면의 요요는 우리를 지치게 한다. 기쁨이 멈출 것이라는 짐
작 없이 철저히 기쁨에 젖어 있기란 힘들다. 슬픔에 빠져 있을 때
면 이 불안함을 영원히 안고 다닐 것이라는 생각이 우리를 망친
다. 그 무엇도 한자리에 고정하지 않기! 이것은 움켜쥐고 내던지
고 싶은 마음에서 벗어날 가장 효과적인 도구 중 하나다. 이것을
할 때 우리는 자신에게 닥치는 모든 일을 받아들일 수 있다. 가장
먼저 해야 할 일은 이런 삶의 롤러코스터를 받아들이는 것이다.
내가 나를 행복하게 만들 수도 있지만, 단순한 이메일 한 통 읽는
것만으로도 다시 나락으로 떨어질 수 있음을 간파해야 한다. 이는
마치 리모컨으로 TV 채널을 돌리듯, 이런 감정에서 저런 감정으

로 내 감정을 좌우할 수 있는 리모컨을 외부 환경의 손에 맡긴 것과 같다.

좋은 소식이라면, 이러한 삶의 롤러코스터를 피할 방법이 있다는 것이다. 우리 마음속 깊은 곳으로 내려가 그곳에서 무조건적인 기쁨을 발견하면 된다. 그 첫걸음은 이 끊임없는 감정의 채널 돌리기를 너무 걱정하지 말고 차분히 관찰하는 것이다. 그런데 무조건적인 기쁨을 맛보는 데 걸림돌이 되는 커다란 오해가 하나 있다. 우리는, 무조건적인 기쁨은 우리가 모든 상처에서 치유된 후에야 가능하다고 잘못 생각한다. 그러나 이런 기쁨은 지금 당장, 번뇌의 한복판에서도 가능하다. 우리는 지금 당장 이 기쁨에 도달할 수 있다. 이 기쁨을 맛보기 위한 완벽한 삶을 기다린다면, 참으로 오랜 시간을 기다리게 될 위험이 있다.

-알렉상드르

Z

Zen —————

선

　　선禪은 선이 아니다. 그래서 나는 이것을 선이라
부른다. 명상이라는 의미의 산스크리트어 디야나Dhyana에서 온
'선'이라는 용어는 대승 교리의 영향을 받은 불교의 한 종파를 가
리킨다. 이 길은 우리를 한자리에 고정시키지 않은 채 관념을 초
월하여 자기 자신 안에서 붓다의 본성을 발견하고 깨닫도록 초대
한다. 이것은 우리에게 온종일 선의 상태를 유지하라고 강요하는
마케팅전략과는 아무런 관계도 없다!

　선 수행법, 그 기술의 묘미를 알려주는 운문문언 스님9세기 중국 선
불교 운문종의 창시자의 말씀이 있다.

　'걸을 때는 걷고, 앉아 있을 때는 앉아 있어라. 무엇보다 주저하
지 말라.'

중국 선종 불교 제6조인 당나라 선승 혜능 스님은《육조단경》에서 명쾌한 통찰력을 보여준다.

'한가지 생각에 멈추는 순간, 그 즉시 생각의 흐름 또한 멈춘다. 이것을 우리는 집착이라 부른다.'

명상하는 동안 정신이 만들어낸 수많은 생각과 관념이 우리를 관통하더라도, 머릿속에 자다가 봉창 두드리는 것 같은 생각이 떠오르더라도, 마음이 온통 과거에 갇혀 있거나 미래를 상상하더라도, 이보다 더 자연스러운 일은 없다. 이것이 바로 명상의 본질인 가변성이다. 하지만 자아는 반대하고, 화내고, 경직한다. 바로 이로부터 어마어마한 고통, 저항, 거부, 불안이 생겨난다. 현실을 받아들일 것, 그리고 자연스럽게 살아갈 것! 이것이 우리의 도전 과제다.

-알렉상드르

지혜 관련 참고 문헌과 짤막한 해설

크리스토프가 뽑은 최고의 지혜서 5편

1. 시몬 베이유 Simone Weil, 《중력과 은총 La Pesanteur et la Grâce》

유려한 언어와 명료함으로 빛나면서도 철저하고 엄격한 삶의 철학을 자극하는 명쾌한 저작이다. 이 책에는 자기만족, 게으름, 거짓말, 착각이 비집고 들어올 자리가 없다. 시몬 베이유는 우리를 위로하려는 것이 아니라, 우리의 눈을 뜨게 하고 우리를 뒤흔들어서 최대한 완벽을 향해 나아가게 하려 한다. 어떤 의미에서 보면, 늘 자기 자신과 전쟁을 벌이는 셈이다.

'무언가를 생각해냈다면, 어떤 식으로 봤을 때 그 역이 참이 되는지를 즉시 찾아라.'

우리 인간 전체가 이런 식으로 생각한다면, 이 세상 모든 것이 달라질 텐데……

2. 앙드레 콩트-스퐁빌 André Comte-Sponville , 《철학 사전 Dictionnaire philosophique》

주의 사항이 있다. 이 책은 굵직굵직한 개념들을 정의하는 역할만 하는 철학 사전이 아니다. 그 대신, 세상사를 바라보는 한 철학자의 시선을 알파벳 순서로 정리해서 풀어낸 철학적 사전이다. 다른 어디에서도 접하지 못한 명료한 사상과 우아한 문체, 모든 페이지마다 섬광처럼 번뜩이는 아이디어들은 다음과 같은 지혜의 정의가 무엇인지를 보여준다.

'최고의 행복은 최고의 통찰력 안에 있다.'

3. 미셸 드 몽테뉴 Michel de Montaigne , 《수상록 Les Essais》

'세상만사 철학으로 이해해야 한다'는 말은 우리가 안고 있는 문제를 이론적 개념을 사용해서 골똘히 생각하라는 뜻이 아니다. 그 대신 시련은 삶의 대가이며, 자신의 근심을 마음 아파한다고 근심이 덜어지는 것은 아니라는 현실에 동의하라는 의미다. 이런 일상적 삶의 지혜, 이런 이론도 체계도 없는 철학이 바로 몽테뉴의 지혜이자 철학이다. 그는 모든 것에 관심을 가졌고, 행복하건 괴롭건 하루 중 일어난 가장 하찮은 사건을 자신한테 유리하게 이용할 줄 알았다. 그는 자신이 생각한 바를 순서도 의도도 없이 글로 기록했다.

'여기 내가 뒤죽박죽으로 적어 내려가는 이 글은 내 삶의 시도들을 기록해둔 것에 불과하다.'

그래도 그의 글을 읽으면 그를 닮고 싶은 마음이 생긴다.

4. 존 카밧진Jon Kabat-Zinn , 《마음챙김 명상과 자기치유Au coeur de la tourmente, la pleine conscience》

철학자도 아니요 의사도 아니다. 그 이상이다. 마일라 진의 배우자인 존 카밧진은 치유자이자 선지자이다. 20세기 말, 세상에 명상이 필요하다는 것을 꿰뚫어 본 장본인이다. 당시만 해도 명상은 고요한 수도원이나 소규모 전문가들 사이에서만 행해지고 있었다. 그렇게 잠들어 있던 명상을 깨우고, 과학적 관점에서 접근하고 시험할 수 있는 비종교적인 명상, 즉 마음챙김 명상을 개발한 사람이 바로 그다. 마음챙김은 보건계와 교육계를 시작으로 전 세계에 열풍을 일으켰다. 그러나 단순한 스트레스의 관리 도구에 그치거나 정신을 분산시키는 우리 시대의 경박한 떠들썩함을 가라앉히는 해독제 역할만 하는 것이 아니다. 마음챙김 명상은 우리에게 지혜로 가는 길이 되어준다. 받아들일 줄 아는 지혜를 얻으면 올바른 행동을 하는 데 도움 된다. 현재의 순간을 사는 지혜를 터득하면 더욱 바람직한 방식으로 미래와 과거를 생각하게 된다.

'당신이 숨을 쉬는 한, 당신에게는 잘못되는 일보다 잘되는 일이 더 많다.'

이처럼 철저한 단순함에 처음에는 놀라고 불편해하지만, 이내 기쁨과 자유를 느끼게 된다.

5. 마르쿠스 아우렐리우스Marc Aurèle , 《명상록Pensées pour moi-même》

2천 년 전에 살았던 호인이자 로마 황제그것도 가장 위대한 황제 중 한 명으로 꼽히는 인물가 당신과는 별 상관없다고 생각하는가? 그렇다면 그것은 당신이 아우렐리우스의 글을 읽지 않았기 때문이다. 그는 흔들림 없이 지혜와 정진을 추구함으로써 현실과 자연, 다른 사람들과 항상 연결될 수 있었다. 그리고 항상 겸손한 자세로 신념을 지킬 수 있었다.

"누구라도 근거가 되는 증거를 제시하면서 내 의견이나 행동이 올바르지 않다고 나를 설득한다면, 나는 기꺼이 내 의견이나 행동을 바꿀 것이다."

이는 삶에서 물러나지 않고 오히려 삶과 어울리며 삶으로부터 에너지를 얻는 지혜의 한 모습이다.

참고 문헌 형식으로 소개하는 알렉상드르의 처방전

1. 진 허쉬^{Jeanne Hersch} ,《**철학적 놀라움**L'Étonnement philosophique》

위대한 서양사상 사조의 파노라마가 펼쳐지는 가운데 명쾌함과 자극을 안겨주는 책. 스위스 철학자 진 허쉬는 서양문명을 관통하는 토대가 된 주요하고도 결정적인 놀라움을 발견하는 길로 우리를 이끈다. 아리스토텔레스가 이야기했듯, 경이로움을 느끼는 능력은 철학의 원천이 된다. 소크라테스 이전의 철학자들부터 칼 야스퍼스에 이르기까지 소크라테스, 성 아우구스티노, 데카르트, 칸트, 니체, 키르케고르, 하이데거 등 우리 삶을 안내하는 천재 철학자들을 하나하나 소개하는 이 책은 우리에게 무의식적인 사고와 선입견을 떠나 생각하는 법을 가르쳐주고 깨달음을 준다.

2. 초감 트룽파^{Chögyam Trungpa} ,《**마음 수련**L'Entraînement de l'esprit》

위대한 티베트 스승인 저자는 우리에게 영적 길을 구현하고 일상의 한가운데에서 마음을 수련하라고 독려한다. 그는 자아가 꾸미는 허술한 계획을 벗겨내며 진정한 자기 헌신, 진정한 내면의 해방으로 가는 길을 열어준다. 《마음 수련》은 자유롭고 행복한 보살이 되는 길을 방해하는 모든 것을 제거한다. 무인도에 들고 갈 책 한 권을 고르라면, 나는 이 책을 고를 것이다. 이 걸작은 날마다 나를 깨우쳐주고 위로해주기 때문이다.

3. 바뤼흐 스피노자^{Baruch Spinoza}, 《윤리학^{Éthique}》

이 눈부신 글을 통해 스피노자는 우리에게 짐이 되는 모든 것으로부터 우리를 조금씩 끌어내어 지복^{至福}으로 안내한다. 그는 '마음을 치료하는 의사'가 되어 우리를 슬픈 꼭두각시로 쉽사리 만들어버리는 뒤범벅된 열정과 소외의 메커니즘을 추적하고 분석한다. 그 여정에서 스피노자는 우리에게 기쁨이라는 힘을 선사한다. 이 엄격하고 까다로운 작품은 자기 자신에게만 몰두하는 변덕스러운 '나'에게로부터 멀리 떨어진 곳에서 자유가 발전한다는 것을 보여준다. 이 책의 참맛을 발견한다는 건 무조건적인 기쁨과 세상에 대한 아낌없는 긍정의 가능성을 체험하고 느끼는 것과 같다.

4. 프리드리히 니체^{Friedrich Nietzsche}, 《선악의 저편^{Par-delà bien et mal}》

망치를 들고 철학하는 두툼한 콧수염의 사상가 니체는 우리의 확신, 욕구, 우리가 만들어내는 세상의 건축에 물음을 던진다. 삶은 비극적이고 찬란하며 너그럽고 때로는 고되기도 하다. 니체는 이런 삶에 대한 사랑을 우리에게 알려준다. 그리고 행동으로 하는 명상, 해방으로 가는 길, 자유의 배움터도 알려준다.

5. 에티 힐레숨^{Etty Hillesum}, 《뒤엉킨 삶^{Une vie bouleversée}》

수용은 위로부터 강제될 경우, 체념과 운명론과 가까워질 경우, 학대가 될 수 있다. 증언집과 같은 이 책은 전혀 그렇지 않다. 오히려 우리를 유연하고 예민하며, 열려 있고, 눈부시게 빛나는 평온함으로 안내한다. 우리 마음을 흔드는 이 내밀한 일기는 정말로 더 나은 삶을 살도록 도와준다.

6. 스즈키 순류Shunryu Suzuki , 《선심초심Esprit zen, esprit neuf》

《마음 수련》과 함께 이 책은 단연 최고의 명상 수행 입문서 중 하나다. 스즈키 순류는 좌선의 주요 원칙을 소개한다. 하지만 이런 원칙은 원칙이 아니라서 나는 이를 원칙이라고 부른다. 장난스럽고 웃음기 많은 이 위대한 스승은 우리에게 선의 참맛을, 여기 지금의 생생함을 알려준다.

7. 마이스터 에크하르트Maître Eckhart , 《영성 지도Conseils spirituels》

천재적인 신비주의자 마이스터 에크하르트는 계산적이고 복수를 자행하는 모습의 신이 주는 부담감에서 우리를 해방한다. 그의 옆에는 유쾌하고, 또렷하며, 빛나고, 너그러운 초연함이 싹튼다. 이 위대한 형이상학자는 우리 일상에서 매 순간 눈뜨는 기적을 우리에게 드러내 보여준다. 그를 가까이하면 마음속 깊은 곳으로 내려가서, 죽고 다시 태어나 새로운 삶을 살고, 죄의식과 모든 부담과는 동떨어진 길을 걷기 시작할 수 있다. 마이스터 에크하르트는 장애물을 치워주고 우리를 자유롭게 해준다. 그는 지평을 연다.

마티유가 소개하는 지혜의 기술

1. 달라이 라마 & 하워드 커틀러 Dalaï-lama et Howard Cutler, 《달라이 라마의 행복론 L'Art du bonheur》

단순하면서도 동시에 심오한 이 책에는 여느 때와 같은 달라이 라마의 양식과 교양이 담겨 있다 하워드 커틀러는 존경심을 드러내며 노련한 솜씨로 달라이 라마에게 질문을 던진다. 달라이 라마는 고통을 피하고 행복해지고 싶은 우리의 자연스러운 열망을 실현하라고 한다. 이를 위해서는 인간의 근본적 품성, 즉 친절과 연민, 만족감 항상 더 많은 것을 원하지 않는 마음, 자기통제 그리고 당연히 지혜를 함양하라고 권고한다.

2. 달라이 라마 Dalaï-lama, 《오른손이 하는 일을 오른손도 모르게 하라 Sagesse ancienne, monde moderne》

동시대 청중을 위해 달라이 라마가 직접 구술한 몇 안 되는 책 중 하나다. 여기서 달라이 라마는 더 좋은 세상, 더 이타적이고 연대적인 세상을 다 함께 일구기 위한 지혜와 연민의 길로 안내한다. 그렇게 하면서 그가 가장 좋아하는 주제인 현실의 본질, 모든 중생과 자연의 근본적인 상호의존성, 세속 윤리, 분별력, 보편적 책임, 무장해제, 종교의 역할을 설명한다.

3. 딜고 키엔체^{Dilgo Khyentsé}, 《연민의 한가운데에서^{Au coeur de la compassion}》

무인도에 들고 갈 단 한 권의 책을 꼽으라면 바로 이 책이다. 이타적 사랑의 실천, 연민, 타인의 장점에 대한 칭찬, 공정에 관한 훌륭한 가르침을 주는 글이다. 또한 내면의 자유를 향해 정진하면서 삶의 매 순간 지혜를 실천하려면 어떻게 해야 하는지 직접적이면서도 엄격하게 설명한다.

4. 나가르주나^{용수보살, Nagarjuna}, 《중론^{Les Stances fondamentales de la voie médiane}》

'중도^{中道}'와 관련된 불교의 가장 순수한 지혜를 다루는 기본 텍스트다. 여기서 다루는 중도는 사상과 종교의 역사 속에서 현실과 진리를 추구하며 등장했던 모든 가능한 철학적 견해를 초월한다. 특히 극단적인 소박 실재론과 니힐리즘을 뛰어넘는다. 중도는 지적 건축물과 관념을 넘어 깨달음의 한가운데에서 이런 주장들을 초월한다. 이것이 바로 도^道, 즉 순수한 상태의 지혜가 지향하는 목표다.

5. 세네카^{Sénèque}, 《인생이 왜 짧은가^{De la brièveté de la vie}》

이 책은 속 시원하고 또 얼마나 유용한 지혜서인지 모른다. 만물은 무상하며 죽음은 확실하나 그 시기는 불확실하다는 것을 상기시켜주는 이 책은 재치와 통찰력을 지닌 글로 헛된 걱정과 쓸데없는 활동에 삶을 낭비하지 말라고 이야기한다. 자주 읽을수록 좋은 책이다!

6. 샤브카르^{Shabkar}, 《어느 티베트 요가 수행자의 자서전^{Autobiographie} d'un yogi tibétain》

매 순간 생각, 말, 행동이 궁극의 지혜와 가장 세심한 분별력과 일치하는 멋진 삶을 예로 들어 보여줄 때 지혜는 가장 명백하고 풍요롭게 다가온다. 이 광범위한 자서전은 영적 가르침의 보고이자 마르지 않는 영감의 원천이다. 내가 티베트어 원문을 프랑스어로 번역한 이후 10년간 내 삶의 자양분이 된 책이기도 하다. 샤브카르의 이야기는 때로는 눈물을 쏟을 정도로 감동을 주고, 때로는 웃음보가 터지게 만든다. 하지만 나의 스승 딜고 키엔체 린포체의 말씀처럼, 그 무엇보다도 그의 삶의 이야기를 읽으면 우리 마음은 지혜에 성큼 다가서지 않을 수 없다.

카루나-세첸 세상 속으로 이타심이 퍼져나가길

　마티유 리카르 스님은 사진, 강연, 저작권으로 얻은 모든 소득을 카루나-세첸 협회에서 진행하는 인도주의 프로젝트에 기부한다. 카루나-세첸 협회는 인도, 네팔, 티베트에 사는 가난한 사람들의 고통을 덜어주고자 20년 전 마티유 리카르 스님이 공동설립한 단체다.

　카루나-세첸 협회에서는 매년 약 20만 명에게 치료와 교육, 직업연수의 기회를 제공하고 있다. 구체적으로 설명하자면, 지금 여러분이 들고 있는 이 한 권의 책 덕분에 네팔 어린이 한 명이 일주일간 공부할 수 있고, 장애인 두 명이 한 차례 치료받을 수 있으며, 인도의 한 가족이 한 계절 동안 무공해 텃밭의 혜택을 누릴 수 있다. 여러분께 감사한다!

　카루나-세첸 협회를 이끄는 원동력은 연대감이다. 협회는 이타적 정신 상태를 함양하는 일이 중요하다는 것을 겸허하고 기쁘고 단호한 마음으로 확신한다. 카루나-세첸 협회는 바로 이런 '행동하는 이타심'이라는 이상 아래에서 더 정의롭고 더 나은 세상을 다 함께 만들기 위해 설립되었다.

더 많은 정보를 원한다면 아래 연락처로 문의하기 바람:
Karuna-Shechen 20 bis, rue Louis-Philippe 92200 Neuilly-sur-Seine

contact@karuna-shechen.org
www.karuna-shechen.org

마음을 다스리는

감정 수업

1판 1쇄 인쇄 2023년 10월 02일
1판 1쇄 발행 2023년 10월 10일

지은이 | 크리스토프 앙드레 · 알렉상드르 졸리앙 · 마티유 리카르
옮긴이 | 김수진
펴낸이 | 최윤하
펴낸곳 | 정민미디어
주 소 | (151-834) 서울시 관악구 행운동 1666-45, F
전 화 | 02-888-0991
팩 스 | 02-871-0995
이메일 | pceo@daum.net
홈페이지 | www.hyuneum.com
편 집 | 미토스
표지디자인 | 강희연
본문디자인 | 디자인 [연;우]

ISBN 979-11-91669-49-7 (03320)